## 四库存目

## 子平汇刊 ⑤

### 穷通宝鉴评注

[清] 余春台 ◎ 辑
徐乐吾 ◎ 注　郑同 ◎ 校

华龄出版社

责任编辑：薛　治
责任印制：李未圻

**图书在版编目（CIP）数据**

四库存目子平汇刊. 5 /（清）徐乐吾，郑同注、校；余春台辑.
—北京：华龄出版社，2015.4
ISBN 978-7-5169-0548-7

Ⅰ.①四… Ⅱ.①徐… ②郑… ③余… Ⅲ.①《四库全书》—图书目录 Ⅳ.①Z833

中国版本图书馆 CIP 数据核字（2015）第 070187 号

声明：依据《中华人民共和国著作权法》及《中华人民共和国著作权法实施条例》，本书整理者依法享有本书的著作权。凡大量引用、节录、摘抄本书内容的，请先与出版社联系。未经出版社及整理者许可，不得以任何方式翻印本书。

| | |
|---|---|
| 书　　名： | 四库存目子平汇刊（五） |
| 作　　者： | （清）余春台辑 徐乐吾注 郑同校 |
| 出版发行： | 华龄出版社 |
| 印　　刷： | 九洲财鑫印刷有限公司 |
| 版　　次： | 2015年5月第1版 2018年12月第3次印刷 |
| 开　　本： | 720×1020　1/16　　印　张：20.75 |
| 字　　数： | 300千字　　印　数：6001～8000册 |
| 定　　价： | 48.00元 |

| | |
|---|---|
| 地　　址： | 北京市西城区鼓楼西大街41号　邮　编：100009 |
| 电　　话： | (010) 84044445　　传　真：84039173 |
| 网　　址： | http://www.hualingpress.com |

# 韦 序

　　序者叙也，书序之作也，原为叙述书中梗概及其命意也。乃有自序，无非谦虚之言；抑有序他人之著作，大都谦美之辞，要皆失其实在耳。兹者，余序本书，因原作者与评注者，俱已谢世，乃得不卑不亢，但述其优点与缺点可已。按本书之梗概及命意，已详余春台先生序文。

　　窃以其优点凡四：一为只凭八字五行，阐述生克制化，刑冲会合，不杂其他歧见，断语如哀家梨，如并州剪，爽利而绝不含糊。一为根据"取用贵乎提纲"之宗旨，分论十二个月之十个日干，有条不紊，系统井然，读者略加用心，天下万千命造，即已胸有成竹矣。一为列举实验之命造为例，更见其言无虚言，论无虚论，读者可以放心研究也。一为徐乐吾先生乃近代之命坛巨子，读书多，腹笥富，经其评注，并亦举例证之，诚如画龙点睛矣。

　　缺点凡四：一为原书作者文笔不甚通顺，颇有词不达意之憾。一为乐吾先生，虽然学问渊博，但其评注，间有牵强附会之处，不免乎硬凑而离题也。一为转辗抄录，错字百出。① 一为此油印本稿，余在一九五七年，借自上海李雨田先生。雨田先生，好学不倦，当其读本书之时，已加校正。余忝任校对，初校既翻覆而不惮其烦；二校三校，亦阅全文，但仍恐玄豕鲁鱼，颇多错讹，愧对读者甚矣。惟一厚望者，出版之后，命理同好诸君，予以指谬，并参加宝贵之意见，当于再版时并刊之，俾此硕果公存之作，更添牡丹绿叶之妙也。

　　谨为之序。

　　丙午立冬韦千里于台北旅次。

---

　　① 缘此稿原系徐乐吾先生评注，早拟付梓，因事未果，民国三十八年秋，徐先生遽归道山之日，适当沪上雷厉风行，严禁此道之时，同好之人，恐其湮没失传，遂密商而将之油印数十份，冀能留传后世，而供后学研究参考。该油印本，抄于仓卒而又惊恐之下，错误自所难免。

# 穷通宝鉴序

　　古语有云："言之不文，行之不远"，有以哉！《栏江网》一书，以十干配十二月察其生旺休囚，以定取用之准则，立一成以驭万变，秩然有序，命理书中，殆无其匹。顾以出于术者之手，义精理奥，词不达意，辗转传抄，鲁鱼亥豕，不可卒读，沉沦几五百年，不为世重。夫专门之学，幽邃之理，而欲以普通文笔，深入而显出，诚非易事，其不达又何足怪？而后之学者，不能领会其义，遂并其书而轻视之，高山流水，知音者希，反不如《渊海》、《神峰》之受人欢迎，斯则良可叹也！《栏江网》作于明代，不署作者姓氏，至清初康熙间，入于日官之手，易名曰《造化元钥》<sub>见原序</sub>，至清季光绪间，入于楚南余春台手，又易名曰《穷通宝鉴》，始有刊印本，即今之坊本是也。

　　予于评注《宝鉴》时，奇其书，未能尽解其义，遍求善本不可得，疑其有误而不敢擅易，嗣由友人之介，于旧书肆中，购得真州吴氏有福读书堂珍藏精抄本，两相比对，相互校正，一字出入，义理悬殊，所列命造，亦多数百，则为有清日官所增附者也。复经数年之研求，在昔视为不可解者，今乃恍然有悟。盖熟习之余，始能旁通；实例入手，自然领会。其间盖有不可强求者，爰不揣浅陋，重为阐述，并以搜集之近代名人命造附后，名之曰《造化元钥评注》，述而不作。其辞有未达者，代为达之而已，非敢有所阐发也。顾义理深邃，变化繁复，词有未当，易启误会，自始迄今，盖已七易稿矣。时值玄黄战野，蚩尤横飞，资生事业，尽付劫灰，稿成而出版之资已无着，讵造化之机，固有所不可泄耶？抑义理显晦，会有其时，时即因缘，犹未至耶？姑留其稿，以待将来。

　　民国三十年仲冬，徐乐吾叙于乾乾书屋。

# 穷通宝鉴原序

上古首重性命之学，修身养心，以全天之所付，是性即命，而命即性也。后人禄命之术，莫知所自起，而精其术者，管公明、郭景纯、李虚中辈，谈人穷通生死，悉著其奇验，则其由来旧矣。虽与性命之学异，然非穷通阴阳之妙，探造化之原，不能预识其机先也。今之业是术者，皆以子平为宗，考子平，五季人，名居易，绍虚中之传，而损益其法，较精于前者，专重财官印食等取格，疑其犹有秘而未泄也。天道贵中和，气多偏驳，阳过则刚，阴过则柔，吉凶倚伏，祸福杂糅，谈命者藉此偏胜之隙，而察其端倪，《造化元钥》一书，独得其秘焉。是书分上下两卷，忘其作者姓名，相传吾台先贤陈南陔先生得诸日官所授，论简而赅，理微而显；虽立一成之局，实具万变之机；深参之可以通源，浅得之亦能微中，洵禄命之圭臬也。向为同人传抄日久，不无鲁鱼亥豕之讹，今略为校正，而并摘禄命诸书之要者，以附于卷之后，付梓以公同好，而使世之人，知有命而安之，修其身以俟之，识其偏而补救之，亦未必非进学之一助也。

是为序。①

---

① 按：原序无作者姓名，殆当时有志付梓而未成也。书中所附，有康熙命造称为圣天命造，其为康熙时代日官所授无疑。乐吾识。

# 余春台序

　　夫五行生克之论，创自汉儒。至唐李虚中，乃以天干地支配成八字，专取财官印绶，论人之得失。迨后诸贤，又著天官、紫微、神禽等书，互会参用，纷纷不一，而命学灿若列宿矣。但学者不潜心领悟，故其术皆不能中肯。余于搜辑诗文之暇，亦颇涉猎命学诸书。乃友人持《栏江网》善本谓余曰："某欲著简易确切之说，以为后学之楷。此本秘之行箧久矣，以此权量人之富贵，往往有验，子可为梓之，以为子平书之小补。"余批阅一遍，审其义理精辟，取舍恰当，实有得五行生克、八卦错综之妙，因不揣简陋，细加编辑，视其繁者汰之，略者增之，去其鲁鱼亥豕之讹，使阅者了然若诸指掌。此真命学之指南，子平之模范也。乃更其名曰《穷通宝鉴》，因序其颠末于简端，以付梨枣。庶不没作者之初心，抑以广君子知命之学之意云耳。

# 目 录

## 命理秘本穷通宝鉴卷首 ································ 1
### 五行总论 ································ 1
### 论 木 ································ 3
### 论 火 ································ 7
### 论 土 ································ 10
### 四季月土性质之分别 ································ 14
### 论 金 ································ 14
### 论 水 ································ 18

## 命理秘本穷通宝鉴卷一 ································ 21
### 三春甲木总论 ································ 21
### 正二月甲木一例 ································ 21
### 正月 ································ 25
### 二月 ································ 26
### 三月甲木 ································ 27
### 三夏甲木总论 ································ 29
### 四月甲木 ································ 30
### 五六月甲木一例 ································ 32

三秋甲木总论 ............................................. 37
　　七月甲木 ................................................. 37
　　八月甲木 ................................................. 41
　　九月甲木 ................................................. 43
　　三冬甲木总论 ............................................. 47
　　十月甲木 ................................................. 47
　　十一月甲木 ............................................... 50
　　十二月甲木 ............................................... 52

## 命理秘本穷通宝鉴卷二 ..................................... 55
　　三春乙木总论 ............................................. 55
　　正月乙木 ................................................. 55
　　二月乙木 ................................................. 58
　　三月乙木 ................................................. 60
　　三夏乙木总论 ............................................. 63
　　四月乙木 ................................................. 64
　　五月乙木 ................................................. 65
　　六月乙木 ................................................. 66
　　三秋乙木总论 ............................................. 69
　　七月乙木 ................................................. 69
　　八月乙木 ................................................. 72
　　九月乙木 ................................................. 76
　　十月乙木 ................................................. 78
　　十一月乙木 ............................................... 81
　　十二月乙木 ............................................... 83

## 命理秘本穷通宝鉴卷三 ..................................... 87
　　三春丙火总论 ............................................. 87
　　正月丙火 ................................................. 88
　　二月丙火 ................................................. 93
　　三月丙火 ................................................. 95

| 三夏丙火总论 | 98 |
| --- | --- |
| 四月丙火 | 98 |
| 五月丙火 | 101 |
| 六月丙火 | 104 |
| 七月丙火 | 106 |
| 八月丙火 | 108 |
| 九月丙火 | 111 |
| 十一月丙火 | 115 |
| 十二月丙火 | 118 |

## 命理秘本穷通宝鉴卷四　121

| 正月丁火 | 121 |
| --- | --- |
| 二月丁火 | 124 |
| 三月丁火 | 127 |
| 四月丁火 | 129 |
| 五月丁火 | 131 |
| 六月丁火 | 134 |
| 三秋丁火一例 | 137 |
| 七月丁火 | 138 |
| 八月丁火 | 139 |
| 九月丁火 | 140 |
| 三冬丁火 | 141 |
| 十月丁火 | 143 |
| 十一月丁火 | 144 |
| 十二月丁火 | 145 |

## 命理秘本穷通宝鉴卷五　147

| 正二三月戊土一例 | 147 |
| --- | --- |
| 三月戊土 | 152 |
| 四月戊土 | 154 |
| 五月戊土 | 156 |

六月戊土 …… 158
七月戊土 …… 160
八月戊土 …… 162
九月戊土 …… 164
十月戊土 …… 166
十一、二月戊土总论 …… 169
十一月戊土 …… 170
十二月戊土 …… 171

## 命理秘本穷通宝鉴卷六 …… 173
三春己土总论 …… 173
三夏己土总论 …… 180
三秋己土总论 …… 185
三冬己土总论 …… 190

## 命理秘本穷通宝鉴卷七 …… 195
正月庚金 …… 195
二月庚金 …… 197
三月庚金 …… 200
四月庚金 …… 203
五月庚金 …… 205
六月庚金 …… 207
七月庚金 …… 209
八月庚金 …… 211
九月庚金 …… 214
十月庚金 …… 216
十一月庚金 …… 218
十二月庚金 …… 221

## 命理秘本穷通宝鉴卷八 …… 223
三月辛金 …… 228
四月辛金 …… 230

| 五月辛金 | 232 |
| --- | --- |
| 六月辛金 | 233 |
| 七月辛金 | 235 |
| 八月辛金 | 237 |
| 九月辛金 | 241 |
| 十月辛金 | 245 |
| 十一月辛金 | 247 |
| 十二月辛金 | 250 |

## 命理秘本穷通宝鉴卷九　253
## 命理秘本穷通宝鉴卷十　283

| 正月癸水 | 283 |
| --- | --- |
| 二月癸水 | 285 |
| 三月癸水 | 287 |
| 四月癸水 | 289 |
| 五月癸水 | 291 |
| 六月癸水 | 294 |
| 七月癸水 | 295 |
| 八月癸水 | 297 |
| 九月癸水 | 298 |
| 十月癸水 | 300 |
| 十一月癸水 | 302 |
| 十二月癸水 | 304 |

## 附录：增补月谈赋　309

# 命理秘本穷通宝鉴卷首

## 五行总论

五行者，性本乎天地之间而不穷者也，是故谓之行。

研究命理，首须明五行之为何物，五行者，春夏秋冬之气候也，流行于天地之间，循环不断，故谓之行。

财官食印等八神名称，古人提纲挈领。以示初学，所以便于论休咎也。如论生克，五行各有所宜，性质不同，未可概论，言财官食印，不如径言五行之为便，故本书专论五行，不言八神。四时气候，古人代之以卦，名曰卦气，至汉代，始易以五行生克及印比官鬼等名称。① 卦气合气候方位言，今论五行，亦宜会其意也。

北方阴极生寒，寒生水；南方阳极生热，热生火；东方阳散以泄而生风，风生木；西方阴止以收而生燥，燥生金；中央阴阳交而生温，温生土。其相生也所以相维，其相克也所以相制，此之谓有伦。

火为太阳，性炎上；水为太阴，性润下；木为少阳，性腾上而无所止；金为少阴，性沉下而有所止；土无常性，视四时所乘，欲使相济得所，勿令太过弗及。②

以五行代春夏秋冬之名称，配合方位，出于天然。北方亥子丑，冬季也。南方巳午未，夏季也。东方寅卯辰，春令也。西方申酉戌，秋令也。

---

① 详《子平粹言》。
② 此段底本无，据他本补入。

冬季阴寒为水，夏季阳热为火，春令阳和散泄为木，秋令寒肃收敛为金，土无专位，居中央而寄四隅。四隅者，艮丑寅、巽辰巳、坤未申、乾戌亥，即四季交脱之际也。春夏之交，木气未尽，火气已至，间杂之气名也属土夏秋冬同论，如统一年而论土，至午未月为最旺，亦居中央之意也。顺序相生，所以相维，故循环而不断，隔位相克，所以相制，故盛极则衰，否极则泰，无往不复，天之道也。伦者常也，言有一定之程序也。

夫五行之性，名致其用。水者其性智，火者其性礼，木其性仁，金其性义，惟土主信，重厚宽博，无所不容。水附之而行，木托之而生，金不得土则无自出，火不得土则无自归。必损实以为通，致虚以为明，故五行皆赖土也。

由五行之性质而推其用，水性流动，其象为智；火性光明，其象为礼；木性阳和，其象为仁；金性严肃，其象为义；土性浑厚，则近于信，以五行配五常，有此象征；人秉五行之气以生，随其秉赋而成各人之个性，有类似之点。如金水伤官，人必绝顶聪明；火性炎上，生居东南，果断有为；若居西北，谨畏守礼见下论火；曲直成格，必主仁寿，由各人之秉赋而推其性情，大致不甚相远也。土无专位，而四时皆有其用，金水木火，赖土以存。然言其性，则过于厚重而不灵，必损其实，致其虚，方能致用。故土之用，所赖金水木火以成也。

推其形色，则水黑，火赤，木青，金白，土黄。及其变易，则不然。当以生旺从正色，① 死绝从母色②，形成冠带从妻色。③，病败从鬼色，④ 旺墓从子色。⑤ 其数则水一，火二，木三，金四，土五，生旺加倍，死绝减半，以义推之。

五行之色，随生旺绝十二宫而变易。生旺者，长生临官。成形冠带者，沐浴冠带也。旺墓者，帝旺墓库也。病败者，病位衰位也。死绝者，

---

① 当生旺则正气全，可见正色。
② 水者木之母，死绝则黑，木者，火之母，死绝则青，火者，土之母，死绝则赤，土者，金之母，死绝则黄，夫五行死绝，则气归根见母之色，凡人遇苦楚呻吟呼母者，即此义也。
③ 少壮之年及衰老之际仰妻之时也。
④ 病、败之地，鬼旺之乡，受克则气归鬼。
⑤ 旺为传，墓为收敛，故色在于子。

死位绝位兼胎养育之也。五行之数，即河图之数也，更以生旺死绝增减推之。

夫万物负阴而抱阳，冲气以和，过与不及，皆为乖道。故高者抑之使平，下者举之使崇，或益其不及，或损其太过。所以，贵于折衷，归于中道，使无有余不足之累，即财官印食贵人驿马之微意也。行运亦如之，则命理之说，思过半矣。

阴阳者正负也。万物皆有阴阳，生长而盛而衰老病死。一气循环，周流不断。由生而长为阳，为正气；由盛而衰老病死为阴，为退气。[①] 命理之意，无非损之益之，使其归于中道，无过与不及而已。财官食印，为五行生克制化之代名词，贵人驿马等神杀，亦五行动静变化之名称也。原命合于中道，不待运而发；原命有缺，则必待运之助。吉凶休咎，胥由此出，子平之理，不外乎此矣。

## 论　木

木性腾上而无所止，气重则欲金任使。木得金则有惟高惟敛之德，仍爱土重，则根蟠深固，土少则有枝茂根危之患。木赖水生，少则滋润，多则漂浮。甲戌、乙亥木之源，甲寅、乙卯木之乡，甲辰、乙巳木之生，皆活木也。甲申、乙酉木受克，甲午、乙未木自死，甲子、乙丑金克木，皆死木也。生木得火而秀，丙丁相同；死木得金而造，庚辛必利。生木见金自伤，死木得火自焚。无风自止，其势乱也；遇水返化其源，其势尽也。金木相等，格为斲轮。若向秋生，反伤于斧，是秋生忌金重也。

总论木性，阳散而泄为木，欣欣向荣，故云腾上，其气散泄而无收束。金者，肃杀之气，其性收敛，正治散泄之病也。木重用金，仍不离土，土不但能生金，兼能培木。木克土为财，然与火之克金，金之克木，有不同，正以土有反生之功也。水者木之印，然水少则生木，水多反窒木

---

① 参阅《子平粹言》。

生机。木有活木死木之分。以十二宫方位论之，自长生至衰位，生机畅遂，自病死至胎养，木多枯槁。故甲寅、甲辰、甲子、乙亥、乙卯、乙丑、活木也，甲午、甲申、甲戌、乙巳、乙未、乙酉、死木也。① 活木见火，则成通明之象；见金则伤，而成栋梁之器。遇火自焚，遇水漂浮，然其中亦有分别，秋木宜金，夏木宜水，详下文。金木相制成格，名为斲轮，最为上格。② 然生于三秋，木气已尽，金神司令，虽干支相等，仍然木被金伤，故秋木见金，必须火制也。凡两神成象，当察月令之气以分强弱，不仅秋木为然也。

春月之木，余寒犹存。喜火温暖，则有敷畅之美；藉水资扶，而无干枯之患。初春阴浓湿重，则根损枝萎，故不宜水盛；春木阳气烦燥，叶槁根干又不能无水，是以水火二物即济方佳。

木，三春气候之代名词，阳和之气也。论其宜忌，当分三个时节。立春后，雨水前，为初春；雨水之后，谷雨之前，为仲春；谷雨之后，为暮春。仲春两个月中，又分春分前后言之。余寒犹存，言初春也。得丙火温暖则敷荣，见水多则萎绝，或丙火出干，地支配合一二点水，则有即济之功，若水多则根损枝枯，反损精神，此言初春专以丙火为用也。仲春阳气渐壮，宜水火并用，初春用火可以缺水，仲春用火，不能无水，初春取其调候，专用丙火，仲春取其通明，丙丁同功，所谓生木得火而秀也。暮春阳壮木渴，非得水不可，无水则根槁枝干，即使支会木局，格成曲直仁寿，无癸资扶，不能取贵也。以上论春木见水见火。

土多而损力，土薄则财丰。

此言春木见土。土，木之财也。三春木旺土虚，然初春木嫩不能克土，暮春土旺，亦防木折。总之春木见土，为配合辅佐，③ 少见则喜，多见则忌，不宜喧宾夺主也。

忌逢金重，伤残克伐，一生不闲。设使木旺，得金则良，终身获福。

---

① 以甲子、乙丑为死木，甲戌、乙巳为活，理有未合，盖参杂纳音言也。
② 相等者，柱见四木四金，两神成象也。
③ 如春木用金官杀，只宜财生，不宜印化。

此言春木见金。初春阳和日暖，而逢寒肃之气，春行秋令，木气摧残，即使配合得宜，不致夭折，亦一生不闲，非上命也。言仲春木旺，不妨用金，但春金气弱，木坚金缺，得一点庚金，而有土以生之，则贵。金多气杂，有丁火制之，亦贵。季春木老，必须用庚金，更宜有水配合，方为上命。

夏月之木，根干叶枯。盘而且直，屈而能伸。

三夏火旺之时，不论四五六月，木皆有枯槁之象。

欲得水盛而成滋润之功，诚不可少；切忌火旺而招自焚之忧，故以为凶。

三夏木性枯槁，故其最需要者为水，得水为用，最为上格。即使用别神，亦不能无水为配合也。巳午未月为木之病死墓宫。书云：得火自焚，又云：乙木叠逢火位，名为气散之父。故最忌为火，如火旺而无水制，总非上格，此言夏木见水火二神也。

土宜在薄，不可厚重，厚则反为灾咎。

此言见土。夏本气泄而弱，见厚土，无力克制，反有财多身弱之忧。惟木旺火多之局，无水制火，不得已取一二点土以泄火气，为食神生财格，则为有益，但运宜水乡，不利东南，火土旺故也。

恶金在多，不可欠缺，缺则水涸无源。

此言用金。夏木用金，非取其克，火旺金熔，虽多奚益？但夏木不可无水，而水至巳午未月为绝胎养之宫，非得金生之，无源之水易涸。不可欠缺者，言取以为辅佐也。书云：逢印看煞，即是此意。

重重见木，徒以成林；叠叠逢华，终无结果。

此言用劫。夏木，死木也。① 有旺火泄其气，不能以偏旺成格。即使木火伤官，或财多用劫，亦非水配合不为功，木虽多，奚益哉？

秋月之木，气渐凄凉，形渐凋败。

阳和之木，至秋而衰，凄凉凋败，秋木之性也。气候逐渐转移，分初秋、仲秋、暮秋三个时期，宜忌因时而异。

---

① 巳午未为木之病死墓地。

初秋之时，火气未除，尤喜水土以滋。

初秋指立秋后、处暑前言之。水至申宫，其气已绝，申宫金水同行，煞印相资，为绝处逢生。但秋水性寒，滋木不秀，必得土栽培，木之根基方固。故水土必相资为用，用水不能无土也。

仲秋之令，果已成实，欲得刚金以修削。

仲秋者，处暑后，霜降前也。大气循环，理无绝灭。木至秋，虽外象凋残，而生气内敛，残枝败叶，窒碍生机，宜加剪除。书云："死木得金而造，庚辛必利"，正言仲秋之木也。水滋不生，火炎自焚，惟得金则大用以彰，所谓斧斤斲削，而成梁栋之材是也。

霜降后不宜水盛，水盛则木漂；寒露节又喜火炎，火炎则木实。

寒露，霜降，言暮秋也。秋气已深，木不胜秋气之摧残，用金须有火制，用水用土，皆宜火为配合，得火温暖，水之根气自固，故火炎则木实。霜降之后，水旺进气，无根之木，水盛则漂，必得土以培之，火以温之，方得植根深固，而为有用之木也。

木多有多材之美，土厚无自任之能。

三秋金神秉令，四柱见比劫多。更有食伤⽕名身旺，煞高有制，必为上格。秋木衰退，喜比劫为助，非取有用也。土，财也。培木之根，取土为辅助则可。若土厚，则衰退之木，无疏土之力，财旺不克负荷，名财多身弱，富屋贫人，故云：无自任之能也。

冬月之木，盘屈在地。

木生于亥，生气萌动也。小阳春时节，气和煦，木之内在发育，即是木生之象。转瞬严冬，生机受阻，不比火生于寅，水生于申，有日增月盛之势也。盘屈在地，不能上腾，冬木之性也。

欲土多以培养，恶水盛而忘形。金纵多不能克伐，火重见温暖有功。

冬月之木，最需要而不可缺少者为火。寒木向阳，无火温暖，木不敷荣，虽重见，不厌其多也。火能温木，土亦能温木，三冬水盛无土，则枝萎根损，窒碍生机，宜土以培之。但宜戌未火土，不宜辰丑湿土。水能生木，而冬水则冻木，反生为克，故水盛忘形。金之气泄于水，不能克木，木气在地，亦不受克，故金虽多，无所用之。

归根复命之时，木病安能辅助。忌死绝之地，只宜生旺之方。

重又申述冬木用火之意。三冬时节，木气归根，金不能克水反冻木，木虽有病，孰为辅助？惟有年日支，临东南木火生旺之地则吉寅卯辰巳午未，临西北死绝之地则忌申酉戌亥子丑，大运同论。寒木向阳，此之谓也。

## 论　火

炎火真火，位镇南方，故火无不明之理。辉光不久，全要伏藏，故明无不灭之象。火以木为体，无木则火不长焰；火以水为用，无水则火太酷烈。故火多则不实，火烈则伤物。木能藏火，到寅卯方而生火；不利于西，遇申酉而必死。生居离位，果断有为；若居坎宫，谨畏守礼。

总论火性。南方者，巳午未离位也。火之本质为热与光，以木为主体，则火有所附丽，而显光辉之德。以水为对象，则火有所蒸发，而显既济之用。丙火生旺，不离壬水，丁火衰竭，不离甲木，其性有不同也。火性炎上，行于东南，顺火之性，欣欣向荣；行于西北，逆火之性，渐次熄灭。故生居南方者，果断有为；生居北方者，拘谨畏葸。运程亦喜东南，忌西北，炎上格，行西北运多不贵。

金得火和，而能熔铸；水得火和，则成既济。遇土不明，多主蹇塞；逢木旺处，决定为荣。木死火虚，难得永久，纵有功名，必不久长。春忌见木，恶其焚也；夏忌见土，恶其暗也；秋忌见金，金难克制；冬忌见水，水旺则灭。故春火欲明不欲炎，炎则不实；秋火欲藏不欲明，明则太燥；冬火欲生不欲杀，杀则熄灭。

总论火见金水土木之用，以中和为贵也。火见金名火炼真金，见水名既济功成，见土则晦光，见木则通明。木与火相连，春夏之火见木多，过于旺烈，而有自焚之忧，木衰火熄，又嫌其不足，故春忌木多，夏忌土旺。秋冬火虚，金多不能任克，水旺破其压迫，又宜土木为救也。

春月之火，母旺子相，势力并行。

火者，三夏气候之代名词，暑热之气也。寅宫甲木当旺，丙火长生，故云母旺子相。相者，序次将至，如辅相也。丙火虽是方生之气，与当旺之木，势力并行，阳回大地，侮雪欺霜，其象至为威烈，此春火之性也。

天地之气，水火而已即寒暑，故火之生寅，水之生申，与木生亥，金生巳，有不同。木为火之前驱，金为水之前驱，正月木旺火生，其势力同时而至，自然之势也。

喜木生扶，不宜过旺，旺则火炎；欲水既济，不宜过盛，盛则辜恩。

初春余寒未尽，木藉火生，火藉木生，正月阳和之气，即木火会合之象，故云：喜木生扶。二三两月阳气增盛，木少火明，木多火塞，故不宜过旺。旺则火烈，阳气燥渴，宜水调剂。三春木旺之际，自能汇水生火，名天和地润，既济功成。若水太盛，湿木无焰，非土制之不可，失调和之意，辜负春日阳和之恩矣。故春火用食制煞，非上格。

土盛则寒塞晦光，火盛则伤多燥烈。

此言见食伤也。土得水润，则生万物，土见火燥，则亢旱焦坼，故火土伤官，独难言秀气也。土盛火少，则晦火之光，火盛土多，则火炎土燥，生机尽灭，[①] 故丙火不畏壬水，独畏戊土也。火炎土燥之局，用劫用财，皆不可无水为佐。用木疏土，无水则木焚，用金泄土，无水金熔。即使火旺成方局，亦只宜一二点湿土，不宜过多，方为有益也。

见金可以施功，纵重见用财尤遂。

此言用金也。三春之金，在绝胎养位，气势微弱，而火值向旺之时，克金之力，游刃有余，金纵多不能困火，故重见用财尤遂。财为我用，必富格也。

---

① 土伤官也。伤多即土多。

夏月之火，秉令乘权。

三夏为火主旺之地，秉时令之气，乘当权之时，此夏火之体性也。

逢水制则免自焚之咎，见木助必招夭折之患。

此言夏火喜煞忌印也。炎灭燥烈，烁石流金，如无水调济，必遭自焚之殃，此夏暑所以喜时雨也。炎炎之势，不可向迩，再助之以木，是为太过，难以为继，所以有夭折之忧。

遇金必作良工，得土遂成稼穑。金土虽为美利，无水则金燥土焦，再加木助，太过倾危。

此言用财用食伤也。金，财也。三夏之金，气极微弱，值当旺之火，如金入洪炉，冶熔成器，故火长夏天金叠叠，必为巨富之格。土，食伤也。得土泄火之气，格成稼穑。① 但不论用财用食伤，皆不可无水为配合，土润溽暑，大雨时行，则禾稼畅茂，若无水，火旺土焦，万物枯萎，失稼穑之意矣。火见金，更宜湿土为范，泄火润金，乃成良器，② 否则，火旺金熔，同成灰烬，再加木助，倾危必矣。故夏月之炎，不论用财食伤，皆不可无水也。

秋月之火，性息体休。

火至三秋，气势衰退，如太阳过午将近黄昏，余光虽犹照耀，无复炎烈之威，此秋火之性也。

得木生则有复明之庆，遇水克难免殒灭之灾。

此言秋火，喜印忌官煞也。火气已衰，光辉不久，得木生之，则有复明之象。将衰之火，见水克之，难免损灭之忧。继善篇云：丙临申位逢阳水，难获延年，正指秋火而言。然有木为救，则可反克为生，故秋火用官煞皆不可无印也。

土重而掩息其光，金多而损伤其势。火见火以光辉，纵叠见而必利。

此言秋火，用食伤，用财，不能无比劫也。火势衰退，见土重则晦其

---

① 土主四季，名稼穑格，夏火见土，为火土伤官，但与稼穑用火相同耳。
② 巳午未月，月垣皆有土之用，得水自能润土生金。

光，金旺秉令，非衰火所能克，故见金多，则损伤其势。土，食伤也。金，财也。见土重金多，惟有得比劫增助其力，方能用食伤，用财，故纵叠见而必利也。

冬月之火，体绝形亡。

火至亥宫绝地，子丑两宫乃酝酿之时，气势绝续之交，不仅衰绝，形体亦亡，此冬火之性也。

喜木生而有救，遇水克以为殃。

冬见木，绝处逢生，故云有救。水正当旺，以旺水克衰火，无木为救，必受其殃，故冬火不能离木也。

欲土制为荣，爱火比为利。见庚辛为难任财，反遭其害。过冬至，一阳来复，理气循环。

此言冬月用印，更宜食伤比劫为配合也。三冬水值旺令，见火必克，用木生火，更宜有土制水，单见寒土，力独不足。更宜丙丁，比助，火土相资，方能温木以卫火也。冬金虽衰，决非衰绝之火所能克金财也，身弱反受其困。况官煞正值旺时，更得金生助，以逼衰火，未有不反遭其害者也。虽然，大气循环，首分寒暑，水火阴阳之总名也。冬至火属绝灭之际，一阳来复，生机已动，迨气进二阳十二月，地气上升，又侮雪欺霜，故十二月丙火而见比助，反作旺论也。

五行之理，只有衰盛，永无绝灭。一气循环，周而复始，不仅水火为然也。特水火为五行之总枢，言水火而五行在其中矣。

# 论 土

五行之土，散在四维，故金木水火，依而成象，是四时皆有用有忌也。

木火金水，为春夏秋冬之代名词。土者，在四时交脱之际。春季木气未尽，火气已至；夏季火气未尽，金气已至；秋季金气未尽，水气已至；冬季水气未尽，木气已至，间杂之气，名之为土。四维者，艮宫丑寅，巽宫辰巳，坤宫未申，乾宫戌亥也。土以辰戌丑未为主旺之地，寄生于寅申，寄旺于巳亥，故云散在四维。土终始万物，金木水火，依以成象，故土之性质，随春夏秋冬之气候而异其宜忌也。

火，死酉也。水，旺子也。盖土赖火运，火死则土囚；土喜水才，水旺则土虚。土得金火，方成大器。土多无贵，空惹灰尘，土聚则滞，土散则轻。

次述土见金水木火之用。土附火生寅，则死于酉；附水生申，则旺于子。但土之性质，得火则贵，所谓赖火以运也。火死于酉，土至酉亦休囚无气。火旺亦旺，火弱亦弱。名符其实。得水则润，所谓喜水为才也。水旺于子，土至子，湿泥恒冻，溃散成浆。是土附水生申禄亥之说，有名无实也。土得金火，方成大器。譬如土生于秋，当旺之金泄其气，而得火以补土元神。此人必名魁天下，如蒋委员长命，丁亥、庚戌、己巳、辛未是也。如土生于夏，格稼穑，有旺火以生之，更见金结局，以泄其秀。此人亦必为五福完人。① 贵者，官煞也。土厚而实，必须得甲木以疏辟之，譬如田畴必须犁锄以开垦之也。生于四季月，土旺之时，虽无戊己出午，土亦暗旺无形之中，尘霾障天，如无木气甲木制之，必有晦火塞壬之患。若四柱土多，过于厚重，非得甲木疏之，则土不灵。四柱土少，而金见甲木克之，必致溃散，如尘如灰。故寅中长生之戊土，不出干则不能为用，即因寅宫甲木临官，木旺土虚也②

辰戌丑未，土之正也。分阴分阳，主则不同。辰有伏水，未有匿木，滋养万物，春夏为功。戌有藏火，丑不隐金，秋火冬金，肃杀万物。土聚辰未为贵，聚丑戌不为贵，是土爱辰未，而不爱丑戌也，明矣。若更五行有气，人命逢之，田产无比，晚年富贵悠悠。若土太实无水，燥则不和，无木则不疏通，土见火则焦，女命多不生长。土旺四季，惟戌土困弱。戌多为人好斗，多瞌睡，辰未人好食，丑人清省。丑为艮土，有癸水能润而膏。人命遇此，主能卓立。

---

① 见下四季月土。
② 见下土春月节。

辰戌丑未，土之正位，四时之土，各有宜忌，其大别有阴阳。辰戌为阳土，丑未为阴土。若细别之，辰者，木之余气。水之墓库；未者，火之余气，木之墓库；戌者，金之余气，火之墓库；丑者，水之余气。金之墓库。辰未为春夏之土，戌丑为秋冬之土。春夏阳和淑气，故辰未之土，能滋生万物。秋冬肃杀寒气，故丑戌之土收藏万物。所谓金水木火，依以成象也。土聚辰未，有滋生之力，若更所有之五行有气，必主富贵。土性厚重，又主寿考，土聚戌丑，须有水以润之，火以暄之。若太实而无水，则嫌太燥，燥则不和。太实而无木则不灵，水多则溃散无用。无火则土不实，火多则亢旱焦坼。盖秋冬之土，无滋生之力，全恃调和之功也。女命多不生长，承上火多土焦而言，女命以木为夫，木见火多，不能疏土，反增助火旺，如戊生午月，见甲木为阳刃倒戈也。四季之土，以戌土为最无生机，何也？辰土生长力最强，未土生长力未衰，丑土生长力将进，丑为艮土，气进二阳，丑宫自有癸水膏润，只要见丙火照暖，即能生长万物。戌土在秋冬之间，气候肃杀之时，戌宫又暗藏火，土燥而亢，毫无生意，故戌多之人，多主好斗，昏盹，以其性质不和润也。困弱，非强弱之弱，乃指戌土之性质而言，缺乏适当之形容词，须会其意。

生于春月，其势虚浮。

三春为木神主旺之时。木旺则土自弱，虽附火生寅，而强弱之性质不同。气势虚浮，乃春土之体性也。

喜火生扶，恶木太过，忌水泛滥，喜土比助。得金而制木为祥，金太多，仍盗土气。

此言春土之用。因体性虚浮之故，喜生扶，忌克泄，为一定之理。春木秉令，得火则化克为生，为杀印相生格，如无火生扶，衰土遇旺木，必遭倾陷矣。水，财也。虚浮之土，见水旺必溃散无用，得比劫扶助，则可以制水成功。土旺，则喜金泄其气，春土虚浮，无取乎泄，然旺木克土之故，得金制木，亦为有益。然不可太多，多则盗泄土气，暗受其损矣。

夏月之土，其势燥烈。

土与火势力并行，火旺则土亦旺。三夏为火主旺之时，亦为土主旺之地，性质燥烈，夏土之体也。

得盛水滋润成功，忌旺火煅炼焦坼。木助火炎，水克无碍；金生水泛，妻财有益。见比肩寒滞不通，如太过又宜木克。

此言夏土之用。三夏火土同行，土性燥烈，得盛水，正是土润溽暑，大雨时行，草木遇之而畅茂，故云滋润成功。如火旺无水，则如亢旱之时，田地焦坼，草木枯槁，喜水以成土之用，忌火以促土之生机也。木能生火，增火之焰，然四柱如有水，则不足为害，盖土得水火相资，生机勃然，木不生火而克土，土旺反喜用水也。夏土不能生金，无取乎泄，特水在绝地，有金生之，则源源不绝。水，财也，言金有益于妻财也。土至三夏，为最旺之时，无劳比劫之助。重见土旺，塞塞难通，须水疏之，以损为益。但木克，必须有水为配合，否则不能克土，反助火焰，为无益有害耳。

秋月之土，子旺母衰。

三秋金神秉令。土，金之母也。子旺母气自衰，内气虚弱，秋土之性也。

金多，耗窃其气；木盛，制伏纯良。火重重而厌，水泛泛而不祥。得比肩则能助力，至霜降不比无妨。

三秋金神主旺之时，更见多金耗窃土气，土愈衰矣。木值休囚之际，遇旺金之气，自然受制，性质纯良，无力克土，不足以为害也。三秋土性虚寒，得火则实，故秋土不能离火也。当旺之金，得火则制，衰绝之木，得火则化，故火重重而不厌。虚寒之土，见水泛滥，必致溃散，故遇水为非祥，弱者喜生扶，为一定之理。秋土虚弱，得比肩则增其力。此指立秋之后，霜降之前而言，若至霜降以后，土旺主事，戌宫有墓库之火生之，不必比助，自然生旺，见比又嫌太过矣。

冬月之火，惟喜火温。

三冬天寒地冻，万物收束之时，惟喜得火，土脉温暖，万物始有生机，名寒谷回春，此冬土之性也。

水旺才丰，金多子秀，火盛有荣，水多无咎。再加比肩协助为佳，更喜身主康强足寿。

"水旺才丰"六句，承上"火温"句来。寒冻之土，无火温暖，生机尽息，无用可言。得火之后，大用以生。温暖之土，见水旺则才丰，见金多则子秀。重见火，土脉温暖，分外繁荣；多见水，有火引化，不足为害。见比肩扶助则更佳。身主，日元也。土为万物之生，身主康强，寿之征也。若无火，土脉不温，水旺则溃，金多则虚，木多则凶，即得比肩扶助，重重冻土，不能生物，虽厚奚益？此冬土所以不能离火也。

## 四季月土性质之分别

辰戌丑未，四土之神，惟未土为极旺，何也？辰土带木气克之，戌丑之土，带金气泄之。此三土虽旺而不旺，故土临此三位，金多作稼穑格，不失中和。若未月土，则带火气，带火以生之，所以为极旺也。若土临此旺未月，见四柱土重，多作火炎土燥，不可作稼穑看。但临此月之土，见金结局者，不贵即富也。书曰：土逢季月见金多，终为贵论，而在未月尤甚。

辰戌丑未四月，同为土专旺之地，辰戌戊土，丑未己土，四隅之中，以未月为极旺，何也？土之体性随四时以流动，辰，东方木气主旺之地。戌，西方金气主旺。丑，北方水气主旺。土受木气之克，金水之泄，虽旺不旺，未为南方火旺之地。土得火气以生之，故未月土为极旺。阳干有刃，阴干无刃，独己土生未月，有刃，即以此也。辰戌丑三位，戌为火墓，较旺于辰丑。然论其用，土生四季，辰月之财滋杀，戌月之土金伤官佩印，未月之杀印相生 不可无水为配合，丑月之食伤生才 不可无火为配合，同为贵格。则以月令之神，同宫聚贵故也。稼穑格见金必大富贵，独未月火旺土燥，人多以不能生金而忽之，不知大暑之后，金水进气，己木本性卑湿，虽在火旺之月，自有生金之义也。详下论体用之变节。

## 论　金

金以至阴为体，中含至阳之精，乃能坚刚，独异众物。若独阴而坚，冰雪是也，遇火则消矣。

总论金性。统一年而言之，木火为阳，金水为阴，故金以至阴为体。然三秋肃杀之气，无物不摧，非具阳刚之性，何能摧抑万物？坚刚独异者，庚金也。《滴天髓》云：庚金带杀，刚健为最。惟其外阴内阳，故具刚健肃杀之用也。独阴不坚，辛金也，遇火则消，故丙辛相合，则化为水。

故金无火炼，不能成器。金重火轻，执事繁难；金轻火重，煅炼消亡。金极火盛，为格最精。金火全，名曰铸印，犯丑字即为损模。金火多，名为乘轩，遇死衰反为不利。木火炼金，成名锐而退速；纯金遇水，逢富显以赢余。金能生水，水旺则金沉；土能生金，金多则土贱。金无水干枯，水重则沉沦无用；金无土死绝，土重则埋没不显。两金两火最上，两金两木财足。一金生三水，力弱难胜；一金得三木，顽钝自损。金成则火灭，故金未成器，欲得见火，金已成器，不欲见火。金到申酉巳丑，亦可谓之成也。运喜西北，不利南方。

次述庚金，见火土木水之用。庚金喜丁火，辛金喜癸水。刚健之庚，无火煅炼，不能成器，故火为最重要之用。金重火轻，无力煅金；火重金轻，金被销熔。故火金二者，以相均为贵，金火相均，格名铸印。见丑则金入墓，力不均匀，故名损模。金火两旺，格名乘轩，若行死绝之地，反为不利。金行死衰，则火过旺；火行死衰，则金过旺，皆不均也。木火炼金是用财官也。火得木生，金旺用官，其进必锐，运过则否，其退速也。金火以两停为美，故两金两火最上。金成火灭者，金至申酉之地为成，火至申酉乃病死之位。故论格局者，在常格，喜以火为用，若变局，格成专旺，名曰从革，不欲见火。运喜西北，忌东南。未成器者，平常格局也。已成器者，支聚方局而成变局也。铸印，乘轩，喻权位贵显。庚金喜丁为用，见官星则取贵也。金见水为食神伤官。纯金者，辛金也。喜食伤生财，故云：富显赢余。然强金遇水，则泄其秀，若金少而见水，则金之气泄尽，沉沦无用。故金生冬令，水旺之时而见水多，金水伤官，不以贵取也。金见土为印，然土薄而润，则能生金，土厚而燥，反而埋金。金见木为财，身旺能任其财，必为富贵，身弱财多，反为财困。故两金两木，力量相停，财已满足，若一金三木，木坚金缺，反为顽钝自损也。

春月之金，余寒未尽，贵乎火气为荣，性柔质弱，欲得厚土为辅。

金者，秋令肃杀之气。时至春月，大地阳回，肃杀之用无存。故金在正月为绝地，二、三两月为胎养酝酿之时，外用几乎熄灭，性柔质弱，春金之体也。若论其用，扶抑两难。贵乎火气为荣者，藉火除寒，非取其克，温暖而润，方成有用之金。故火必具土兼，无火则土寒，未能养金，无土则火烈，反而克金，此言初春之金也。二三月间，阳气渐盛，宜湿土生金，略得火以温之，若火生旺而无水，则嫌燥烈，金体脆弱，不堪煅炼。总之春金不能无土，而土多有埋金之忧；不能无火，而火旺有熔之虑，言厚土为辅者，三春木旺之时，土气虚浮，不厚则不能得辅金之用也。

水盛增寒，难施锋锐；木旺损力，剉钝可虞。金来比助，扶持最妙。比而无火，失类非良。

水，金之食伤也。春金微弱，何堪盗泄其气，在初春余寒未尽，水盛更增其寒。木，金之财也。木旺乘权，衰金何能克之，势必反受其困。故春金见盛水旺木，惟有比劫扶助，可以解危，然有比劫而无火，又嫌其顽钝不灵，须有火相制为用。总之金之体坚刚，其用锋锐，生于春月，非时之金，失其原来之功用，全恃扶助之力，求其配合中和，甚非易事也。

夏月之金，尤为柔弱。形质未具，尤嫌死绝。

金生于巳，四五六月，乃金长生沐浴冠带之位，何以尤为柔弱？盖火金之间夏秋，尚隔以土。土寄旺于火乡，燥烈之土，不能生金。故金虽生于巳，而实形质未具，较之春令，尤为柔弱，此夏金之体性也。若年日时支，再临死绝之位，更无成立发用之可能也。

火多不畏，水盛呈祥。见木而助鬼伤身，遇金而扶持精壮。土薄最为有用，土厚埋没无光。

夏金体性柔弱，何以火多不畏？盖巳午未月，皆暗藏土，暗土虽不能生金，有土隔之，火亦不能熔金也。最宜见水，得水则制火润土以生金，见木则破土助火以克金。火，金之官也。克身为鬼，即杀也。柔弱之金，喜土生助，然死金嫌盖顶之泥，土厚则埋金，故夏金喜土，只宜一二点，更须有水润之。土润生金，为最适宜。夏金喜水滋润之外，更宜比助。盖水至夏令绝地，火土干燥，无源之水易涸，必须有金生之，则源源不绝，乃能收制火润土之功，不仅帮扶之益也。

秋月之金，当权得令。

秋气肃杀，正金神当权得令之时。外阴内阳，坚刚之性，独异于众，万卉遇之，无不摧毁，此秋金之体性也。

火来煅炼，遂成钟鼎之材；土多培养，反惹顽浊之气。见水则清神越秀，逢木则琢削施威。金助愈刚，过刚则折；气重愈旺，旺极则摧。

秋金至刚至锐，得火煅炼，乃成钟鼎之材。当权得令之金，何劳印绶相生？土多培养，反增顽浊之气。故秋金用官杀，喜财相生，不宜以印为辅，以损为益也。① 强金得水，方挫其锋，气旺得泄，金清水秀，愈显其精神，为金水伤官格。② 木至秋而凋零，以旺金克死木，如摧枯朽，任意施威。木，金之财也。以水培木，而金任之，为食神生财格，皆上格也。秋金旺极，再得金助，则气重而愈旺刚，无火克之，或水泄之，皆有满极招损之危。过刚则折，旺极则摧，乃必然之势也，两句意重出。

冬月之金，形寒性冷。

金至冬令，旺气已过，气泄而弱。金之形质，水是寒肃，至隆冬之时，与严寒之气候相并，性更冷酷，此冬金之体性也。

木多难施琢削之功，水盛未免沉潜之患。土能制水，金体不寒；火来助土，子母成功。喜比肩败气相扶，欲官印温养为利。

三冬水旺秉令，金气暗泄，衰金不能克木，见木多，不能施琢削，此言不能用财也。水为时令旺气，金见水为真伤官，金能生水，水旺金沉，衰金遇旺水，有沉潜之患，不能以伤官为用也。土能制水，金藏于土，体性诚不寒矣。形藏用息，无补于金，必须济之以火，火土相生，金得温养，方能显其用，故云：子母成功。金衰，得比劫聚气相扶，亦为有益。然寒金虽多，难显其用，总之冬金不离官印。官，火也。印，土也。单见

---

① 此言庚金。
② 此言辛金。

印亦无益，① 必须有官杀助之，方得温养之利。金水伤官，不能离官，土金印绶，亦不能缺官，无官不成格，重言以见其重要也。

## 论 水

天倾西北，亥为出水之方；地陷东南，辰为纳水之府。逆流到甲而作声，故水不西流。水性润下，顺则有容。顺行十二神，顺也。主有度量，有吉神扶助，乃贵格。逆则有声。逆行十二神，逆也。入格者主清贵，有声誉。忌刑冲则横流。爱自死自绝，则吉。

四时之气，水火为生，火性炎上，水性润下。故水生于申，禄旺于亥子，润下之性也。至辰而止。纳者，归纳也。归纳于辰，墓也。自西而北而东南为顺流，顺水之性。故主休休有容。自东而北而西为逆行，冲奔激荡，故主有声。顺行十二神者，申酉戌亥子丑寅卯辰巳午未也；逆行十二神者，申未午巳辰卯寅丑子亥戌酉也。不论顺行逆行，入格皆主贵。见刑冲则横决溃堤。自死者，壬寅癸卯自绝者，癸巳壬午也。坐下财官，多主富贵。

水不绝源，仗金生而流远；水流泛滥，赖土克以提防。水火均，则合既济之美；水土混，则有浊源之凶。四时皆忌火多，则水受渴；忌见土重，则水不流；忌见金死，金死则水困；忌见木旺，木旺则水死。沈芝云：水命动摇，多主浊滥，女人尤忌之。口诀云：阳水身弱穷，阴水身弱主贵。

次述水见金木火土之用。水生春夏休囚之地，名为无源，得金生之，则源远流长。水生秋冬，旺极泛滥，得土提防，则入于正轨。水火均者，丙火也。水辅阳光，有食伤通其气，则成既济之美。水土混者，己土也。无甲木制之，则有浊源之凶。故壬水以用官星为忌也。火旺则水熬干，须金生之，水助之，劫印并用以为救。土重则水阴塞，须有甲木疏之，则水

---

① 如干见己，支见辰丑，为湿泥互冻。

方得流通。故火土重，四时皆忌也。水以金为源，有金相生，则涓涓不绝。金至子为死地，母死则子孤。故癸水生子丑月，须丙火暖之，更须辛金生之，方不受困。木能泄水之气，水生寅卯月木旺之时，水之精气尽泄。故寅卯为水之死地，须有金生之，方不致泛滥无归宿。阳水者壬水也，忌身弱；阴水者癸水也，不怕身弱，此阴阳干性质之殊也。

生于春月，性滥滔淫。

水者，三冬严寒之气候，其性冷酷。时届春令，阴和日暖，化为湿润，气势漫而无归宿，故水至春令为病死墓地。旺气方退，多则泛滥，少则枯竭，散漫无源，春水之性也。

再逢水助，必有崩堤之势；若加土盛，则无泛涨之忧。喜金生扶，不宜金盛；欲火既济，不要火多。见木虽可施功，无土仍愁散漫。

水性泛滥，再逢水助，性致汪洋无度，故春壬支见劫刃。干透比劫者，必须戊土制之，有戊堤防，不虞泛涨。然春水外象汹涌，内性柔弱，①无劫刃不须用戊。见戊多，更宜甲木制之，方不致塞水之流也。水以金生为源，三春木旺火相，水之气泄而涸，得金生扶，则源远流长，且可制木，故春水不能缺金生扶也。然不宜多金，金多则水浊。水火以既济为义，无火则水性寒，故壬丙不相离，壬得丙照，名春江水暖，气势融和。然不宜旺，旺则水涸，必须比劫为救。春木当旺，春水见木，为水木真伤官，然水少则气泄，必以印劫为救 金水。水盛则木浮，必以土培其根，火暖其气，方有水木清华之象。此水木伤官，所以喜财官也。

夏月之水，复性归源。

水至夏季，气势衰绝，复其本性则静止，归向源头则澄泓，用息形藏，此夏水之性也。

时当涸际，欲得比肩。喜金生而助体，忌火旺而焰干。木盛则盗其气，土旺则止其流。

涸际者，干涸之际也。夏水衰绝，而值火土燥烈之时，自然干涸。仅

---

① 有旺木泄水之气。

得金生，犹嫌不足，更须比劫助之。盖金虽能生水，而夏月金气微弱，无水为助，金必被熔，以水卫金，以金生水，相济为用，方能存形藏体绝之水也。火为当旺之气，又有土同旺，若四柱火多，则无源之水，必被焰干。木盛则泄水之气，以助火旺，火土重，则速其干涸。总之气值衰绝，只能生助，不能克泄，体弱气衰，易遭损害也。

秋月之水，母旺子相，表里晶莹。

母，金也。子，水也。三秋金神秉令之时，壬水长生，母旺子相，势力并行，金水澄清，表里晶莹，此秋水之体也。

得金助则清澄，逢土旺而混浊。火多而财盛，木盛则子荣。重重见水，增其泛滥之忧；叠叠逢土，始得清平之意。

秋水以澄澈为贵，得金生之，更见清澄，金白水清，秀气发越。土重混浊者，己土也。不能止水，而水扶泥沙以同流，徒然混浊也。逢土清平者，戊土也。壬水冲奔，非戊土不能止，癸日得壬劫，性与壬同。重重见水，泛滥堪虞，得戊土堤防，则水入正轨，自得清平也。火，水之财也。木，火之食伤也。秋水旺相，火虽多，力能克之，故火多而财盛。水旺，则喜泄其秀，故木盛则子荣。

冬月之水，司令当权。

水归冬旺，严冬寒酷，冬水之性也。

遇火则增暖除寒，见土则形藏归化。金多反曰无义，木盛是为有情。土太过，势成涸辙；水泛滥，喜土堤防。

水之性润下，其象澄泓，虽在冬令当旺之时，而值万象休止之候。见土则形藏归化，其用不彰，譬如崖高水急，水行地中，无用可言。故冬水虽旺，不能专以官杀为用也。冬水极旺之时，何劳金生？水冷金寒，反为无义，非其所需要也。旺水见木泄其气，是为有情。然水寒木冻，亦无生意，惟有遇火，则增暖除寒，水得阳和之气而活动，方能泄秀于木，滋润于土，温润于金，大用全彰，方成有用之水，此火所以为最要也。严寒之际，水少土多，则冰结池塘，两失其用，惟有值水势泛滥之时，方喜用土为堤防。然亦不能缺火，所以冬水惟财生官为上格，调和气候，为最重要也。

# 命理秘本穷通宝鉴卷一

## 三春甲木总论

春月之木，渐有生长之象。春初，犹有余寒，当以火温暖，则有舒畅之美，水多变克，有损精神，重见生旺，必用庚金啄凿，可成栋梁。春末，阳壮木渴，藉水滋扶，则花繁叶茂。初春无火，增之以水，则阴浓气弱，根损枝枯，不能华秀。春木失水，增之以火，则阳气太盛，燥渴相加，枝叶干枯，亦不华秀。是水火二物，要得时相济为美。

三春甲木看法，分为三节：一初春，雨水之前，尚有余寒，丙癸并用，以丙火为主要。二仲春，雨水之后，谷雨之前，重见生旺，必用庚金；清明后，虽属三月，土木当旺，乙木司令，与二月同看，惟阳刃一格，为二月所独有，附于仲春后。三暮春，谷雨后，土旺用事，丙火将旺，阳壮木渴，木气已竭，非藉水滋扶不可。此三春用法之别也。

## 正二月甲木一例

正月甲木，初春尚有余寒。得丙癸透，富贵双全。癸藏丙透，名寒木向阳，主大富贵。倘风水不及，亦不失儒林俊秀。如无丙癸，平常人也。

初春甲木与腊月同，寒木向阳，非丙不暖。立春之后，三阳开泰，更须癸为助。虽丙癸并言，以丙以重，故云癸藏丙透，主大富贵。人但知木能生火，不知初春甲木，实藉丙火以生。丙火者，阳和之气也。春回大地，气转阳和，万木自然发生，至于癸水，只要地支不太枯燥，如有丑等字，便为已足，正不必多也。丙癸并透，名为不晴不雨，正好养花之天，①甲木气未壮者，亦适用之。

正二月甲木，素无取从财，从杀，从化之理。

正二月甲木，月令禄旺，自无从化之理。

或一派庚辛，主一生劳苦，克子刑妻，再支会金局，非夭即贫。

此言不能从煞也。正月木方萌芽生机蓬勃，不宜裁抑，故不宜用金。月令临官，虽支会金局，干透庚辛，不能从煞。故金多无火，非贫即夭，木被金伤，残疾夭折，与下文正二月支成金局节同看。

如无丙丁，一派壬癸，又无戊己制之，名水泛木浮，死无棺椁。

此言不能用印也。春木当旺，毋劳印生，阴浓湿重，反损生机。故春木见金，用印化煞者下格。上文丙癸并透者，以丙火为主，兼一点癸水，调和既济，故主富贵，若一派壬癸，无戊己制之，则水泛木浮，即有戊己为制，而无丙丁出干，亦非上格也。

如一派戊己，支会金局，为财多身弱，富屋贫人，终身劳苦，妻晚子迟。

此言不能从财也。初春木嫩，无力克土。《总论》云：土多则损力，土薄则财丰。若见金局，或庚辛，水气更弱，然月令寅宫，为甲木临官之地，即被冲动，不能消灭时令当旺之气，只作财多身弱论也。

以上初春，专指雨水前而言。

正二月甲木一例，木乘旺气，无金必殀，先看庚，次取丁，有庚木能成器，有丁木火通明。庚丁两透，科甲定许。即风水不及，亦不失富贵，然须运气相扶；如运气不扶，反因用神，便成虚名无实耳。

正二月甲木者，言雨水之后，清明之前，看法相同也。②，春木太旺，

---

① 见下正月乙木节。
② 清明后，谷雨前。乙木余气司令，土未当旺，亦同看。

则宜裁抑，先庚次丁者，伤官驾煞也。木得庚以成器，得火而繁荣，庚喜丁制，裁抑不致太过，而得其中和。庚金劈甲引丁，又有木火通明之象。运气相扶者，木旺宜庚，庚重宜丁。宜庚者，喜西方运，反之，便困用神，有名无实矣。

或无庚金，有丁透，亦属文星，为木火通明之象，又名伤官生财格，主聪明雅秀。一见癸水伤丁，但作厚道迂儒。或柱中多癸，滋助木神，伤灭丁火，其人奸雄枭险，言清行浊之流。

甲无庚不灵，故无庚用丁，虽同为木火通明，贵气较逊，聪明雅秀，文人学士之流也。用神不可损伤，一见癸水，伤灭丁火，仅为厚道迂儒，功名富贵，皆非其份。若四柱多癸，虽不直接伤用，而丁火被困，亦难发达，发为性情，言清行浊。

或一庚一戊出干，号曰财煞相生，运行金水，可许科甲，虽无阴骘风水，亦不失儒林艺士。若庚申、戊寅、甲寅、丙寅，一行金水运，发进士。或甲午日，庚午时，此人必富贵，但要好运相扶，不宜克制庚丁。

此言财滋弱煞格。春木当旺，庚金衰弱，身旺煞轻，煞化为官，宜财生煞，不宜印化。① 然庚申一造，行金水运。发进士者，以原命三寅藏丙，丙火出干，阳壮水渴，水为配合之需要也。甲午日庚午时，意义相同，最宜湿土生金之运，论运，须随宜配合，可见一班。才滋弱煞，不宜克制庚金，用丁制煞，不宜克制丁火，运程配合得宜，必然富贵。凡中等张局，皆须运岁相扶，否则不能大发也。②。

或支成金局，又透庚辛，此人不吉，并无丙丁火破金，名为木被金伤。

承上文。木多金少，用财生煞，名财煞相生。金重用丁火制之，名伤官驾煞。若支成金局，又透庚辛，煞旺无制，月令临官，又无从煞之理，木被金伤，必为残疾夭折之命，同上一派庚辛节。

---

① 煞旺宜制，见上伤官驾煞格。
② 坊本此人必贵，抄本此人必富，究之富贵等耳。

或支成火局，泄气太过，性不愚怯，但常有灾病缠身。

木火伤官，本主聪颖，见上木火通明节。但支成火局，泄气太过，无水滋润，必主疾病。春深阳壮木渴，若支有癸水，配得中和，木火两旺，亦成美格。

支成木局，有庚方贵，无庚，男命鳏独僧道，女命孤寡，见二庚出干，大富大贵。

甲木见支成木局，不取曲直仁寿格。木旺以用庚克制为上，用丁火泄秀为次，此言有庚方贵者，即《总论》重见生旺，必用庚金斲凿，可成栋梁之材是也。见两庚者，大富贵。凡甲木用庚为贵，用辛前否，以庚能劈甲，辛金力薄，无斲凿之用也。木盛无金，其人必是勤吃懒做，而无作为造就之人。

支成水局，戊透则贵，无戊制之，水多木泛，不止贫贱，且死无棺椁。

三春之木，正值当旺之时，何劳印生？四柱最壮木渴，则宜一二点水为配合，见阴浓湿重，木反被损，故支成水局。必须戊土出干为救，更须丙火暄之，方成贵格，与初春无丙丁，一派壬癸节同看。

总之，正二月甲木有庚戊者上命，如有丁透，大富大贵之命，盖非戊庚金失母故也。或木多无庚而用丁，名木喜南而软弱。

总结上文，初春气寒，以丙癸为上命，春深木老，以庚戊为上命，或用庚戊丁，上上之命。用财滋煞，不如身煞两强，以食伤制煞之为贵也。金气至春而休囚，无戊，则庚金力薄，不能劈甲，故用庚不离戊土也。何以不言木火通明？盖木喜南而软弱，格虽贵，不过文学之士，木气泄弱故也。

凡三春甲木，用庚者，土为妻，金为子；用丁者，木为妻，火为子。

用庚者，煞为用也，财为妻，官煞为子。用丁者，伤官为用也，比劫为妻，食伤为子。言三春者，不分初仲，正二三月，同此看法也。

或二月甲木，庚金得所者，名阳刃架煞，可许异途小贵。若武职便显，但要财资煞，柱中逢财，英雄独压万人。若见癸水，因了财杀,主为光棍,重刃必定遭凶,煞重无凶,但性格横暴。正二月甲木,无从财化土之格。

正二月甲木,一例同推,已见上文,独煞刃一格,为正月所无,故另文说明之,得所者,地支通根得禄也。煞刃格,宜武不宜文,故云武职便显,文职不过异途小贵耳。盖二月阳刃驾煞,煞刃暗合有情,庚金休囚无气,故必须有财资煞,方为煞刃两停,无财刃旺煞弱,不过异途小贵。凡煞刃格,不宜见食伤制煞,行身旺之运,则假煞为权,如乙亥己卯甲申乙亥,萧耀南命造是也。一见癸水,泄煞之气,便失制刃之意,又要财资煞,并不要煞重,独煞为权,若重重庚金而刃轻,同正月一派庚辛节,木被伤矣。重刃者,地支重见卯木也。无煞制之,必定遭凶,煞重不为凶,以刃旺秉令也,但性格横暴,刑克重耳。书云:刃旺复行刃地,进禄得财处,必死于药石之间,煞旺得行煞地,建业立功处,必死于刀剑之下,其言颇验。二月甲木,与正月雨水后甲木,用法略同,所不同者,即煞刃一格耳。

书云:木旺宜火之光辉,秋闱可试。木向春生,处世安然有寿;日主无依,却喜运行财地。①

木旺无庚,则用火泄之,为木火通明格,②秀气发越,故云秋闱可试。木主仁,仁者寿,支成木局,不须春生,多主仁寿。四柱无庚丁可用,为身旺无依,运行财地,虽不劫耗,比较为吉。盖正二月间,四柱虽不见火,亦有暗火之用,食伤生财,自有可取,不得已之用法,下格也。

## 正月

**戊寅,甲寅,甲辰,乙亥。**孝廉。

按:此造寅辰夹卯,亥暗会卯木,旺而不成格,以寅中丙火生财为用。支有亥水,辰藏癸水,气象中和,惜丙火不透,年月空亡,故仅小贵耳。

**甲申,丙寅,甲寅,庚午。**茂才。

按:此造庚金出干,无财相生,则庚金无力,大运又顺行南方,不过

---

① 此节《造化元钥》抄本删,兹据《穷通宝鉴》,附录于末,以供参考。
② 同上木火文星节。

茂才而止。

以上《造化元钥》。

**庚寅，戊寅，甲子，丙寅。**

光绪十六年正月二十三日寅时。

陈济棠命，生于雨水前七日，丙透癸藏，大富大贵之命，妻宫癸水，内助尤得力也。

**庚寅，戊寅，甲戌，丙寅。**

光绪十六年二月初四日寅时。

杨化昭命，生于雨水后五日，阳壮木渴，不能无水润泽，四柱无癸，虽丙火出干，富贵皆小。

# 二月

**甲午，丁卯，甲寅，丁卯。**

乏庚，富而不贵，运入西南方，大凶。幸两干不杂，木火通明，为人清雅，子多而贤。

按：丁火为用，乏庚不贵，虽木火通明，不过文人学士，为人清雅而已。初运戊辰己巳财地，泄火之气为吉，运至西南，辛未壬申癸酉，伤克用神，自无幸矣。

**己未，丁卯，甲戌，庚午。**

科甲之命。盖庚丁两造，虽风水不及，不失荣华，但为人色重招殃，兄弟无力。

按：庚丁两透，制过七煞，庚金生春月绝地，本宜财星，不宜火制，加以阳壮木渴，无水润泽，午戌会局，庚金无力，不能制劫，故兄弟无力。尤幸运行北方，不失荣华。甲戌，庚午，交互值桃花红艳煞，己土财星来合，宜乎色重招殃矣。

**癸未，乙卯，甲子，己巳。**

岳武穆命，劫财阳刃，行辛亥运，辛酉年，冲合阳刃，坐囹圄亡身。

以上《造化元钥》。

**戊寅，乙卯，甲午，甲戌。**

明崇祯十一年正月三十日戌时。

清世祖顺治命，寅午戌会局，火旺木焚，虎马犬乡，甲来成灭是也。四柱无滴水解炎，只能用戌土泄火气，巳运逊国，不知所终。

乙亥，己卯，甲申，乙亥。

光绪元年二月十六日亥时。

萧耀南巡帅命，阳刃合煞，制刃得力，行乙亥甲运，全省最高官阶，集于一身，将入戌运，病逝。

## 三月甲木

三月木气将竭，先取庚，次取壬。

三月春深木老，重见生旺，宜用庚金，有金斲凿，可成栋梁，阳盛木渴宜用壬水，泄庚润木，枝叶繁茂，故庚壬为最要用神也。

壬庚两透，可许一榜，但要运用相生，见丁壬者大贵，或无庚透，独取壬用。壬透者，清秀多能，才学必富。

凡命造格局，上等者不必运助，自然富贵。次等者，原局有缺，非运助不发。要运用相生者，命格非上等，非佳运助用，不能取贵也。木老用庚，最忌丁火相制，得丁壬合，不但去病，且可暗助木气，大贵之征。无庚专用壬水，才学虽富，不能取贵。

或天干透出二丙，庚藏支下，斯为钝斧无钢，无有学问，富贵艰难，得壬癸破火者秀士。

承上用庚之意。三月木老宜金，而金在暮春无气，乃顽铁也。丙火至辰月，冠带之位，正值进气，干透二丙，庚藏支下，则庚金无用矣，故下文云：三月木老用金。除支成金局外，无用火破金之法，见火制庚，即是钝斧无钢也。

或柱中全无一水，多见戊己透干，支成土局，又作弃命从财，因人而致富贵，妻子有能。

从格不可见印，有印，即为木之根，且辰为水库，时值暮春，木有余气透印，即能生木也。

或见比肩及乙多者，名为混夺财神，此人劳碌到老，无驭内之权。女命合此，女掌男权，贤而有力者也。比劫重见，即淫恶不堪。

承上文。财多见比劫，为财多身弱，运行身旺之地，劳碌致富。如无运助，懦弱无能，男子不为佳命。女命合此，懦弱是其本份，若得运助，必然女掌男权，惟不免克夫耳。

总之三月甲木，先庚次壬，或支成金局，方可用丁，不然，三月无用丁之法。

支成金局，谓官煞太旺也。三月木老，金绝火相，若见一二点庚金，月令辰土生之，阳旺木渴，以壬水润之。非支成金局，官煞太旺，勿用丁火制煞之法，非谓丁火不能取用也，观下列诸造自明。

书曰：甲乙生寅卯，庚辛干上逢。南离推富贵，坎地却为凶。

此四句，《造化元钥》抄本删，附录于此。

**乙丑，庚辰，甲申，丙寅。**

此命用庚乏丁，运入东南，富大贵小，纳粟奏名。

按：乙从庚合，得禄于申，似是煞旺宜制，不知丙火出干，专以丙火为用，不用庚金矣。甲日遁时丙寅，为福星贵人，宜其富而多福，不取贵也。

**辛未，壬辰，甲辰，庚午。**

尚书。

按：此造庚壬并透，丁火藏午，不掣庚金之时，坚木得金，而成梁栋，贵为尚书宜也。

**丙寅，壬辰，甲子，庚午。**

太守。

按：此造壬透去丙，子水去午，专用庚金，与上造理同。

**丙寅，壬辰，甲辰，丁卯。**

此名用丁乏庚，常人也。

按：此造支全寅卯辰东方而无庚，专用丁火泄秀，为木火通明，无如丁壬一合，牵制用神，柱中无去病之神，其为寻常人物明矣。

壬午，甲辰，甲寅，戊辰。

四柱木旺金缺，非僧道，即无子。

按：寅辰夹卯刃，财露比盛，午宫丁火，又为壬水所阻，不能为用，比劫混夺财星，故为孤贫之人也。

以上《造化元钥》。

戊辰，丙辰，甲寅，甲子。

乾隆十三年四月初一日子时。

相文敏命，食神生财为用，官至大学士。

壬午，甲辰，甲子，己巳。

谭钟麟命，专用巳宫丙戊，进士出身，位至总督。

乙未，庚辰，甲戌，庚午。

道光十五年三月十五日午时。

余朝贵命，干透两庚，午戌在支，不制庚煞，贵为总兵。参阅齐燮元命。

乙酉，庚辰，甲寅，庚午。

光绪十一年三月十五日午时。

齐燮元命，木旺见庚，梁栋之器，寅辰夹卯而酉冲之，乙木出干，此阳刃也。煞刃相合，总握兵柄，至丙运，贵为巡帅。

丁亥，甲辰，甲子，甲子。

光绪十三年四月初七日子时。

龚政命，惟丁火可用。

己卯，戊辰，甲子，壬申。

光绪五年三月二十日申时。

于右任命，生于清明后六日，乙木司令，义同二月，支成水局，戊透则贵。

## 三夏甲木总论

三夏甲木，用神先丁次庚，无丁不得通明，无庚劈甲，丁火不燃。

统论四五六月，取用之法，不离丁庚，庚金劈甲，方成木火通明之象。究之甲木根润，方能取丁火泄秀，当以壬癸为主，阅下文自明。

## 四月甲木

四月木气已退，丙火司权，先癸次丁，又须有庚透。

此总论四月甲木取用之法也。三夏木性枯焦，调候为急，以癸水为主要之神，根润木荣，宜泄其秀，故次用丁火。四月庚金长生，癸水衰绝，若庚金透出以生癸水，使衰绝之水，不致为火土所熬干，水有源而木得润，故下文云：癸丁与庚齐透，纵风水浅薄，终成选拔也。巳宫虽金长生，然为火土所逼，不能生水，必须另见庚金，方为有用。

但庚多甲少，反为受病，有壬水则中和。为人清高，好做假富贵，因受庇荫而得显名，善作诗文，然终日好作祸乱，此理极验。

四月甲木退气，不宜克制太过，金多则受病。丙火司权，木气泄弱，根枯叶焦，必用壬水，方配得中和。壬为偏印，故因庇荫而得显名。煞印相生格局，而煞印皆休囚无力，故有好高之病。有名无实，作事无成，用假神之征应也。

如一庚两丁，稍有富贵，金多火多，又为下格。

承上文。庚多用壬，取印化煞，一庚两丁，取伤官制煞，故稍有富贵。总之，四月庚金，取其生癸，因水值休囚，故宜金生，非取其克制甲木。若庚多，而需要壬水丁火制化，皆失用庚之意。此两节，承上文又须庚透句，申述用庚非上格。

或癸丁与庚齐透天干，此命可言科甲，即风水浅薄，亦有选拔之才。癸水不出，虽有庚金丁火，不过富中取贵，异途官职而已。壬透可云一富，若全无滴水，又无庚金丁火，一派丙戊，此无用之人也。

癸丁与庚齐透者，水至四月绝地，若无庚金生之，则无源之水，涸可立待，得金相生，则源源不绝，不致为丙戊熬干矣。甲木根润，更得丁火泄其秀气，配合适宜，焉得不贵？三夏甲木，癸为真神，癸水不出，虽丁庚配合适当，亦不过富中取贵，非上格也。癸为雨露之水，得天然之润泽，自然富贵。壬为江湖之水，虽有调和之用，仅可取富。总之木生于夏，调候为急，壬癸火不可缺之物，无癸，用庚壬或庚丁，皆非上格，已见上文。若无癸丁庚，而见丙戊齐透，火炎土燥，即行水运，亦难救济，乃无用之人也。

丁卯，乙巳，甲寅，乙亥。

明府。

按：此造亥宫壬水得禄，木旺而润，丁火泄秀，故贵。

丁卯，乙巳，甲辰，庚午。

庚丁两透进士。

按：此造得力在甲木坐辰，通根印库，墓库之水，得庚金生之，故能取贵，右两造皆喜运行东北也。

丙午，癸巳，甲戌，甲子。

大贵。

按：癸水出干，通根时支，子戌拱亥，水旺木生，两火为月令旺神，以癸水培木制丙为用，宜乎大贵矣。

丙午，癸巳，甲子，丙寅。

以干支二癸，制乘权之丙火，位至参政。

丙午，癸巳，甲寅，丙寅。

此命火土熬干癸水，行午运损目，后作乞丐。

按：以上两造，相差一字。下造癸水无根，又无庚金出干以生之，故有熬干之危。《穷通宝鉴》漏去一造，而以熬干癸水注文，置上造下，以致不可解。要知上造，甲子日元，癸水通根，何致熬干？子寅夹丑贵，乃贵格也。兹照抄本更正补入。

以上《造化元钥》。

己巳，己巳，甲子，壬申。

同治八年四月廿二日申时。

此造壬水出干，子申会局，用壬水制巳宫丙火，乃龚心湛命，位至财政总长。

**癸酉，丁巳，甲子，戊辰。**

同治十二年四月十六日辰时。

汤玉麟命，癸水出干，巳酉子辰会局，取癸水制火为用，水得金生，位至热河主席，时上戊土为病，晚所失地丧师。

# 五六月甲木一例

五六月甲木，木性虚焦，一理共推，五月先癸后丁，庚金次之。

六月三伏生寒，丁火退气，先丁后庚，无癸亦可，或五月乏癸，用丁亦可，要运行北地为佳。

三夏甲木取用之法，以大暑为分界，大暑之前，看法相同，木性虚焦，调候为急，不能缺癸。丁火为佐，水仗金生，以庚为配合，理同四月。三伏生寒，指大暑后而言，金水进气，故无癸亦可也。然五六月，总属炎燥之时，使原局乏癸，不得已而用丁，仍宜运行北方水地耳。

六月甲木，木盛先丁。五月癸庚两透为上格，六月丁庚两透亦为上格。用神既透，木火通明，自然富贵。或丁多庚少，又是平人；或一庚一丁，定许成名。

甲木太盛，宜庚金制之，庚金过多，又宜丁火制之。六月未为木墓，见亥卯会局，即宜先庚。五月丁火司权之时，火燥木枯，重在润泽调候，故以庚金生癸养木为上格。大暑之后，金水时气，庚金多，可用丁火制之，木火通明，亦为上格。若庚少丁多，制过七煞，又非所宜，惟许一丁一庚相制成格耳。凡四季月，皆宜分上下半月。大暑前，无癸不能取贵，见庚丁，不过异途小富，同上四月。大暑后，无癸见庚丁，亦可取贵，此其不同之点，非谓不用癸水也。五六月，木性虚焦，总以用癸水为正格，用庚丁，格之变也。

总之，五六月用丁火，虽运行北方，不致于死，却不利运行火地，号曰木化成灰，必死。行西程又不吉，号曰伤官遇杀，不测灾来。惟东方则吉，北方次之，此五六月用丁之说也。

　　五六月甲木，以癸水为正用，原命支润木荣，乃用庚丁，伤官制煞，又名庚金劈甲引丁，木火通明以取贵。① 然此是外象格局，究之，三夏木性枯焦，只宜生旺之方，不宜死绝之地。行南方运，火旺木死，木化成灰。西方运，原命壬癸不透，无水引化，必见不测之灾。以东方为最吉，甲木旺地也。北方次之，夏木用丁，泄气太重，见水生木，又能制火也。名为用丁，实仍照佩印看法，气候之关系，不綦重哉？四柱虽无水为用，亦不能不待水木运以补其缺也。

　　或满柱丙火，又加丁火，不见官煞，谓之伤官伤尽最为奇，反成清贵，定主才学过人；风水好，定主科甲。但岁运不宜见水，若柱中有壬癸，运又逢之，必贫夭死。

　　若满局丙丁，不见官煞印绶<sub>金水</sub>，木火伤官，变为炎上，又名从儿，局势偏旺，不宜逆其旺势，从全局论之，即炎上格也。见水为杯水舆薪，反激其焰，若原局有一点水而无根，得甲木引化，火旺水干，不足以破格，运又逢水，水火相战，反致贫夭而死，理同炎上格见水。

　　凡用神太多，不宜克制，须泄之为妙。

　　承上文。用神多者，非二三用神之谓，用神重见，即谓之多，如满柱丙火，又加丁火是也。如原命水木有根，不能变为炎上，则宜用土以泄火之气，为釜底抽薪之法，不宜以水克制，岁运亦然。所谓旺火得土，乃熄其焰，固不仅木火伤官为然也。从儿格最宜财运，名儿又生儿，即是此意。

　　凡成木火伤官者，聪明慈善，多见多疑，虽不生事害人，每抱不平之愤。女命不然，凡伤官泄秀，人必聪明，木性仁寿，故又慈善。三夏火旺木焦，无壬癸配合，不免偏枯，《滴天髓》云：五行不戾，性正情和，浊气偏枯，性情乖逆，正谓此耳。女命总嫌其不中和也，见下命造证例。以上论伤官格。

　　若柱中多金，名曰杀重身轻，先富后贫，运不相扶，非贫即

---

① 见上节。

夭。或庚多有一二两丁制伏，又有壬癸透干，泄金之气，又火先贫后富。

　　上言用食伤，此言用财煞，不能无印也。木至五六月，死绝之地，柱见多金，而无壬癸泄金生木，名为煞重身轻，运且扶身，否则非贫即夭。五月己土得禄，六月己土当旺，财星本通门户，特嫌甲木枯槁，不能任财耳。若庚多而有丙丁制伏食伤，身弱而有壬癸滋扶，印绶此又先贫后富之兆。壬癸不但泄金之气，且可润土制火培木，枯木变为活木，则财官皆可为用，可知夏木不能无壬癸印为配合也。

　　或四柱多土，未内有乙，切勿作弃命从财。

　　木至四季月，多土皆作从财论，未月，己土最旺之地，独不可轻言从，因未为木库，甲木有根故也。

　　时月两透己土，名二土争合，男主奔流，女主淫贱，见二甲则不争矣，亦属平庸之辈。或四柱有辰，干见二己二甲，此人名利双全，大富大贵。若在六月见辰支，名为逢时化合，极验。

　　五六月甲木，无从财而有化合，但化气必须见辰，方为真化，否则，虽不争妒，亦属平庸之辈。化气喜行旺地，甲己化土，生于五六月，火生土旺，逢时得地，未有不大富贵，尤以六月土旺时为美，但恐化气不真耳。①

　　化合格，以癸水为妻，丁火为子。若二己一甲争合，到支中比劫为用。见辰干支，亦以甲为用，壬癸为妻，甲乙为子。

　　凡化气格皆以生我化神为用，甲己化土格，必以火为用也。从用神看子星，以火为用者，即以火为子，以化神所克为妻星，故以癸水为妻也。二己争合，则非化气格，看妻子法，与普通同，财旺身弱，当以比劫为用。即见戊辰，亦不以化论，从用神看子星，生用神者为妻星，故甲乙为子，壬癸为妻也。

　　其余用庚者，土妻金子；用丁者，木妻火子。

――――――

　　① 凡化气必须见辰，则化之元神透出，如甲己化土见辰，遁干戊辰，为土之元神也。详《滴天髓》征义。

用庚者，官煞为用也。财为妻，官煞为子。用丁者，食伤为用也。比劫为妻，食神为子。

女命以妻作夫，用作子，十干皆同。

妇命与男命一例同看，特易妻星为夫星耳。男命以生我用神者为妻星，用神为子星，女命以生用神者为夫星。俗以财为妻，官为子，不知古法专重财官，以官为用，故以财为妻也，若拘执之，岂能无谬？此理惟本书发明之也。

或纯是己土，不见戊土，乃为假从。其人一生缩首，反畏妻子，若无印绶，一生贫苦。六月犹可，五月断不可无水。

补上文，勿作从财意，从格以纯粹为贵，尤以阳干从阳，阴干从阴为真。① 然六月甲木，即使四柱干支皆土，亦是假从非真从，盖未为木库，月令有微根故也。书曰：财多身弱，富屋贫人，财多而无力支配其财，反为财所困，财为妻，故主反畏妻子也。印绶壬癸也，得水润土生木，则能克制己土，财为我用，否则，财虽多，非我所有，一生贫困。六月犹可者，金水进气之后也。

**丁巳，丙午，甲寅，甲子。**

盖子中有癸，巳中有庚，年干丁被丙夺，又午中己，冲出子中癸，行癸运连捷，官拜侍郎。

**丙寅，甲午，甲戌，辛未。**

女命，柱内全无水，支成火局，则为枯木，又无庚金，则为朽木，刑夫淫贱，若作男命，又是伤官格，反吉。

按：木性枯焦，而无滴水解炎，即使男命，未便为佳。夏木伤官，必须佩印，木虽旺，无印亦属偏枯。观上两造自明。

**甲辰，辛未，甲子，辛未。**

此名两干不杂，专用丁火，虽有富贵，妻子难留。若作丁卯时，丁火出干，可生四子，但家贫耳。

按：两干不杂，局势虽清，无关取用。此造好在甲木临子，官印相

---

① 详下六月乙木节。

生，润土生木，故能用丁，两未害子，妻贤难留。若丁卯时，丁火出干，卯刃劫财，故子多而家贫。

**乙巳，癸未，甲子，戊辰。**

支戌水局，困了丁火，虽主富贵，乏子。

按：印旺用伤官生财，丁火不透，癸水盖头，虽在六月，水盛火衰，故云困了丁火也。

**甲申，辛未，甲戌，丙寅。**

庚金得禄，官至尚书。

按：此为明崔呈秀尚书命，《三命通会》误甲申为甲戌也。财官为用，庚金得禄于申，又得壬水长生，制伤护官，故贵。丙合辛官，申冲寅禄，凶死固宜。

**辛巳，乙未，甲戌，戊辰。**

女命，三嫁乏子。

按：辛金夫星明透，无如火土炎燥，无印护官，辰中癸水入墓，戊土克之宜其无子。

**癸巳，己未，甲子，乙丑。**

生员。

以上《造化元钥》。

**己未，庚午，甲辰，壬申。**

咸丰九年六月初六日申时。

梁鼎芬命，申辰会局，透壬，用午中丁火，更有庚金劈甲引丁，位至藩臬。

**壬申，丙午，甲午，甲戌。**

同治十一年五月十一日戌时。

徐谦命，木火伤官，不能不用印也。

**丙子，甲午，甲戌，戊辰。**

光绪二年闰五月十四日辰时。

陆宗舆命，子午辰戌两冲，印被财破，午戌会局，火旺木焚，喜子辰遥合，制火润木，取戊土泄火为用，位至财长。

**壬午，丙午，甲申，甲子。**

光绪八年四月二十九日子时。

吴光新命，子申会局，透壬，用午宫丁己，位至督军。

**壬午，丙午，甲辰，甲戌。**

光绪八年五月十九日戌时。

曲同丰命，壬水出干，制火润土生水，位至军长。

**甲午，辛未，甲寅，甲子。**

道光十四年六月二十日子时。

孙毓汶命，官印格夹贵，位至尚书。

**甲申，辛未，甲辰，甲子。**

道光四年六月十二日子时。

张树声命，申子辰会局，印旺用财官，位至巡抚。

**乙丑，癸未，甲午，甲子。**

同治四年六月初一日子时。

齐耀琳命，癸水出干，地支得禄，位至省长。

## 三秋甲木总论

　　三秋甲木，木性将枯，金土乘旺，先丁次庚，丁庚两全，将甲造为画戟。

　　三秋木老，枝枯叶瘁，宜刚金修削，方成栋梁之材。书云：死木得金而造，庚辛必利，而金气适乘旺秉令。故秋木见金，为真神得用，贵显为多，非如夏木见火，冬木见水，春木见水之为忌也。甲木宜庚金斲凿以成材，庚金喜丁火煅炼以成器，此统论三秋甲木，宜以丁庚为用也。

## 七月甲木

　　七月甲堪为戟，然非丁不能造庚，非庚不能造甲，丁庚两透，科甲可许。

　　秋木为成器之木，得金则为画戟，非丁不能造庚，非庚不能造甲，丁庚并透，为甲木之配合，乃成大器。用庚用丁详下文，即用庚金，不能无丁火为配合也。

　　庚禄居申，煞印相生，运行金水，必然显达。用庚者，金水运大贵。

　　此言用庚，申宫庚金得禄，壬水长生，煞印二者，聚于月令，同宫得气，庚金乘旺。如庚出干而无丁为制，必伤甲木，见丁，则金木成器，月令煞印相生，更行金水之运，用神得地，大贵必矣。

　　或庚透无丁，一富而已，主为人操心太重，不能坐享。或丁透庚藏，亦主青衿小富。或庚多无丁，残疾病人，若为僧道，灾厄可免。

　　此言用庚，不能无丁为配合，虽煞印相生，运宜金水，而无丁，金不成器，不过一富而已，且煞旺必主劳碌，不能坐享。丁透庚藏，庚煞之用不显，然月令庚金当旺，得丁相制，亦主青衿小富。甲木至申，休囚无气，如庚多①而无丁火相制，则木被金伤，必致残疾，乃艰苦之命也。复次，秋木喜金克制，不畏金旺，秋木要强，②庚丁同透天干，庚金当旺，得丁火制之，大富大贵之命。丙火虽亦可用，不如丁火之有务，盖丙为太阳之火，至申病地，非比丁炉冶之火，能煅炼成器也。若火多克制太过，又为庸碌之人，宜多用印化煞者，虽贵不足，此理至至验。秋木要强，方同上论，若甲木弱，生申月绝地，理同乙木，参阅乙木节。

　　或四柱庚旺，又见水多，难作弃命从杀，见土多，可作从煞论。

　　承上文庚多无丁而言。申宫壬水长生，煞印相生，难作从煞论。见土可从煞者，以土能制水也。三秋甲木，气势临绝，本有可从之理，见壬水长生，名绝地逢生，木之生气不绝，若见土多破印，自能从矣。

　　庚多戊己亦多，无壬癸水，专用丁火制金，以暖群土，此命大富。丁藏富小贵轻，财露，即风水不及，定许豪富。得二丁不

---
① 支成金局干多庚辛之类。
② 支临寅卯辰。

坐死绝，必然富而且贵，即癸水不及，亦能富中取贵，异途显达。或癸水叠叠，制伏丁火，虽有学问，终难显达，得运行火土破癸，略可假就功名，岁运皆背，定作劳碌之人。支成土局，戊己透干，制去癸水，存其丁火，又可出科甲。但此等命，主为人心地好诈好讼，即富贵不肯收心，因贪致祸，招成怨尤，决非安份之人也。

此论用丁。申宫壬水，为戊己所制，不能用印化煞，庚金当旺，秋土气泄而虚，必须用丁火制金以暖土，伤官生财，故为大富之格。得二丁不坐死绝之地，① 富而且贵，所重在丁，丁藏，富贵俱小矣。若癸水伤丁为病，则难显达，虽运行火土，不过补救一时，根在苗先，不能解原局之病也。若原局有戊土出干为救，为有病有药，又可取贵。但病药杂出，格局不纯，藉财破印，因贪致祸，终非上等格局耳。

总之七月甲木，丁火为尊，庚金次之，但不可少，火隔水不能镕金，丁火镕金，必赖甲木引助，方成洪炉。若有癸水阴隔，便灭丁火，壬水无碍，且能合丁，但须见戊土，方可制水存火。

总结上文，七月甲木，以用丁火为上格。庚金为月令当旺之气，用伤用印，皆从月令配合而出，故言不可少。次述丁为尊之理，甲木得丁火，乃成洪炉，以冶当旺之刚金，则成大器，故以用丁为贵格也。见壬癸，必须戊土为救，丁壬相合，用壬水则无碍，如用丁火，则必须见戊土制壬，方能存火也。②。

丙午，丙申，甲寅，丁卯。

病在丙丁杂乱，故专用庚金，行戌运连捷，庚运转侍郎。

按：时逢阳刃，专用申宫庚金制刃，庚金当令，格局取贵，惟嫌丙丁并出制煞太过，行戌运，破印泄食伤生煞，青云直上矣。

乙未，甲申，甲子，乙亥。

孝廉，辰运灾。

---

① 火死于酉绝于亥。
② 用壬亦嫌羁绊，惟不失水之用耳。

按：子申会局，水旺庚金气泄，非用财破印不可，辰运会齐水局宜其灾矣。

**己亥，壬申，甲戌，丁卯。**

茂才。

按：壬水合去丁火，己土不能制壬，病重药轻，仅为茂才而不贵。

**戊午，庚申，甲寅，丙寅。**

县令，丑运去官。

按：身煞两旺而有制，美格也。惜火太旺，且为丙火，而非丁火，火运至丑而止。

以上《造化元钥》。

**丁酉，戊申，甲申，乙亥。**

康熙五十六年八月初三日亥时。

阿桂命，满州人，戊土制住壬水，庚煞之气不泄，专取丁火伤官驾煞为用，运行南方，定伊犁，讨缅甸，平金川，积功封英勇公，官至大学士，卒谥文成。

**辛未，丙申，甲申，丙寅。**

嘉庆十六年七月初八日寅时。

张之万命，年月合去一丙，专用时上丙火，鼎甲出生，位至大学士。

**癸未，庚申，甲戌，丙寅。**

道光三年七月初八日寅时。

蒋驴子命，用丙火制金以养群土，富格。

**癸亥，庚申，甲寅，乙亥。**

同治二年七月初十日亥时。

陆建章命，身旺假煞为权，行乙卯刃运，握生杀权，甲运遭仇杀。

**乙酉，甲申，甲子，乙亥。**

光绪十一年七月廿八日亥时。

王伯群命，惜无丁火配合，运入东南，贵为交通部长。

**庚寅，甲申，甲申，甲戌。**

光绪十六年七月十六日戌时。

袁克文命，独煞乘权为贵，三甲朝元，用以年支寅禄为根，专恃上荫可知，丁火不透，终为贵介公子而已。

## 八月甲木

八月甲木，木衰金旺，丁火为先，次用丙火，庚金再次。

八月甲木，木气休囚，金旺乘权，用丁所以制金，用丙所以调候。月令金神当旺，故以丁火为先。无丁用丙，炼金丁火之力强，调候丙火之力足，各有优点。若庚金透干，非丁火制之不可，或见辛透，亦宜丁火，丙与辛合，反失其用。若比劫多，或支成木局，则宜金制，更须有火制金<sub>详下</sub>，故云庚金为次。

一丁一庚，科甲定显。癸水一透，科甲难全。

一丁一庚，火金丁制以成器，故科甲定显，癸水一透，伤克丁火，庚金失制，不足以取贵矣。

丙庚两透，富大贵小；丙丁全无，僧道之命；丙透无癸，富贵双全；癸出制丙，便是常人。

上言丁庚，此言丙庚。炼金之力，丙不及丁，而丙兼有调候之用，故云富大贵小。若庚金透而无丙丁制之，则木被金伤，僧道之命也，与下文支成金局同看。上文癸透伤丁，科甲难全，此言丙透无癸，富贵双全，其意一也。总之旺金不可无制，用神不可被伤，用神有伤，便是常人。

支成火局，可许假贵。戊己一透，可作富翁。

支成火局，制金太过，官星被伤，仅许假贵，戊己泄火，格局变为伤官生财，财星得用，巨富之格，但须身旺，方作此论。

或支成金局，干露庚金，为木被金伤，必主残疾，得丙丁破金，亦主老来暗疾。

八月木气休囚，金神乘权。支成金局而庚金煞透，木被金伤，非夭折，必残疾，单见庚金而无金局，已非有丙丁相制不可，况支又成局乎？即得丙丁破金，亦嫌木气，木气暗伤，主老来疾病，运见壬癸，反克丙丁，必致不禄。

或支成木局，干透比劫，反取庚金为先，次用丁火。

八月秋深木老，生气内敛，此宜用斧柯之时也。交成木局，干透比劫，咸为无用枯枝，反取庚金为先，此秋气以杀为生也，格成煞刃。仲秋金旺乘权，须以丁火制煞为佐，庚金得丁火，乃成斧柯之用，秋木盛，煞旺有制，必贵之格也。

**乙未，乙酉，甲子，丁卯。**

丁火高照，太守命。

按：丁火高照，言配合之美也。甲子官印相生，丁火高照，不伤官星，以月令官星制刃为用神，运行辛巳庚辰，官星得地，焉得不贵乎？

**庚寅，乙酉，甲子，丁卯。**

支藏丙火，时逢一丁，参政命。

按：乙庚煞刃，相合有情，丁火高照，制得其宜，秋木盛，宜官煞运，与上造同。内而参政，外而太守，品秩亦相等也。

**乙巳，乙酉，甲子，甲子。**

朱文公端造。

按：巳酉会局，煞印相生，两干不杂，好在巳中有丙火暗藏，岂不为贵乎？

**丙戌，丁酉，甲寅，丁卯。**

孝廉，卯终。

按：丙丁并透，官星被制太守，幸运行金水之地，得举孝廉以终。

以上《造化元钥》。

**丁巳，己酉，甲子，戊辰。**

咸丰七年八月十六日辰时。

黄以霖命，支成煞印两局，天干丁火戊己并透，富贵兼矣，一榜武昌知府，湖北巡警道。

**癸未，辛酉，甲申，丙寅。**

光绪九年九月初七日寅时。

刘镇华命，丙辛隔位不合，癸不伤丙，贵为主席，总领师干。

**壬寅，己酉，甲戌，丙寅。**

乾隆四十七年八月初十日寅时。

清宣宗道光命，或云初八日寅时，作壬申壬寅，未知孰是，姑录之以备参考。

## 九月甲木

九月甲木，木性凋零，丁火壬癸滋扶。

九月秋深气寒，甲木凋残，月垣又为燥土，不能润水养木，故不论用戊用庚，四柱宜有丁火壬癸为配合。见水则土润，见火则木秀，凋残之木，得水火滋扶而用戊庚，方为上格。

戊己亦透，配得中和，可许一榜，庚金得所，科甲无疑，但要心地风水运程相合。或见一二比肩，无庚辛制伏之，便是常人。运不得用，贫无立锥。

戊己亦透，言以财星为用也。庚金得所，谓通根申酉也。九月土旺秉令，用财可许一榜，见庚财旺生官，便是科甲之贵。用财而见比肩争财，须庚金为财星之护，无庚辛便是常人。更见运行比劫之乡，贫无立锥矣。况四季月，皆指下半月而言，上半月看法同上月，①。

一命，甲辰，甲戌，甲辰，甲戌。富贵寿考，台阁之命。此命天元一气，又名一财一用，遇比用财，专取季土。

承上文，遇比用才，取官煞为护，便同财官格。取食伤以化，便同食伤生财格。若不用官煞食伤而用财星，仅四季月有之，如此造是也。此造四支皆土，又值土旺秉令，非遇比用才，乃财旺用比也。加以天元一气，一财一用，体用双清，其富贵寿考固宜。②

或见庚见丙，有能生员，白手成家，凡用火者，木妻火子，妻贤子肖。

承上文。九月月令财星当旺，庚丙并透，用丙火去庚生财，变为食神生财格，贵小富大，以丙为用，故木妻火子，③。

或四柱木多，用丙用丁，皆不为善，用庚为妙。九月用庚

---

① 此言偏官制比护财。
② 此言专用财星。
③ 此言食神生财。

者，却不取土妻金子，当取水妻木子。凡四季甲木，总不外乎庚，譬如木为犁，能疏季土，非庚为犁嘴，安能疏土？虽兼丙丁癸水为用，庚必居先。

此言用庚金偏官。三秋木性枯槁，月令成为火墓，如四柱木多而用丙丁，火旺木枯，总非上格。详下。故木多者以用庚为妙，思论云：死木得金而造，庚辛必利是也。次申述其理，四季甲木，不离庚金，其故官在，譬如以木疏土。不能无犁嘴，金为水之源，煞印相生，甲木根润，方能疏土，名为用金，实是用水生木，以金为水木之辅，故不取土妻金子，而取水妻木子。甲无庚不灵，故庚不可少，秋深气寒，不能无丙丁，土燥木枯，不能无壬癸，此言三秋甲木配合之法，而以庚为其枢纽也。

凡季月之甲，多见戊己，定作弃命从财论，火为妻土为子。

从格以所从之神为用，故火妻土子。

三秋甲木，以庚为贵，若见一派丙丁伤金，不过假道斯文，有壬癸破丙丁者，必有真学问。无水破火，支又成火局，乃是枯朽之木，有庚亦何能为力？孤贫下残之流，男女一理。

申述用丙用丁皆不为妙之理。三秋甲木，不离庚金，若一派丙丁，支又成火局，火旺木枯，非壬癸为救，木无生机，虽有庚金，无能为力。盖甲木至秋，气势已绝，性本枯槁，更见火旺，便成枯朽，不比春木见火，为木火通明，秀气发越也。见木多得庚为贵，枯枝败叶，得金气剪除，以杀为生也。亦不可无癸水为配合，若火旺伤金，无水破火，决为孤贫下残之命矣。

或有假伤官得地逢生，此正合甲乙秋生贵元武之说，用水制伤官者，以金为妻，水为子。

柱见丙丁而火非当令，故云假伤官。得地逢生者，地支逢寅长生，得午地，寅午戌三合会局也。元武者，北方壬癸印也。火旺木枯，必须佩印，方为贵取。如一造，戊子壬戌甲寅庚午，寅午戌会局为假伤官，正合甲乙秋生，贵元武之说，必以壬水制伤官为用，[①] 而非以伤官为用也。以印为用，故官煞为妻，印为子。

---

① 戊土为病。

或丁戊俱全，总不见水，又为伤官生财格。亦可云富贵，此格取火为妻土为子。

戌宫戊土为当旺之气，丁火为墓库之神，并透出干为用，乃伤官生财格，丁戊同宫聚气，亦可云富贵，此为例外。以丁戊俱全，总不见水，为成格之要件，否则总以用印为正也。

凡九月甲木，甲多庚透，富贵，庚藏小富贵。用庚者，忌丁火制伏，恐难富贵，若柱中多庚，则又以丁为奇，富贵人也。如庚申年，丙戌月，甲申日，壬申时，此主功名显达，有才能。若无庚丙年月，又无火星出干，好学而难成名。

申述上文甲多用庚之旨，与首节见比劫，无庚辛制伏，为平常之人，其理一也。若甲柱庚金多，则又以午火为奇，此言煞太旺，以食伤制伏为要。庚申一造，地支三申，庚金出干，煞旺非食神制伏不可，申宫金水相生，又得水出干，故可用食神制煞。《滴天髓》云：局中显奋郁之机者，神舒意畅，丙庚之透，即奋郁之机也，所以立功名显达，否则，终归于沉埋耳，此总结用庚之意。

九月甲木，或专用丁火癸水，见戊透干，贵。如戊戌壬戌甲子戊辰，已成水局，壬水出干，正合贵宜元武之说。又得戊透，配得中和，一榜之命，家计丰足，富有千金。但庚丁不生，出仕不显。

申述九月甲木用财者，爱丁癸滋扶，见首节，专用丁癸者，喜丁癸配合也。戊透配得中和者，以戊土财星为用也。如戊戌一造，支成水局而透壬水，水多以戊为奇，戊宫戊土出干，用财损印，富大贵小之命，不见丁庚，难以致身通显，此论其表面也。其实财多身弱，好在月日之间，夹癸亥，日时之间，夹乙丑丙寅丁卯，前引后从，无形之中，木有生气，运行东北，故小有成就耳。

**壬午，庚戌，甲午，庚午。**

庚壬两旺，贵格一品。

按：明詹丞相命，午戌会局，火旺木枯，用壬水泄庚制火扶身，正合假伤官得地，贵宜元武之说，与上戊子造参阅自见。

**庚戌，丙戌，甲戌，戊辰。**

武宰富而且寿。

按：丙戊并透，取令神生身，故富而寿，见庚七煞，小贵就武。

**乙丑，甲戌，甲子，甲子。**

无庚造就，丁又归库，早岁贫贱，晚年大发，但庸人耳。

按：甲子坐印，树老根润，专用财星，无庚造就，不能取贵，无丙丁泄秀，碌碌庸人，晚年行己巳戊辰运，财旺得地，致富宜矣。

**己丑，甲戌，甲戌，甲子。**

两点丁火，一妻一子，稍有衣食，常人而已。

按：此造与上造相差日支一字，皆以财为用，甲子活木，甲戌枯木，所差在有情无情之间也。

**癸丑，壬戌，甲午，壬午。**

壬癸太多，丁火不能生焰，幸得庚禄居申，可以自有作为，不失富贵，兄弟多力，妻子早岁招刑。

以上《造化元钥》。

**乙卯，丙戌，甲申，丁卯。**

咸丰五年九月廿四日卯时。

马伯通命，庚禄居申，甲刃在卯，煞刃皆不秉令，见丙火出干，用取食神生财，宜以文学寿世。

**戊午，壬戌，甲辰，庚午。**

咸丰八年十月初二日午时。

梁敬彦命，财旺生煞，庚丁癸配合中和，宜乎富且贵矣。

**甲戌，甲戌，甲寅，丙寅。**

同治十三年九月十五日寅时。

革命先烈黄克强命，伤官格无印，火旺木枯，福泽不足。

**丙子，戊戌，甲子，庚午。**

光绪二年九月初七日午时。

靳云鹏命，财旺生煞，喜丁癸滋扶，贵为内阁总理。

**戊寅，壬戌，甲子，丙寅。**

光绪四年九月十八日寅时。

彭九彝命，假伤官佩印。

**丁亥，庚戌，甲子，庚午。**

光绪十三年九月初十日子时。

许崇智命，喜一丁一庚，相制成格。

**己丑，甲戌，甲子，己巳。**

光绪十四年九月十六日巳时。

陈锦枢命，化土格，甲从己化，子中癸水，有巳宫戊土合化，反助财旺，行火土运必贵。

## 三冬甲木总论

庚金为要，丙火次之，戊土酌用，若辛金壬水，不宜取用。

总论三冬甲木取用之法。

## 十月甲木

十月甲木，以庚为君，以丁为佐，丙火次之。忌壬水泛木，须戊土为制，故戊又次之。

亥宫壬水当旺，木甫萌蘖，见壬水出干，嫌水旺泛木，须有戊土为制，庚丁为用，丙戊为配合。壬水不透，不必用戊土也。

得庚丁出干，又加戊透，名去浊留清，大富大贵；即无丁火，亦稍有富贵。或甲多破戊，庚金无根，难作栋梁之器，平常人也。庚戊既透，虽多比劫，亦定富贵而寿。

十月甲木，承秋令之后，以一丁一庚相制以取贵，与三秋同。壬水当旺，得戊土制水，可以培甲木之根，护丁火而生庚金，满盘灵活，为大富贵之命。有庚无丁，以财滋煞取用，下文再详之。亥月水旺，庚金泄气，无戊制壬，庚金无力克木以成栋梁，故见甲多破戊，平常人也。庚戊并透，庚金能制比劫以护财，戊土制壬水以生庚，交相为用，定主富贵而寿。

或多比劫，只一庚出干，坐禄逢生，乃为舍丁从庚，逢财略有富贵。运行东南吉，西北凶。

承上文，无丁稍有富贵意。比劫多，不能不用庚金，四柱必须有财相生，方为富贵。舍丁从庚者，言不用丁火制煞，而以庚金制劫也。但究是冬木，运宜东南木火之地，忌西北金水之乡。

或支见申亥，得戊土当头以救庚丁，科甲可许。若单己土，其力弱小，不过贡监而已。

支见申亥，壬水逢生得禄，水势泛滥，必得戊土当头为救。十月甲木，以用庚丁为正，壬水太旺，泄庚伤丁，而受其害，故不论庚丁并用。或舍丁用庚，见水旺，皆宜戊土为救也。己土力薄，不足以制水，不过贡监而已。

用庚者，土妻金子；用丁者，木妻火子。

初冬之木，不外乎用煞用伤两途。用煞者，财为妻，煞为子。用伤者，比劫为妻，食伤为子。

总之十月甲木，先庚后丁，戊土亦不可少。

先庚后丁，为用之正，水旺取戊土为救，故为配合所不可少也。

按：十月甲木，见食伤生财，多武职大贵，此理为本书所未载。盖壬水太旺，生反为克，见才破印，化忌为喜，反克为生，更见丙丁，寒木向阳，无有不贵，非为武贵，则理有未解，见下命造。

**辛巳，己亥，甲子，甲子。**

金土得位，官至一品。

按：金土得位者，金生于巳，土禄于巳也。此造水旺木浮，专用巳宫丙戊，用才损印，用丙调候，以成反生之功。中年之后，南方运，宜乎富贵，早年金水，不免贫困。重在火土，金土两字，或是火土之误也。明钱丞相命造。

**辛丑，己亥，甲辰，壬申。**

此为灯花拂剑，异路恩封，妻贤子肖。

按：壬申癸酉为剑，甲辰乙巳生人，得壬申癸酉时，为灯花拂剑，见兰台妙选，实财官格也。

**辛丑，己亥，甲辰，丁卯。**

不得科甲，却有名位，盖用丁之故。

按：冬木不能无火，见丁己出干，为伤官生财格。

**壬辰，辛亥，甲戌，丙寅。**

专用戊土先贫后富。

按：辛壬并透，水旺木浮，喜时上丙寅，寅宫甲丙戊皆有气，用戌宫戊土，为食神生财格，宜乎利在晚年矣。

**壬辰，辛亥，甲子，己巳。**

化土失令，孤寡多疾，晚年有衣禄。

按：化神喜行旺地，甲己化土，必须以火为用也。壬辛并透，水金土荡，破格明矣，喜时上巳宫丙戊得用，晚运丙辰丁巳，衣禄无亏矣。

**戊辰，癸亥，甲子，乙亥。**

戊出天干，止水之流，号曰六甲趋乾，官至府尹。

按：亥为乾宫，六甲日生亥月，亥时，为趋乾格，戊出天干止流水，乃用财损印也。

**丙寅，己亥，甲辰，甲戌。**

清康熙廿五年九月廿三日戌时。

岳钟琪命，虎卧荒邱格，用食神生木，四柱无金为贵也。

**戊子，癸亥，甲午，甲子。**

道光八年十月廿八日子时。

鲍超命，戊土止水，丁火藏午，直待丙寅丁卯运，出生营伍，积功封伯爵。

**丁酉，辛亥，甲戌，辛未。**

道光十七年十月三十日未时。

清两江总督魏光寿命，丁火制去一辛，专用时上辛金，戌宫戊土止水，财旺生官，好在戌宫戊丁辛同得用也。

**癸亥，癸亥，甲午，乙丑。**

同治二年十月廿一日丑时。

胡维德命，专用午中丁己，伤官生财。

**丙子，己亥，甲辰，丙寅。**

光绪二年十月十七日寅时。

周钟岳命，专用丙火，寒木向阳，所以取贵。

己卯，乙亥，甲寅，己巳。

光绪五年十月十四日巳时。

李士伟命，用巳中丙火。

**庚辰，丁亥，甲辰，壬申。**

光绪六年十月初九日申时。

徐树铮命，灯花拂剑，专用庚丁，壬水伤丁为忌，至壬运遭仇杀。

乙未，丁亥，甲戌，庚午。

光绪廿一年十月初七日午时。

李汉魂将军命，此造承友人抄示，为戊辰时，予仔细体察，非己巳即庚午时也。庚午最贵，煞刃遥合，贵多就武，运程亦合。若戊辰时，恐不能至独当方面地位。噫！命岂易言，错误之源，即问之本人，亦属茫然。未运丁丑年，一岁三迁，位至省主席。

# 十一月甲木

十一月甲木，本性生寒，先丁后庚，取丙佐之，癸水司权，为火金之病。

秋冬甲木，乃归根复命之时，不离庚丁，以庚金劈甲引丁，则木显其用。十月庚先丁后，而十一月丁先庚后，木性生寒故也。寒木向阳，更宜丙火佐之，丙为太阳之火，调和气候，而丁火引木之性，故丙丁以并用为美。十一月癸水司令，癸不宜透，透则泄庚制丁，为火金之病也。

庚丁两透，支见巳寅，科甲有准，风水不及，选拔有之。若癸透伤丁，无戊己辅救，残疾之人。或壬水重出，丁庚全无者，庸人也。得丙方妙。

支见巳寅者，暗藏丙戊也。寒木向阳，见丙为贵，癸水司令，取戊己为救。若壬癸透，须戊己出干，方能制之。得丙火，富中取贵。

或支成水局，加以壬透，名水泛木浮，死无棺木。

壬水有奔放之性，支成水局，壬水透干，无戊己为救，水泛木浮，流离颠沛之象也。

总之十一月甲木为寒枝，不比春木清茂，专取庚丁，无丁见丙，富中取贵，异途武职耳。

冬木与春木不同，春木阳和发育之时，见丙丁为木火通明之象，冬木木性收敛，用丁制庚，用庚劈甲，故春木用火忌金，而冬木火金并用也。无丁见丙，调和气候，富中取贵。冬木枯残，用庚丁，支藏丙戊为配，最为上格，不比春木清茂，以木火通明为上格也。

用庚，土妻，金子，但子多不肖。用火，木妻，火子。

仲冬甲木，不离庚丁丙戊为用，用庚金丁佐，用丙火戊为佐也。仲冬水旺秉令，气候严寒，庚金生水冻木，无丁戊为佐，庚为忌神，故子多不肖。用丁火者，丙火也。寒木向阳，子多而贤。

**乙亥，戊子，甲寅，甲子。**

印绶格，运行火乡，位至府尹。

按：以财损印，专用丙火，喜日临寅宫，甲丙戊皆有气也。

**丙子，庚子，甲午，丁卯。**

庚丁两透，又加丙出解冻，位至王侯。

按：丁庚并透，丙火为佐，时逢卯木，格兼煞刃，位至王侯。

**癸丑，甲子，甲申，庚午。**

二甲乘旺，专用庚金，但丁不见，骨肉遭刑，虽不大富，亦不止生员。

按：乘旺当是乘印之误，丁火藏午，非不见也。特子申会局，水又乘旺，以冲午火，无戊土制水，安得不刑伤骨肉乎？

**辛丑，庚子，甲戌，辛未。**

位至府尹。

**辛亥，庚子，甲辰，乙亥。**

印绶得所，御史。

按：右两造皆用煞印。

**乙巳，戊子，甲辰，庚午。**

元帅。

**乙巳，戊子，甲辰，辛未。**

武职。

按：右两造相差一时。庚午时得庚金劈甲引丁，贵为大将军，辛未时无劈甲引丁之用，仅为武职。

**乙巳，戊子，甲辰，壬申。**

为商，行申运溺水而死。

**乙巳，戊子，甲辰，癸酉。**

生员。

按：右两造皆灯花拂剑格，相差一时。一申子辰会齐水局，壬水出干，有水泛木浮之象。一癸酉时，戊癸合，解水旺势，专取巳宫丙戊，解冻制水为用。壬申造虽亦取巳宫丙戊，而水太旺，病重药轻，再行申运，水旺之地，溺死。可见命理以取用为重，兰台诸格，须合于五行生克之理，方为取贵也。

**壬辰，壬子，甲寅，乙丑。**

乾隆三十七年十一月廿三日丑时。

汤文韬命，用寅宫丙火，地支子丑寅辰，夹卯，联珠夹刃，位至协办大学士。

**戊辰，甲子，甲戌，甲子。**

同治七年十一月初一日子时。黄金荣命，兰台作天辟地轴格，不足为准，专用戊土财星，运行东南，一代豪侠。

**壬辰，壬子，甲午，丙寅。**

光绪十八年十一月初十日寅时。

盛泽丞命，寅午会局，专用丙火，冬木寒枝，不比春木清茂，富中取贵。

## 十二月甲木

十二月甲木，天气寒冻，木性极寒，无发生之意，先用庚劈甲以引丁火，木火始有通明之象，故丁次之。

三冬甲木，为寒气所束缚，非丙火无发生之意，虽以庚丁取贵，不能无丙解冻也。《总论》云：金纵多不能克伐，火重见温暖有助。又云：须忌死绝之地，只宜生旺之方。可见无丙而用庚丁，亦只宜行东南运也。

庚丁两透，科甲有准。庚透丁藏者，小富贵；丁透庚藏者，富贵。无庚者贫贱，无丁者寒儒。

庚金劈甲引丁，故庚丁不相离，以庚取贵，以丁取富。

或无庚，有丁透重重，亦是富贵中人。但须比肩发丁之焰，自有才德，如无比肩，便是寻常之士，稍有衣食而已。或支无丁火，而多见水，即有比肩，亦是常人。

无庚专用丁火，但须支见寅巳午，为丁火之根。更见比肩叠叠，自能发丁火之焰，虽无庚金，亦主富贵。无比肩，丁火之力不足；有比肩而支多见水，湿木无焰，虽多无益。

总之腊月甲木，虽有庚劈，丁不可少，然无丁犹可，无庚不成格矣。书云：假木无庚，难免夭病。

无庚不能取贵，无丁不能取富，庚丁必须并用。然无丁可以用丙，无庚不能取辛代之，故云：无庚不成格也。三冬水旺，气寒而肃，解冻除寒，丁不如丙，然有庚劈甲引丁，丁焰长明，乃有文明之象。旺庚丁，而暗藏丙，富贵兼全，旺庚不可无丁，故云：丁不可少。无丁，运行东南，亦可取贵，劈甲引丁之格。假木者枯木，其性异于春木，故不能无庚也。

己丑，丁丑，甲辰，甲子。

木见丁吐秀，其人不贵者，支润下，水湿木性，不能生火故也。

按：伤官生财格，无丙，一富而已矣。

己丑，丁丑，甲辰，庚午。

大富大贵，午中丁火，帮助丁势故也。

按：丑辰夹寅卯，辰午夹巳，木火有气，庚金甲劈引丁，故富而且贵。

己丑，丁丑，甲辰，癸酉。

癸水伤丁，贫而且贱。

己丑，丁丑，甲辰，戊辰。

因戊制水，不贫，因水困丁，不贵，凡看命，以此分断，万无一失。

按：三冬水旺之时，无庚劈甲，丁火之焰，终为寒水之气所困，伤官生财一富造耳。

**己亥，丁丑，甲戌，庚午。**

财旺生官格，庚丁两透，火又会局，鼎甲。

按：午戌会局而透丁己，财旺生官，寒木向阳，必贵之征。

**癸亥，癸丑，甲午，乙亥。**

孤贫，寿至百岁。

按：年时长生，印临旺地，寿者相。惜午中丁火不透，癸水伤丁，孤贫之征。

**丙午，辛丑，甲戌，戊辰。**

刑贱之极。

按：丙辛相合，失丙火之用，丁火不透，财多身弱，刑冲并见，下格。

**庚子，己丑，甲戌，甲戌。**

道光二十年十二月十八日戌时。

邵友濂命，戌宫丁火暗藏，运行南方，丁火引出，官至台湾巡抚。

**辛未，辛丑，甲寅，戊辰。**

同治十年十一月廿八日辰时。

夏寿康命，财旺生官格，喜甲木坐寅，丙火长生也。

**甲子，丁丑，甲辰，乙丑。**

同治四年正月初八日丑时。

马联甲命，无庚，有丁火出干，比劫重重，发丁火之焰，自有才能德业，支见子丑辰，暗夹寅卯，故有木火通明之象也。

**壬辰，癸丑，甲辰，己巳。**

光绪十八年十一月廿日巳时。

陆子冬命，甲己作合，时上巳宫，丙火得禄，寒木向阳，富而兼贵，现任江苏银行行长。

# 命理秘本穷通宝鉴卷二

## 三春乙木总论

三春乙木,为芝兰桃残之木,丙癸不可离也。春乙有丙,卉木向阳,丙癸两见,有癸滋养根基,枝叶自然发生茂盛。丙癸齐透,不逢化合克困,科甲富贵非轻。书曰:"乙木根发种得深,只宜阳地不宜阴。漂浮只怕多逢水,克制自须苦用金。"亥卯未逢于甲乙,富贵无疑;木全寓卯辰方,功名有准。活木有埋根之铁,支下有庚辛戕贼其根,木则朽矣。

甲乙同为木,自旺向衰,则为乙木,生于三春,譬如芝兰蒿草,丙火癸水,缺一不可。得丙照暖,枝叶繁茂,得癸滋养,根株润泽,配合中和,无有不贵。独忌金水多见,阴浓湿重,根损枝萎,顽铁埋根,戕贼生机。金水二者,同以为忌也。总之乙木不离丙癸生扶,阳壮木渴,则用癸水,阴湿露凝,则用丙火,余皆配合,甲时皆作如是观也。

## 正月乙木

正月天气,犹有余寒,非丙不长,虽有癸润,恐凝寒气,故先用丙,癸次之。

甲乙木生于正月,其理相同,可以参用。乙为卉草,取用不离丙癸。丙为太阳,癸为雨露,丙火见癸,名为云雾蔽日,不雨不晴,然卉木得之,则不晴不雨,正好养花之天。日照雨润,天然培泽之用,丙癸两见,混合为一,成为一种性情,不可分离矣。惟时令有不同,初春余寒未尽,以丙火为先，大地春回，喜得阳和之暖也。①。

丙癸两透，科甲定然。或有丙无癸，门户显扬。或丙多无癸，名曰春旱，独阳不长，不过粗俗浊富之人。

初春之木，丙火为主，癸为配合。初春余寒未尽，无癸有丙，虽嫌干枯，乙木之生机不损，亦可门户显扬。乙木之用，不离丙癸，不仅正月为然，十二月悉同此理。有癸无丙，孤阴不生，有丙无癸，独阳不长，皆非有用之材。若丙多无癸，② 用财泄丙火之旺，此人毫无秀气，不过有财而已，故云粗俗浊富之人。如丁酉癸卯乙酉戊寅，天干癸印，为戊土合破，专取时上戊寅长生之财也。

或丙少癸多，又为困丙，终为寒士；或戊己多见，为湿土之木，皆下格。

癸水多，丙火受其困，阴浓湿重，其用不显。癸己多见，而无丙火，阴湿之土，不能使木繁荣，同为下格。

此即所谓孤阴不生也。癸水以润泽为用，宜少不宜多，多者叶腐根浮，有损无益，不比生于三夏之多多益善也。

用丙者木妻火子；火多用癸水者，金妻水子。

丙癸用之先后，以时令为衡。初春恐凝寒气，以用丙火为正，用癸水者，必因火多，阳和太盛，以印制伤也。春木当旺之时，毋劳印生，不得已用印，乃为去病之药，如支逢寅午戌成局，则不能不用壬癸之水矣。

**丁巳，壬寅，乙卯，丙子。**

妙得时上丙癸两全，位至尚书。

按：丁壬一合，增助木气，贵在时逢子水，丙火透干，水火不相碍，而得其用矣。

**戊子，甲寅，乙亥，己卯。**

日禄归时，丙癸得所，官至大学士，大富大贵。

按：丙癸得所者，丙生于寅，癸禄在子也。财印相资，四柱无金，木气纯粹，宜其富贵。

---

① 参阅甲木节。
② 注意多字。

**甲申，丙寅，乙卯，庚辰。**

丙透癸藏，官至御史。

按：辰藏癸水，乙刃不燥，丙火食神为用，时上庚金为病，喜其去病为贵也。若无丙火，则与明崇祯帝造相类矣见下。

**丁丑，壬寅，乙酉，辛巳。**

探花。

按：此造巳酉丑三合而透辛金，煞旺为病，好在春金无力，又是辛金，巳宫丙火得禄，高魁鼎甲，当在戌丁两运中也。

**辛亥，庚寅，乙未，己卯。**

明万历三十八年十二月廿四日卯时。

明思宗崇祯命，生于立春后两日。初春之木，寒气犹凝，丙火不透，木无生意，庚辛并见，官煞混杂，不得已用亥宫壬水化煞为用。三春木旺之时，何劳印生？用金必须财生，用印化煞，总非所宜。

**己卯，丙寅，乙卯，庚辰。**

董其昌命，乙木皆喜丙癸为用，此造独以财官取贵，则以地支成方故也。方与局不同，局之气专一而纯，喜得丙癸以成曲直，如下李文忠命是也。方之气旺而夹杂，必须官煞以致之，春金气弱，更取财以生之，一见壬癸，泄弱春金而生旺木，便不足道，以上明崇祯命是也。《滴天髓》云：成局干透一官星，生地库地皆非福。生方平透一元神，左边右边空碌碌。细味之自明。命理千变万化，信然哉！

**癸未，甲寅，乙亥，己卯。**

道光三年正月初五日卯时。

李文忠公鸿章命，曲直仁寿格，癸透丙藏，出将入相，参阅二月乙木节。

**丙午，庚寅，乙酉，庚辰。**

道光廿六年正月廿九日辰时。

张人俊命，乙庚辰酉相合，生于寅月，返本还原，丙火出干，制去一庚，专取时上官星，官印为用，贵为总督，乃化气中返象也。

**戊午，甲寅，乙酉，己卯。**

咸丰八年正月初八日卯时。

蓝定枢命，生于雨水后六日，寅午会局，酉金被制，以财为用。

**己巳，丙寅，乙未，己卯。**

同治八年正月廿三日卯时。

生于惊蛰节前七时，丙火出干，得禄于巳，阳壮木渴，四柱无癸，用己土泄火气，伤官生财，浊富之人。

**丁亥，壬寅，乙卯，壬午。**

光绪十三年正月廿七日午时。

魏益三命，生于雨水后六日，丁壬相合，专用丙火，惜无癸水，贵有不足。

**丁酉，壬寅，乙巳，乙酉。**

光绪廿三年正月十五日酉时。

卫立煌命，丙火制煞为用。

# 二月乙木

　　二月阳气渐升，木不寒矣。以丙为君，癸为臣，丙癸两透，庚藏，科甲富贵无疑。

　　甲乙生于初春，以水火既济为正格，癸众用丙，丙多用癸，已详正月。丙为太阳之火，癸为雨露之水，丙癸各得其用，而无合化克制，大富大贵之造。言丙癸不言丁壬者，因丁壬相合，情而不情，且有化木之嫌，不如丙癸之适宜也。庚藏，取其生癸水，出干则杂。

　　或庚透得位，支下无辰，不能化金，贵亦无疑。见辰则为假化，便是常人。

　　承上文丙癸为用意，乙为柔木，见庚相克，容易从化，但二月木正发荣之时，不宜庚金伤残，所谓克制何须苦用金也。如庚透隔位，支下无辰，干透癸水，官印相生，贵亦无疑。时当阳气渐升，阳壮木渴，不能无癸水润泽也。甲乙木生于正二月，无取从化之理，辰为化之元神，化气见辰，方为真化。然二月乙木，月垣得禄，乘权秉令之时，决不能从金而化。见辰，化之条件俱备，又有化之倾向，欲化不能，不化不可，无所适从，决为平常人也。化气之中，乙为庚所克，从化最易，故云。

　　或支成木局，见癸透养木，乃作贵命，更得丙泄木气，大贵之命。但须透癸，有丙无癸者，常人。或水多用丙，戊多化癸者，下格。

　　二月乙木，丙癸两字，相济为用，支成木局，谓曲直仁寿格也。然同一曲直格，透癸者贵，《金声玉振赋》云：曲直兼资乎印绶，仁声播九霄以无穷，以二月阳气渐升故也。得癸水润泽，更得丙泄其旺气，上上之命。透丙者不可无癸，有癸者功名勋业。无癸而有丙丁，木火通明，文苑斐声[①]。若癸多困丙，或见戊合癸，皆失相济为用之妙，故为丁格。

　　二月乙木，专用丙癸。用丙者，木妻火子；丙多用癸者，金妻水子。

　　二月乙木，与正月同看，丙癸并用，以丙为主，如四柱丙多，阳壮木渴，方用癸水。

　　**壬午，癸卯，乙丑，己卯。**

　　此乃夹禄格，贵小富大，白手成家，但子女多刑。

　　按：木以临官为禄，不论甲乙，此造丑卯夹寅，故云夹禄。午宫己土出干，以食神生财为用，丁火为壬癸所困，贵小，财星透出，富大，财居禄上。官煞临于绝地，故子女多刑也。

　　**癸卯，乙卯，乙未，庚辰。**

　　曲直仁寿格，秀才，奈行西北运，仅为一介寒士，惜哉。

　　按：支全卯未而见庚金，曲直仁寿破格，虽有癸水引化，格局不纯，加以运行西北，坐困青毡宜矣。

　　**甲寅，丁卯，乙未，丙子。**

　　此乃曲直格，加丙照癸滋，官至总兵。

　　按：曲直成格而不美，以乙未日坐木库故也。虽丙癸两全，而癸水不透，仅为总兵，格局有高下也。如为乙亥乙卯，贵不止此。

　　**丙子，辛卯，乙卯，丙子。**

---

① 观段祺瑞、吴经熊造，更足证明。

出将入相，妻贤子肖。

按：年上丙火合去辛金，虽不支全方局，而气势纯粹，乙卯专禄。时上丙照癸滋，宜乎贵矣。

**己未，丁卯，乙丑，丁亥。**

用丑中癸水，奈支成木局，木盛水缩，初行甲乙运灾讼连绵。癸亥壬戌运，用神生旺，连捷。

按：此造丁己出干，而日时亥丑夹子贵，甲乙运比劫争财，所以灾讼连绵，癸亥运乙木根润，木火通明，而贵人引出，宜有金马玉堂之贵。

**癸亥，乙卯，乙卯，戊寅。**

寿长格。

按：上造有丁火泄木之秀，故有科甲之贵。此造木旺而无泄，地支长生禄旺，寿者之征。癸水养木，戊土合之，旺气及身而止。恐无子也。

**丙申，辛卯，乙酉，丙戌。**

无癸，丙合，支冲，孤贫之格。

按：年月丙辛合，专用时上丙火，无如乙木坐酉绝地，埋根有乘，反伤月令之禄，其为孤贫宜矣。

**乙丑，己卯，乙亥，癸未。**

同治四年二月初九日未时。

民国执政段祺瑞命，曲直仁寿格，支成木局，癸透养木，大贵。

**丁丑，癸卯，乙巳，丙子。**

光绪三年二月十九日子时。

颜惠庆命，丙癸两透，并皆得禄，大贵，历为外交总长，各国大使。

**己亥，丁卯，乙未，己卯。**

光绪廿五年二月十七日卯时。

吴经熊命，曲直仁寿格，癸丙两无，得丁火泄木之秀，木火通明，文明之象，为当世名法家，大学教授。

# 三月乙木

三月阳气愈炽，先癸次丙。

甲为阳木，春深木盛，宜用庚金裁抑；乙为阴木，虽在春季，亦不能用庚金。阳盛宜癸水滋之，木盛宜丙火泄之，此甲乙性质之殊也。

癸丙两透，不见己庚，玉堂之客；见己庚者，平常之人。或一乙逢庚，不见己者，主小富贵，但不显达。或庚己混杂，丙癸全无，下格。

用丙癸者，不宜见己庚，见己伤癸，见庚为伤官见官，皆为格局之病。一乙逢庚，庚受丙火之制，而癸水无伤，虽不显达，犹主小富贵。若用丙癸，而见己庚混杂，或无丙癸为用者，皆为下格。总之乙木阴柔，无用财官之法。书云：忌庚金相合，掣肘不伸，最足为害是也。

或水多见己，只恐高才不第，见戊可发异途。或提支局中会水，见丙戊出干，亦是武科甲，或暗途功名。或柱中无丙戊，支合水局，此离乡之命。

三月乙木，以用癸丙为正，水多用戊己，取财破印为变。壬癸多见，春水汪洋，己土不能为水堤防，故云只恐高才不第，见戊土堤防，可发异途。提支者，月令提纲之支也。天干虽无壬癸，而地支申子辰会水局，同为春水泛滥，须得戊土堤防，更见丙火暖土，主富中取贵。异途功名，盖病与药之用，不如癸丙之秀，故主异途武科也。若水旺而无丙戊，水泛木浮，离乡之命。

或见一派癸水，又有辛金，则作旺看。得一戊己制癸，亦主小富贵，若一派壬癸，不特贫贱，而且夭折。见戊者方云有寿，但终为技术之人。

承上文癸水虽弱，有辛金相生，则作旺看。得戊己制之，可发异途，同上文。壬癸并透，须戊土为制，己土无益。有戊可免夭折，无丙照暖，乙木不荣，终为技术之人。

又或庚辰时月，名二庚争合，乃贫贱之辈。如年见丁破庚，可云从化，虽不科甲，亦不失武职之权。

乙为柔木，见庚金势盛，乙木输情相合，月令逢辰，易成从化，但化气失令，不作贵论。二庚争合，化不成格，乙木被伤，故为贫贱之辈。若干见丁火破庚，乃是用丁，作从化也。丁年无庚辰月，乙木无用庚之法，见庚同煞，即一乙逢庚。亦喜丁火制之，食神制煞，故不失武职之权。可云从化者，并非真从化也。

　　用癸者，金妻水子。癸多用丙者，木妻火子。

**丁酉，甲辰，乙巳，甲申。**

支藏丙癸，不过选拔之士，妻贤难得偕老，子肖且多，父母无缘，手足无力。此系戊重之病，喜运行西北。

按：此造专用巳宫丙火，丙为壬水所困，仅为选拔之士。辰酉相合，时又逢申金，重用丁火破金为助，日支丙火得禄，妻贤之征。巳申相刑，故难得偕老，时支庚金得禄，乙庚有相合之情，故子肖且多。乙木向庚，壬水甲木，皆非所顾，故父母无缘，手足无力。

**庚午，庚辰，乙酉，丁亥。**

从化格，化合而不逢时，一富翁耳，子肖。

按：乙从庚合，取丁火破庚为用，时上丁火独透，子肖且贤，食神生财，富而不贵。

**甲寅，戊辰，乙亥，丙子。**

六乙鼠贵格，丙火高透，戊土制水，官至按院。

按：年月甲木破戊，时上子水得力，正合六乙鼠贵，丙照癸滋，大贵之格。

**乙亥，庚辰，乙丑，丙子。**

光绪元年三月廿八日子时。

王怀庆命，丙透破庚，癸藏滋木，伤官驾煞，位至军长。

**辛丑，壬辰，乙丑，戊寅。**

光绪廿七年二月廿九日寅时。

盛升颐命，四柱财旺，喜寅宫甲木帮身，丙火癸水皆暗藏，行财运出任上海统税处长。

**辛巳，壬辰，乙亥，壬午。**

光绪七年三月十三日午时。

陈陶遗命，两壬出干，兼有辛金相生，春水汪洋，喜巳宫戊土制水，专用午中丁火，至丁运，位居省长。

## 三夏乙木总论

　　三夏乙木，木性枯焦。四月专用癸水，五六月先丙后癸，夏至前仍用癸水。

　　夏木干枯，调候为急，专用癸水，无癸用壬，即使别取用神，壬癸总为配合所不可缺。四五六三个月，以夏至为分野，夏至前专用癸水，夏至后先丙后癸，仍以癸水为重要相神也。

　　丙透，支又见丙，谓之木秀火明。得一癸透，科甲有准。若干透二丙一癸，不过一贡，寿高。

　　此言丙多用癸也。丙火干透支藏，得一癸透，制火润木，得力极矣，必贵之格。干透二丙，单见一癸，力有不足。丙为太阳，癸为雨露，丙火见癸，本为不晴不雨之天，夏木之取丙癸，正利用其不晴不雨以取贵，若阳气太盛，即贵有不足矣。木火伤官，不能缺印，无癸必夭，见一癸透，不致夭寿，详下五月节。

　　或癸水多，有丁无丙，平常之人。

　　癸水多宜用丙火，有丁无丙，丁火反为癸水所困，故为平常之人。

　　或一癸透，官职荣显，但难由科甲出身，癸居子辰，异路小职。或丙藏支下，癸出时干，己出月干，虽非科甲，异途显达。

　　三夏火旺木枯，以癸水为真神，见癸水，不论干透支藏，皆主贵。但无丙火相济为用，难由正途耳。己癸并透，虽癸水为己土所制，而湿土培木，不失润泽之用，亦主异途显达。若见戊土，戊癸相合，必然化火，癸失其用矣。

　　又或重重癸水，或支藏癸水，由行伍得功名。

　　时值三夏，巳午未宫皆藏土，火炎土燥，木性枯焦，癸为雨露之泽，虽多无碍。柱无丙火，阴阳失既济之用，故功名起于行伍。

# 四月乙木

四月乙木，巳宫自有丙火，戊取癸水为尊。

四月丙火临官，故专用癸水，但水至巳绝地，如无庚辛生之，则水无源，其将立涸，故必以庚辛为佐，① 此取用之法也。

癸透，庚辛又透，科甲定然。独一点癸水，无金是水无根，虽透天干，不过秀才小富，须要水运相扶方妙。或土多困癸，贫贱之人。丙戊太多，支又成火局，瞽目之流。

四月癸水，无庚辛相生，无根之水易涸，故不过秀才小富。巳中长生之庚，困于火土，不能生水，须另见庚辛申酉为妙，无金相生，须运行西北金水之乡，方能发达。若四柱火土太多，滴水立见干涸，虽有如无，决为残疾之人。运行火土，为财破印，亦立见灾晦。书云：乙木叠逢离位，名为气散之文。乙为衰竭之木，至巳午病死之地，无癸润泽滋培，更见丙戊太多，支成火局，木化成灰，非残病必贫贱夭折也。

用癸者，金妻水子。

四月乙木，专取癸水，无别种用神可取。用癸水者，以官煞为妻，癸印为子，官煞生印也。

总之四月乙木，专用癸水，丙火酌用，虽取庚辛佐癸，尤以辛透为清。

四月乙木，以用癸印为正，柱金水，用丙火伤官为例外。庚金佐癸，须不与乙木相合，方能收发水源之用。况庚为阳金，癸为阴水，以庚佐癸，不如以辛佐癸为清也。

**戊午，丁巳，乙丑，壬午。**

官太尉。

按：壬水为丁戊所合制，专取丑宫辛癸为用，煞印相生，巳丑又会局，化忌为喜，其贵宜矣。

---

① 庚金生癸不宜合乙。

**庚寅，辛巳，乙酉，戊寅。**

道光十年四月廿七日寅时。

翁同龢命，胎元壬申，专取胎元，故大贵，官至尚书师傅。①

**辛未，癸巳，乙丑，辛巳。**

同治十年四月初六日巳时。

卫兴武命，丑宫辛癸并透，巳丑会局，较戊午造更为显著。

**丙戌，癸巳，乙亥，癸未。**

光绪十二年四月十二日未时。

程霖生命，癸透无金，虽通根亥宫，不若金生之，为源远流长也。丙透伤官生财，格局取富，行戊戌财运，印被财破，原命无金，不能化财生印，一蹶不振，土旺水涸故也。

## 五月乙木

五月乙木，丁火司权，禾稼俱旱。上半月属阳，先癸次丙；下半月属阴，三伏生寒，丙癸尊。四柱多金水，丙火为先，余皆用癸水。

五月乙木，以夏至为分界，夏至前阳盛，先癸次丙，夏至后阴生，丙癸俱尊。然三夏乙木，调候为急，除四柱多金水，用丙火为例外，其余皆以癸水为用也。

乙木重逢火位，名为气散之文。支成火局，泄乙精神，皆用癸滋，癸透有根，富贵双全。或庚辛年干，癸出时干，定许科甲，无癸者常人。

乙木重逢句，见《继善篇》。木奔南而软怯，至巳午未月，根枯枝萎，木气尽泄，非癸水滋培不为功，癸水有调和气候，挽回造化之妙，故癸透有根，富贵可期，水得金生，源长流远，此五月乙木之正用也。

若无癸而见丙透，支又成火局，阳焦木性，此人残疾，无癸

---

① 又按此造，当是九个月胎元癸酉，用癸辛为正途，壬庚为异途之贵也。

必夭，见壬可解。或火土太多，其人愚贱，或为僧道门下。

丙透天干，支成火局，木性枯焦，若无癸水滋培，非残疾即夭折。乙木本性衰竭，非甲木之比，必用癸水，方可取贵，壬水方可解炎，非自然之功用。如雨露之泽，正如灌溉之功，解炎之用虽同，究竟人为之功，不及天然之力也。

**戊申，戊午，乙巳，壬午。**

不见癸水，残疾。

按：此造申宫壬水，远隔年支，戊土重重，丙丁肆虐，然上代必有根基庇荫，惟不能荫及其身耳。

**癸未，戊午，乙亥，丙戌。**

进士。

按：此造好在乙木在亥，为癸水之根，否则，戊癸一合，失调泽之功矣。

**癸酉，戊午，乙卯，戊寅。**

同治十二年六月初八日寅时。

郑士瑜命，癸水得酉金相生，虽戊土困癸，仍有润泽之功，地支联珠夹辰巳未申，适为巽坤两宫，贵为军长。

**丁丑，丙午，乙卯，丁亥。**

光绪三年五月初一日亥时。

金绍曾命，丑藏癸，亥藏壬，亥丑夹子，丑中又有辛金生癸水，根株润泽，自然木火通明。

## 六月乙木

六月乙木，性枯而寒，柱多金水，丙火为尊。支成木局，乙得无伤。丙癸两透，大富大贵，无癸者常人。运不行北，困苦一生。

三夏乙木，专用癸水，总论中已详言之。惟生于大暑后，逢水进气，三秋生寒，四柱又多金水者，当以丙火为尊，否则仍用癸水也。支得亥卯未会成木局，不见庚辛，乙木无伤。干见丙癸两透，必大富贵，所重在癸，以丙为配合，故无癸常人。运不行北，用神不得地，困苦一生。可见夏木虽在三伏生寒之时，亦不能离癸水也。

凡五六月乙木，气退枯焦，用癸者切忌戊己杂乱，便是下格。或得甲木透，制伏土神，名为去浊留清，可许俊秀。土多乏甲，秀气脱空，庸人而已。

五六月乙木，以癸水为调候真神，用神不可损伤，若见戊己克制，便失调候之用。得甲木出干制土，有病得药，可许俊秀。土多乏甲，下等格局，决其庸庸一世也。

或丙癸两透，加以甲透制戊，一榜，即风水不及，选拔必然。若不见丙癸，只有丁火，亦属常人，有壬可保衣禄。

此言丙癸与丁壬之不同也。丙如太阳，乃天然阳和之气，丁如灯烛，乃气势已衰之故，故无丙有丁，亦属常人。癸如雨露之功，壬如溉灌之力，虽同一润泽，而非出于自然，故无癸有壬，仅保衣禄。且丁壬并透，有化木助火之嫌，如壬水不通根，则失其用，不能取贵也。甲透制戊见上节，戊己杂乱，宜有甲木制之，无戊己，甲木非需要也。

或柱中无水，又无比劫出干，名弃命从财，富大贵小，纳粟奏名，贡监三考皆利，能招贤德之妻。从财格，以火为妻，土为子。

此论从格，阳干从气不从势，阴干从势无情义。六月未为木库，木有微根，气势未绝。甲木虽弱，不作从论，须行印绶扶身之地，乙木见四柱土多，即从土旺势，此甲乙不同之点也。见水润土，即是培木之根，决不能从，故以无水为首要。从格，以所从之神为用，故以食为妻，财为子。

或一派戊土出干，不见比劫与印者，名财多身弱，终为富屋贫人，见一甲制土，必有福寿。

甲木见己，土多而不见戊土，虽从不真。乙木见戊，土多而不见己土亦然，此阳从阳阴从阴之义也。不从则财多身弱，终于贫困。富屋贫人者，譬如富室管财之人，经手虽多，而非己有，有助人发财，而不能自己发财，日主太弱，不能负荷也。财多以劫为救，故见甲为有福寿，更行比劫之地，亦能致富，但其身劳碌耳。

或丙辛贪合，非嫖即赌，终非承受之器。或丙合而癸亦合，不为下贱，亦是离乡奔流之客。丙合癸不合，亦下格。

承上文丙癸两透节。六月乙木，不外乎用癸用丙，用神不可损伤，丙癸见辛戊相合，则失其用。盖合有宜不宜，戊癸合，癸水被戊合去，丙辛合，丙火虽不合去而被羁绊，失其阳明之性，故轻重有不同也。

或一派乙木，不见丙癸，名乱臣无主，平常劳碌之人。又加支藏辛金者，为闲中孤命，僧道之流。

六月乙木，无癸丙不能取富贵。支见辛金，无制乙之力，偏官主性情孤傲，贫贱而孤傲，必为僧道之流也。

或一派甲木，无癸无丙，又无庚金，此人一生虚浮无实。有庚制甲，定有作为，否则不顾廉耻，巧言令色，因酒色败德，不修品行，男女一理。

六月未土为财，一派甲木而无丙癸庚金，比劫夺财，见之人事，虚浮无实。见庚金制劫，主有作为，无丙癸，主种种败德也。

总之夏月乙木，专用癸水，丙火酌用，庚辛次之。

夏月乙木，以癸水为主要，如四柱金水多，则用丙火。庚辛为癸水之佐，夏木枯燥，调候为急，无别种用法也。

**丁亥，丁未，乙巳，庚辰。**

癸丙庚俱得中和，御史。

按：此造专用辰中癸水，亥未拱卯，乙木有暗禄取贵也。

**辛卯，乙未，乙酉，辛巳。**

道光十一年六月初五日巳时，或云初九日丑时己乙乙丑，未知孰是。

清咸丰帝命，两造恐皆不真，姑录之，备参与。

**己亥，辛未，乙丑，己卯。**

道光十九年六月初一日卯时。

汪鸣銮命，专用丑宫癸水，金水相生，吉神暗藏，位至侍郎。

**庚戌，癸未，乙亥，丁丑。**

道光三十年六月十五日丑时。

翟鸿玑命，生于大暑前五时，亥未会局，暗拱卯禄，癸庚并透，日时联珠夹贵，科甲出身，太平宰相，富贵寿考之命。或云丙子时。

**戊寅，己未，乙卯，丁丑。**

光绪四年七月初七日丑时。

钱锡孙命，卯未会局，专用丑中一点癸水，运行西北，富贵。

**丁亥，丁未，乙酉，丁亥。**

光绪十三年五月廿九日亥时。

周荫人命，亥未会局拱卯禄，日时金水相生，专此壬水为用，假煞为权，贵多就武。

## 三秋乙木总论

三秋乙木，金神司令，先丙后癸，惟九月专用癸水，用丙恐暖戊土为病也。

三秋金神秉令之时，用火制煞为上，用癸水化煞为次。九月土燥木枯，宜水滋培，故专用癸水。

## 七月乙木

七月乙木，庚金司令，庚虽输情于乙妹，而干乙难合支庚，见庚，乙必受伤。或丙癸出干，又加柱有三己，以污金，可许科甲。有己透加丙，方是上命，甲妻火子。

七月乙木，喜己土为用。或不见丙癸，己土决不可少，却取己土为用，此又以火为妻，土为子，如丙癸己俱透，大富大贵。

七月庚金，锐利无前，官强同煞，乙庚虽有相合之情，而木至申宫，其气已绝，难胜旺金之克，不能用官，见庚出干，乙必受伤。申宫壬水长生，水仗金生，有冲奔之性，虽云官印相生，然其生为无情，故取用有进退两难之困。丙癸之外，必须加以己土。三己者，支见丑未而有己土出干也。己为卑湿之土，混合壬水，化为泥浆，可以培乙木之根，挫庚金之锐，故有己透加以丙癸，方是上命。否则宁无丙癸，不可无己土，漂浮之木，日晒雨滋，又有何益？或问然则何以不用戊土？不知戊土克壬，金便伤木，故甲木七月节云：金多水少，难作从煞，见土多制壬，方能从煞也。七月乙木，惟有用己土，最为巧妙，无丙癸而用己土，不失富贵。丙癸己俱透者，大富贵，乙木根固，方能用官星。己土污金之法，为本书独有之发明，细按之，与亥未会局，己土混壬之理相同，见十月丙火节。己透加丙者，以丙己为用，申宫有壬水长生，癸透与否，无关重要。以丙火为用者，木为妻，火为子；以己土为用者，火为妻，土为子。

甲为进气之水，生在休囚之地，如支无寅卯之助，及宜湿土培植基础，其看法与乙木大致相通也。

或癸透丙藏，庚少，此不用己土，只许贡监生员。无丙有癸透者，不失刀笔门户，三考知名。或支藏癸水，多庚，无丙己二神者，平常人物。又无癸水，下格。用癸者金妻水子。

乙为退气之木，休囚是其本气，固不比甲木之畏金相克。上文己土污金，因申宫壬水不能生乙木，用己土混合壬水，培乙根基，为七月乙木取用基本之法。若四柱无己，而癸水出干，除月令外，又不见庚金，丙火藏支，则不用己土，而用癸水，承官印相生，亦无不可，惟格局平庸，仅许贡监生员。无丙配合，格局更次，不失儒秀而已。若癸水藏支，四柱多庚，此必须用丙己二神，乙木得培植，卉草向荣，方能显其用。[①] 无丙己，又无癸水，格之下也。用癸泄庚生木者，金为妻，水为子。

或生辰时，为从化及时，大富大贵。凡从化格，俱从所生之神，如化金者，戊作用神，忌丙丁煅炼破格。从化者，以火为妻，土为子，其余俱以金为妻，妻必贤美，以水为子，子必克肖，但忌刑冲破害，即主妻招刑。此理易通，不特七月乙木已也。

十干相合逢辰时，化气元神透出乙木日元生辰时，必庚辰也。七月金

---

① 见上己透加丙节。

神司令，化金及时，主大富贵。凡从化格，气势偏旺一方，以全局气势为主，不以日元为主，化神喜旺，故以生我化神为用。化金者以土为用，故以火为妻，①乙庚相合，夫妻必和睦，癸能生乙，子必贤孝。见寅巳则刑冲，火土旺地，克伤金水，刑妻克子。此理至显，乃论命普通之法也。

**庚午，甲申，乙卯，丁丑。**

富僧，此庚旺无丙火之故。

按：僧道离世绝缘，苦行修持者，八字必极清纯而近于偏枯，《滴天髓》云：一局清极也，苦人是也。若宏法利生，而得信仰恭敬者，不出命运范围，与世俗无殊。此造庚旺无丙，贵气不足，乙木坐卯，秋木有根，庚金出干，而有丁火制之，配合适当，宜其为僧而富矣。

**戊午，庚申，乙丑，戊寅。**

知县。化格，妻贤子肖。

按：此造乙庚相合而生寅时，年支又见午火，逆其旺气，恐不能化金，当以丑中癸水为用神，丑宫金水得用，故妻贤子肖。

**辛巳，丙申，乙亥，己卯。**

道光元年七月廿七日卯时。

李瀚章命，丙己出干，位至总督。

**丙戌，丙申，乙未，庚辰。**

道光六年七月十五日辰时。

黎培敬命，庚金出干，用丙巳，位至尚书，卒谥文肃。

**丙寅，丙申，乙酉，戊寅。**

同治五年七月廿九日寅时。

段洪琦命，两丙两寅，煞旺制强，惜无癸水，运入北方，位至省主席，为西北重镇。

**戊子，庚申，乙丑，壬午。**

光绪十四年七月十五日午时。

杜月笙君命，乙庚相合，无辰而时逢午火，化金有病，虽有子遥冲，

---

① 此是化气格非从煞格，从格以所从之神为用，当土妻金子。

只作假化，运行北方，去午之病，一时俊杰，最佳者为子运也。①

## 八月乙木

八月乙木，芝兰禾稼均退，以丹桂为乙木。在白露过后，桂蕊未开，专用癸水，以滋桂。若秋分后，桂花已开，又当向阳，宜先用丙，癸水次之，丙癸两透，科甲名臣。

乙木春如芝兰，夏如禾稼，秋如丹桂，皆譬喻之词，总之木气衰竭，其性柔弱。三秋金神司令，木在绝胎之位，不能不用印化煞。秋分前专用癸水，秋分后寒气渐增，寒木向阳，用癸化煞之外，更当用丙。丙癸两透者，取癸化煞培木，而以丙为用也。癸如雨露，丙如太阳，阴阳相济，乙木之生趣盎然矣。

或支成金局，宜暗藏丁制，无丁恐木被金伤，无癸无火，带病之人。

八月乙木，以丙癸并用为贵，如辛金出干。或支成金局，则宜有丁火制之，癸辛丁并透，大贵之格，食神制煞，贵，多就武，见下阎汤诸造例证。倘无丁癸制化，则木被金伤，残疾夭折之命，所谓秋乙逢金，非贫即夭是也。

若有癸水，如子得母，其人一生丰盈，若癸出干，终身秀才。

或丙癸两透，见戊杂出，不过异路显职。

此论秋分前，乙木衰竭，又值绝地，辛金七煞当旺，见癸水化煞，木得滋培，如子得母也。故柱有癸水，其人富足有余，癸水出干，不失衣衿小贵。丙癸并透者，大富贵，即使见戊杂出，亦不失异途显职。盖仲秋戊癸，不能化火，戊土得癸水之润，反能培木之根，惟丙癸之用不清，故主异途也。

生秋分后，有丙无癸，可许小富贵；有癸无丙，名利虚花。

---

① 此造恐是辛巳时。

或四柱中有丙癸藏支，常人中能士。无丙癸下格。

此论秋分后，亦以丙癸并见为上格。然秋气渐深，天地间湿润之气化为露，故酉中自有癸水，四柱虽不见癸，无大妨碍。寒木向阳，以丙为先，有丙无癸，可许小富贵，有癸无丙，寒木无生意，名利皆虚。丙癸藏支，须运行南方，引出丙火亦富贵。无丙癸，木被金伤，贫贱夭折之命。

或癸在支丙透时干，名为木火文星，定主上达，生于秋分后方准。

癸水在支，煞印相生，丙透时干，木火泄秀，名为文星，丙癸并用而不相碍，最为上格。

或生上半月，无癸则木枯，姑用壬水，不然，枯木无用，平常间人。四柱多见戊己，亦主贫贱下格。

秋分后可以无癸，秋分前不能无癸，如无癸，姑用壬水。金神当旺之时，无印枭必被伤也，无印故为下格。有印而多见戊己，印被财破，亦为贫贱下格，少见己土，才不破印。或见辰丑湿土，均无碍，宜注重多见两字。用癸乾，金妻水子，妻贤子肖。用丙者，木妻火子；用壬者，金妻水子。

同上七月。

**己巳，癸酉，乙丑，甲申。**

从煞，佥士。

按：此造乃假从格。癸水出干，己土紧贴相克，甲木在时，不能制财护印，故为假从。《滴天髓》补注，从化节载钱商吴星垣造，与此命相同，运行戊辰，去癸水而致富。盖中等命造，随环境发展，或政或商，富贵皆不巨也。

**癸酉，辛酉，乙巳，丁亥。**

生秋分前，癸水出干，丙火藏巳，癸有源，又为阴煞重，官至上品。

按：此造癸透丙藏，辛金出干，支成金局，煞旺有丁火为制，官至极品，非无故也。

**乙酉，乙酉，乙酉，甲申。**

从煞格，尚书。

按：此造癸水不透，从煞无疑。

以上《造化元钥》。

**乙亥，乙酉，乙酉，乙酉。**

元世祖忽必烈命，从煞格。

**甲申，癸酉，乙卯，丙戌。**

道光四年闰七月廿五日戌时。

刘岳昭命，丙癸两透，位至巡抚。

**戊午，辛酉，乙卯，丙戌。**

咸丰八年八月十三日戌时。

陆荣廷命，丙辛并透不合，又有丁火藏午，贵为两广巡阅使。

**癸酉，辛酉，乙丑，辛巳。**

同治十二年七月十九日巳时。

许世英命，癸透丙藏，用丙火，运行南方为贵，惜无丁火，制煞之力不足也。

**乙亥，乙酉，乙亥，乙酉。**

光绪元年八月十一日酉时。

张弧命，夹邱格，无癸，姑用壬水，天干一气，地支两清，位至财政部长，卒于丁丑年，寿六十二。

**丁丑，己酉，乙未，辛巳。**

光绪三年八月十三日巳时。

张世杰命，丁辛两透，支成金局，丑中癸水微弱，生在秋分前，出身富家，行水运大富贵。

**辛巳，丁酉，乙卯，己卯。**

光绪七年闰七月廿五日卯时。

张敬尧命，秋木盛，煞高有制，贵为都督，早年午运最佳，入后运不得地，故起伏不常，辰运癸酉年，被刺殒命。

**辛巳，丁酉，乙亥，戊寅。**

光绪七年八月十六日寅时。

陈嘉谟命，辛金出干，支成金局，喜丁透丙藏，癸虽生在寒露前子时，嫌火太旺，无癸姑用壬水，行壬癸运贵。

**癸未，辛酉，乙酉，丁亥。**

光绪九年九月初八日亥时。

阎锡山命，支聚两酉，辛金出干，喜癸丁并透，行南方火运，大富贵。

**癸未，辛酉，乙亥，丁亥。**

光绪九年八月廿八日亥时。

汤芗铭命，辛癸丁并透，戊运贵为都督，较之阎造，仅差一字，两亥壬水太重，七煞泄气，戊运去病故也。

**戊子，辛酉，乙未，丙子。**

光绪十四年八月十六日子时。

商震命，丙辛并透不合，癸水暗藏，行丙运，贵为山西主席。

**丙申，丁酉，乙亥，戊寅。**

光绪廿二年八月十三日寅时。

胡若愚命，辛金不透，两壬泄弱辛金，此不用煞，丙丁并透，木火文星，伤官生财格局，秋木见火，必须佩印，以印为用也。

书云："秋乙逢金，非贫即夭。"秋生乙木忌根枯，根既枯槁，贫苦到老。① 又云："甲乙遇强金，魂归西土。看龙甲乙逢兑旺金，且贱且贫。"又云："乙木生于酉，莫逢巳酉丑。富贵坎离宫，贫穷申酉守。"木逢金旺已伤，再遇金乡，岂不损寿？②

三秋甲乙，木性内敛，枝叶凋残，最宜裁剪，以杀为生，方成梁栋之材。将不可无丙丁癸水为配合耳。癸水化金，培木之根；丁火制金，不伤木性。且甲宜庚，乙宜辛，制煞丁火为上，丙火次之。如身弱只要有癸水透出，不畏克制，煞印相生，甲乙即有恃而无恐也。《子平真诠》云：秋木盛，七煞透而有制，无有不贵。盖金神七煞，与众不同，观上诸造而益信。"秋乙逢金"数句，《造化元钥》抄本删除，特附志之。

盖甲为向旺之木，故怕弱，乙为向藏之木，衰其本性，故不怕弱，只要通根见癸，即不畏克制，惟辛金必须出干，更要有丙丁制之，无有不

---

① 此言三秋之木不能无水也。
② 言秋木不能无丙癸也。

贵。至于用水用火，观四柱配合，火旺用水，水多用火，不必定限上下半月也。

## 九月乙木

九月乙木，枝枯叶落，必赖癸水滋养。如见甲申时，名为藤萝繁甲，可秋可冬。

九月秋气萧索，燥土秉令，乙木无癸水滋养，则成枯木，故必以癸水为先。如通根亥寅，得长生禄旺者，不以此论，财官食伤，均可取贵也。乙为最绝之木，见甲气变生旺，与甲无殊，名藤萝繁甲。言甲申时者，申为木之绝地，木气最衰之时，言虽在秋冬，木气衰绝之时，亦可附甲而荣也。凡阴干见劫透，通根长生临官，气变生旺，当从阳干论之，五行皆现，不独乙木也。

若柱中见癸水，又遇辛金发水源，定主科甲。或有癸无辛，常人；有辛无癸，贫贱。或四柱壬多，惟难泛乙，每作寻常人物中之上品。

承上文。九月燥土当旺，癸水易涸，有癸无辛，癸水无源，有辛无癸，乙木枯槁，皆难显达。土旺乘权，虽四柱壬水多，亦难泛乙，木枯用水，水多用戊，皆庸中佼佼者流。或亥多戊土，又透天干，作从财看，无比印方妙，有比有印，富屋贫人。

三秋木气休囚，土多从财，乃一定之理，但不可无比印，一见比印，只作财多身弱看，不作从论。

用癸者，金妻水子，但子女艰难，季土克制故也。

若癸为用，故金妻水子，癸水为季土所克，故子息艰难。

**壬戌，庚戌，乙丑，庚辰。**

取辰丑中癸水为用，丑戌刑出辛金，可许科甲，但癸辛藏支，可许难逢，可望五品，其人执拗，吉里有凶。

**甲寅，甲戌，乙酉，丙子。**

藤萝繁甲，癸水得禄，科甲名臣。

辛丑，戊戌，乙卯，癸未。

辛癸两透，木局破戊，十二岁行酉运连捷，行癸运入阁，位至尚书。

庚辰，丙戌，乙亥，庚辰。

年透庚金，支见二辰，可作化合，巧中取贵，但化不逢时，不孤有刑，寿高五十。

按：化合失时，丙火伤官破庚，只能用丙火，但乙与庚合，又不能舍弃庚金，是为不顾用神。犹幸丙透壬藏，虽贵而情情奸险，故云巧中取贵也。

庚申，丙戌，乙丑，丁亥。

贫苦，早年有刑。

乙未，丙戌，乙亥，丙子。

道光十五年八月十九日子时。

陶模命，丙透癸藏，专用子中癸水，六乙鼠贵格也，位至总督。

丙寅，戊戌，乙亥，丁亥。

同治五年九月十九日亥时。

沈金鉴命，生霜降后，寅亥合，木破戊，以食伤为用，甲辰运出任浙江省长。

丁卯，庚戌，乙亥，丁丑。

同治六年九月廿五日丑时。

卢永祥命，生霜降前一日，支会亥卯，亥丑夹子贵，两丁制庚，甲辰运，庚金劈甲引丁，贵为浙江都督。

壬申，庚戌，乙卯，乙酉。

同治十一年十月初四日酉时。

蔡成勋命，支合申酉戌西方，四柱无火，运至丙，贵为江西都督。

己卯，甲戌，乙亥，己卯。

光绪五年九月初五日卯时。

张绍曾命，亥卯会局，甲木出干，身财两旺，藉食伤为通关，四柱无火，为其缺点，至午运末，丁火泄木生财，位至首揆，盖亥宫木气长生，壬水临官，不畏木枯也。

壬午，庚戌，乙未，丁丑。

光绪八年九月十二日丑时。

徐文俊命，专用壬水，上承慈荫，运行北地，为浙江军需课长，署理盐运使。

**庚寅，丙戌，乙酉，己卯。**

光绪十六年九月十八日卯时。

唐生智命，九月乙木，不离癸水，木火土金俱全，待水而发胎元丁丑，丑中有癸水余气，元机暗藏也。

**辛卯，戊戌，乙未，戊寅。**

光绪十七年十月初四日寅时。

孙科命，此命造确否待考。一说：辛卯，戊戌，己卯，丙寅，未知孰是。

**癸巳，壬戌，乙巳，戊寅。**

光绪十九年九月廿六日寅时。

朱有卿命，财印交差，用壬癸水，宜金为通关，四柱无金，为其缺点，运行辛酉庚申，荫庇之下最吉，至己未，柔土不足以止水，位至公路局长，戊运殁。

# 十月乙木

十月乙木，丙不受气，壬水司令，丙为尊，或壬多，用戊土。

木至小阳春，外象凋残，生气内动，皮内发育，即生气渐萌之象，木气长生，此其时也。丙火至亥绝地，故云：丙不受气。冬木喜得阳和而发荣，寒木向阳，必取丙火为用。壬水太旺，反使生机受阻，以戊土为制，故云壬多用戊土，壬水乃当令神，虽不透而旺也。

丙戊两透，定许科甲，有戊无丙，虽非科甲，亦入儒林。支藏丙火，见火土运，必得禄位，若不验，风土之薄也。

十月乙木，丙火为尊，戊土为去病之药，二得必相资为用。有戊无丙，富而不贵，但不失儒林而已，支藏丙火，仍丙戊并用也。

或水多无戊，乙性漂浮，游食好闲之人。不见丙己，妻子难全。或一点壬水，见戊，常人。

十月壬水秉令，乙性柔弱，见水多以致漂浮，无戊为救，游闲之人。己土虽不能制壬，混合壬水，亦可培木之根，故无丙戊者，必用丙己，此言印多以财损印为救也。若仅亥宫一点壬水，则又不必见戊己，寒木向阳，专用丙丁可耳，见财破印，反作常人，须取甲为救，见下文。

多见戊土，亦为不妙，得甲出制戊，可许能士，但好生祸乱。构讼争非，虽非秀士，亦广交善谈。或时月皆透甲木，壬多无庚丙戊，贫贱，男女一理。

多见戊土者，水少土多也。须甲木制戊为救，但比劫煞财，虽才能出众，不免恃其才能而生是非。壬多用戊，戊多用甲，时月皆透甲木，须用庚金，凡此皆是应病与药之用。总之，寒木向阳，不离丙火，有病而无药为救，必是贫贱之命，男女一理也。

支成木局，时值小阳，又与春木同旺，再见癸水，取戊为尊，加以丙出干，可许科甲。若无丙戊二字，自成自败，终非大受之器，故十月乙木，必兼丙火为用。

亥宫木气长生，然木并不旺。或见卯未会局，则旺同春木，[①] 见酉丑会局则旺，木旺不劳印生。见癸阴湿，反窒生机，必须取戊制之。寒木向阳，加以丙火出干，科甲可许，如明王鸿儒命，己卯，乙亥，乙未，丙戌，得力在时上丙戌，冬木失令，无丙戊总非上格。总之，十月乙木，水旺用戊，戊多用甲，甲多用庚，应病与药，随宜配合，但寒木向阳，必兼丙火为用。

己亥，乙亥，乙巳，丁亥。

亥中三壬生木，与春木类推。戊丙作用，丙戊禄在巳，虽不透干，一榜五品。但巳亥逢冲，性傲招尤，举动敏捷。

按：巳宫用神所聚，而驿马逢冲，成中有败，贵亦减色。

戊子，癸亥，乙未，丙子。

---

① 与巳宫庚金相同。

戊丙透，御史。

按：此造坊本误，今改正之。亥未会局，亦己土混壬也，癸透戊制，加以丙透，其贵宜矣。

**乙丑，丁亥，乙酉，戊寅。**

女命，夫主秀才，大富，用戊故也。

按：夫星在酉，用财化食生官，年月丑亥夹子，母家亦贵也。

**甲戌，乙亥，乙亥，己卯。**

秀才大富，用戊。

按：此造胎元丙寅，己土出干，丙火化劫生财，故富而不失儒林。

**甲戌，乙亥，乙亥，辛巳。**

有能贡生，五福三多之命。

按：丙戊禄在巳，用归时上，晚福无涯，子必贵显。

**甲申，乙亥，乙亥，戊寅。**

两榜。

按：丙戊长生在寅，申宫庚制甲，专用两戊。上列三造，同为胎元丙寅，互相比较，优劣自见。

**甲戌，乙亥，乙亥，庚辰。**

化合假格。有能秀才，三多之命。

按：此造合而不化，故云化合假格，当以庚为用，不以胎元丙寅，得太阳之助，木有生机，丙火为子，子能助父，晚福自佳，故为三多之命。

**庚申，丁亥，乙亥，丁亥。**

贫贱。

按：亥宫壬水得禄，叠见长生，水旺木浮，无戊制水，漂浮之命。

**己酉，乙亥，乙亥，丁亥。**

幼孤，先贫后富，子五。

按：此造专到胎元丙寅，年上己土之财，为比所夺，故幼孤，逆行南方运财旺得地，宜其后富。

**甲戌，乙亥，乙亥，丙子。**

阁老。

按：丙火出干，寒木向阳，大贵，胎元又得丙寅也。

**庚寅，丁亥，乙巳，己卯。**

道光十年十月廿一日卯时。

王文韶命，丙戊禄巳，元机暗藏，运行东南生旺之地，循序升迁，官至大学士。

**乙未，丁亥，乙丑，丙子。**

道光十五年十月初十日子时。

清慈禧太后命，寒木向阳，专用丙火，以丑中辛金为夫星，惜其不透，早年财运生官，龙冠六宫，寅运金绝克夫，入后运转东南，为本身旺运，垂帘听政四十五年，卒于乙运戊申年，寿七十四。

**乙丑，丁亥，乙未，己卯。**

同治四年十月初四日卯时。

亥卯未全，曲直仁寿格，惜曲直失时，又无丙火，虽丁火出干，仅为一乡农之命。食神生财，故曰白手成家，五福三多，一乡称长者也。

**戊寅，癸亥，乙卯，壬午。**

光绪四年十一月初十日午时。

杨小楼命，壬癸并透，专用戊土，名重伶官。

## 十一月乙木

十一月根叶寒冻，喜丙复一阳，用丙火解冻，斯花木有向阳之意，不宜癸水出干以冻花木，故专用丙火。

十一月乙木，与十月略同，不能出丙戊，丙以解冻，戊以去癸水之病。如壬癸透干，不可无戊以制之，不见壬癸，则戊土亦可不用。寒木向阳，丙火为不可缺少之物，调和气候，乙木方有生机。特冬至前后略有小异，冬至前，阳气未动，虽用丙火，不过安富尊荣；冬至后一阳来复，丙火得用，显贵可期，此则节候之关系也。

得一二点丙火出干，不见癸破，定许科甲。若二丙藏支，不过选拔，得此不贵，必因风水薄。或壬出干，见戊制，可作能人。丙藏者，秀才。壬无戊，贫贱。

申述上文之意，丙火出干，无壬癸克制，可许科甲。丙藏寅巳，无申亥刑冲，亦贵。若壬癸出干，须有戊土为救，仍用丙火，丙出则贵，丙藏寅巳，不过秀士。壬多无戊，丙火为壬水所破，决为贫贱之人矣。

或支水局，子出壬癸，全无丙火，虽见戊制，不免贫寒到老，入南方运，稍有衣禄。丁火有亦如无，即或用丁，灯烛之光，岂能解严寒之冻？无用之人。设丙丁戊全无，金水重见，奔波下贱之人。或全无戊己，有火亦属常人，贫寒而不至下贱。或一派丁火，大奸大诈之徒。无甲引丁，孤鳏到老，长卧白云深山。丁火见甲，妻贤子肖，且麟趾振振，芝兰绕膝。

丙火为主要之物，戊土为救应之神，有戊制壬而无丙火，乙木虽不致漂浮，亦无生机，平常人也。根在苗先，辰局无丙火为根，即运至南方，发福不足，衣禄无虞，显达无望。丙为太阳之火，丁为灯烛之光，调和气候，必须用丙，丁火虽有若无，原局无丙，不得已用丁，丁火通根于午未，附晒于甲木，则亦可用，特力量微薄耳。若一派丁火，力量充足，逢以丁为用，但阴木阴火，性情自必阴沉，木火又为聪明，故云大奸大诈之徒。丁火以甲为嫡母，乙木以得藤萝之繁，与甲木无殊，故丁火见甲，主麟趾振振，无甲引丁，主孤鳏也。① 有丙丁不致下贱，无戊己不免贫寒，气候配合，无可勉强也。

或支成水局，壬癸两透，则木浮矣，不特贫贱，而且夭折，得一戊救方可。

得戊救应，可免夭折，不见丙火，贫寒至老，义同上文。

总之冬月乙木，取戊止可补救，不可用相，必须用丙。然满局壬癸，得一戊，亦可免孤与夭。用火者，木妻火子；用土者，火妻土子。

冬月兼取戊土，不过为去病之药，救应之神，非可恃以为用。调候为急，不能用丁，寒木向阳，专取丙火。用土者，满局壬癸，不得已取戊土为补救也。

---

① 用丁者，木妻，火子，故无甲主鳏，甲木引丁，主妻贤子肖。

乙木生于冬至之后，坐下木局。得丙透干者，富贵之造，即丁出干，亦有衣禄，须忌癸制丁。乙木生于冬月，己土透干，又有丙透，大富贵之造。

生于冬至后者，一阳来复也。① 坐下木局，冬木成林也。不特丙火可用，丁火亦可用矣。寒木向阳，富贵之命，见丁力量虽薄，亦有衣禄，惟不可见癸水也。用丁而有寅巳午为根，亦同丙火。己土透干，又有丙透，乃以己土制癸，仍是用丙，地支有丑合子更妙。若见壬水出干，己土我益，必须戊为用，此节与上文意义似矛盾，然以冬至后支成木局为条件，并不抵触。《造化元钥》抄本删，附录之以供参考。

**庚申，戊子，乙巳，丙子。**

丙戊两透，词林。

**庚申，戊子，乙巳，乙酉。**

戊透丙藏，知州。

按：上两造，丙戊得禄于巳，惜木无根，否则，富贵当不止此，幸是乙木虽弱无碍。

**辛亥，庚子，乙卯，丙戌。**

化不逢时，孤儿异姓，幸丙火解冻，由武而得守备。

**丁未，壬子，乙未，丙子。**

元顺帝命，寒木向阳，专取丙火为用，丁壬一合，去病为贵，申运失国。

**辛巳，庚子，乙酉，丁亥。**

光绪七年十月廿六日亥时。

陈光甫命，年支巳宫藏丙，干透丁火制庚，位至上海商业银行总经理。

# 十二月乙木

十二月寒木见丙，有回春之意。

---

① 大寒以前，同此看法。

十二月冻木枯枝，见丙火照暖，则有回春之意。除丙火外，别无用神可取，与十一月同。

得一丙透，无癸出破格，科甲显宦。或支藏丙火，不过廪贡生员，终作贫寒之士。

寒木向阳，得一丙高照，其力倍显，见癸破格，与冬至后乙木同看。丙火藏于寅巳，运行东南，亦必贵显，若无运助，终作贫寒之士耳。

或一派戊土，见甲，专用丙火，不能大富，颇有衣禄。

十二月水气已衰，柱无壬癸，固不必用戊土也。一派戊土，才多身弱，必须见甲破戊，甲为救应之神，仍以丙火为用，财多有劫为助，故颇有衣禄。

或四柱皆戊己，不见比劫，作从财论，大富。比劫破财，贫无寸土。

四柱皆己，从财成格，大富亦宜丙火暖土，则有寒谷回春象。乙不能破己，甲合于己，从格不成，财多身弱，贫寒之命。冬木以泄为生，见丙火即不怕弱，化比劫以生财，虽不富亦不致贫寒。

**壬午，癸丑，乙卯，辛巳。**

丙戊得所，一榜，官府尹。

**壬午，癸丑，乙酉，辛巳。**

巳酉丑会金，丙火息矣。但有衣禄，一富而已。

按：两造相差一字。乙卯，活木也。活木得火而秀，自有贵气。乙酉死木也，虽丙火得所，一富而已。巳酉丑会局，金之气专，丙火未失其用，倘非巳时，干有壬癸冻木，支有酉丑伤木，能无贫夭残疾之惧，欲求衣禄富裕，岂可得乎？

**丁酉，癸丑，乙卯，丙子。**

都宪。

**庚子，己丑，乙丑，丙子。**

平章。

**庚子，己丑，乙巳，庚辰。**

煞重身轻，贫而且夭。

按：三冬庚辛之气泄于水，本不能伤木，见己土制癸水，则庚金有力，乙木见庚，不化必被掣肘。上造丙火出，破庚，乙木得向阳之用；下造丙火藏巳，不能制庚，又不能用庚，木被金伤，故为煞重身轻。

**辛卯，辛丑，乙亥，辛巳。**

何起凤尚书。

**甲寅，丁丑，乙酉，辛巳。**

举人。

**丁巳，癸丑，乙丑，辛巳。**

都宪，十子。

**戊午，乙丑，乙巳，庚辰。**

咸丰八年十二月初四日辰时。

副总统冯国璋命，取财生官旺，地支丑辰巳午，夹寅卯，乙木暗强，运行巳庚，开府江南，位至总统，殁于午运末己未年。

**壬申，癸丑，乙亥，庚辰。**

同治十一年十二月廿五日辰时。狄进熹命，壬癸并透，泄金生木，不作化论，加以乙木临亥，得长生之气，更不能化，四柱无火，运行南方，名利兼全，惜干支无丙，运过之后，终作寒儒。

**壬申，癸丑，乙丑，辛巳。**

同治十一年十二月十五日巳时。

刘芗荪命，丙火得所，位至上海道。

**甲戌，丁丑，乙酉，丙戌。**

同治十三年十二月十六日戌时。

丁超命，甲丙丁并透，专用丙火，位至镇守使。

**甲戌，丁丑，乙酉，庚辰。**

同治十三年十二月十六日辰时。

郁芑生命，化合失时，原命有丁制庚，甲木助乙，支见财多，运行辰壬，印化煞生身，富甲一方，至午运殁。

**乙亥，己丑，乙酉，丁丑。**

光绪元年十二月廿二日丑时。

谢持命，专用丁火，难解严寒，恐时有误也。

**丙子，辛丑，乙巳，乙酉。**

光绪二年十二月十九日酉时。

顾逢伯命，巳酉丑三合透辛，丙与辛合，羁绊用神，煞重身轻，行帮身运东方最吉，制煞之运虽佳，本身克泄交集，在好运中去世，此命在丙运末庚申年不禄。

**丁丑，癸丑，乙酉，己卯。**

光绪三年十二月初五日卯时。

陈其美命，卯酉相冲，日禄受损，酉丑会局，煞旺身衰，丁火食神，为癸水所克，行酉运，遭暗杀毙命。

# 命理秘本穷通宝鉴卷三

## 三春丙火总论

三春丙火，秉象至威，阳回大地，侮雪欺霜。专用壬水，为水辅阳光，非克丙也，名曰天和地润，既济功成。或土多，为土众成慈，非泄丙乃假丙也。正月专用壬水，佐以庚金，二月专用壬水，三月土重晦光，用壬水取甲佐之为妙。

三月丙火，阳回大地，与木气同时而至，木旺火相，势力并行。丙为纯阳之气，万特遇之，欣欣向荣，欺霜侮雪，层冰悉解，即所以显示阳威也。丙火无壬水，孤阳失辅，气势不清，故以见壬为贵，名曰水辅阳光，非克丙也。正月甲木得禄，月垣自有木气，能通水火之情，故曰地润天和，既济功成。丙火炎炎之势，见土多则济其威，火旺无水，用土以泄旺火之气，格局多富而少贵，假以为用，不得已思其次也。三春丙火，皆以壬水为尊，特正月壬水绝地，甲木生旺，故用壬以庚金为佐。三月土重，以甲木为佐，土重晦丙之光，塞壬之流，有甲木为救，则水辅阳光，依然清澈取贵也。

癸丙春生，不晴不雨之天。丙日春生，时月出癸，云雾迷濛，不显不达，非若壬水辅丙也。

申述上文之意，三春丙火，用壬不用癸。丙火见壬，晶莹澄澈，相得益彰；癸丙并见，不晴不雨，云雾迷濛，失丙火之用。故见壬为贵，见癸不为贵，不仅三春为然也。

阳干为生旺之气，其势方张；阴干为衰竭之气，功成身退。故阳干必得阳干相克，则相得益彰。如甲木喜庚金劈甲，丙火喜壬水辅映，戊土喜甲木疏溶，壬水喜戊土提防，皆非相克。独有庚金喜丁火，利用其旺而不炎之性，以成煅炼之功，此五阳干性质之别也。阳见阳以生旺取贵，若见阴干，有克之情，无克之力，格局为次。不仅丙火见癸为然，五行之理，可以相通也。

## 正月丙火

正月三阳开泰，火气渐炎，取壬为尊，庚金为佐。

正月甲木得禄，月令自有木气。木旺火相，必取壬水为对象，方显晶莹之象。寅宫水之绝地，故取庚金为佐。

壬庚两透，定许科甲。即壬透庚藏，虽不由科甲，恰有异途恩封。

壬庚两透，财露印藏，两不相碍，以财滋煞，以印化煞，自然显达。若壬透庚金藏申，与寅相冲，寅申为丙壬生地，且为用神所在，互冲非吉，相隔则不碍。水辅阳光，仍可取贵，惟不由科甲而为异途而已。

若一壬高透，有一二丙藏寅巳，虽纳粟奏名，显职可期。为人英风慷慨，磊落光明，有才迈众。

丙人用壬，以身旺为第一要义，根以支为重，丙火通根寅巳，日元自旺。上文言壬庚两透，用财滋煞也；此言一壬独透，无庚，丙火通根寅巳，假煞为权也。丙火阳刚之性，得壬水辅映成辉，故主慷慨英豪，磊落光明。

或丙少壬多而无戊制，煞重身轻，斯人笑里藏刀，胆大光棍。见一戊制壬，便是大富大贵，但宜见一二比肩方妙。

丙少壬多，煞重身轻，正月木气当旺，有印化煞，不致伤身。但煞多非吉，有戊制壬，便成富贵。然用食制煞，亦需身旺，否则，克泄交加，故必得一二比肩帮身方妙。以上言用壬水，为正月丙火之正轨也。

或一派庚辛混杂，常人。或时月两透庚金，无辛杂乱，秀才。或辛年辛时，名为贪合，定昏迷酒色之人。女命一理，己业难创，祖业难承。

此言以财为用也。丙火逢辛而合，失其阳刚之性，用故宜庚不宜辛。时月两透庚金，谓庚寅月庚寅时也。身旺任财而财临绝地，主清贵而已。若两透辛金，丙火贪合，失其本性，迷途忘返，势所然也。

或一片戊泄，甲不出干，难成大器，且恐贫贱死外，故正月丙火，最忌戊土晦光。或支成火局，专取壬水为清贵，无壬，癸亦姑用。若壬癸俱无，则取戊以泄火气，但属平人。

此言食神为用也。正月丙火，寅宫自有木气生之，本无需甲木出干，若一片戊土晦光，则不得不藉甲木出干为救，为食神佩印也。盖正月丙火为方生之气，见戊土则晦光，故为最忌，即使支成火局，无壬癸可用，不得已用戊土泄火气，亦非上格。盖用财用食伤，皆是随局配合，乃假神，非真神。用癸，不晴不雨，① 亦是假神，皆平庸之造也。

或支成火局，又作炎上格论。但支成不得令，运不见东南，则为孤贫。

正月建寅，更见午戌，会成火局，四柱无壬癸，则成炎上格。须生于巳午月，方为得时秉令，生于三春，专旺失时，必须行东南运程助之，则可富贵，否则，孤贫之命。② 凡成格非必为贵，总须配合适宜，而专旺格局，尤以得时得地为要也。凡炎上格必须运行东南，即使逢时得令，亦同此理。曾见一造：甲午，庚午，丙午，甲午，美在得时矣，然而拘谨懦弱，出于常情也。

或四柱有甲木，得庚金暗制者，可作秀才。

此言用财损印也。正月甲木临官，若四柱多见甲木，则木盛火寒，得庚金暗制方妙。此节与上文时月两透庚金意重，儒林秀士，不失为清贵也。

无壬用癸者，略富贵，且官杀亦要旺相有根。丙火无壬，多主贫贱，屡征屡验。或火多无木，一至水乡必死，不然定主灾咎，五月丙火合炎上格，亦不喜水破格。用癸无根，定主目疾。

---

① 见《总论》。
② 东南坊本作"东西"，谬甚。

此两节义皆与上文重复，《造化元钥》抄本删除，今附录之。正月丙火，专取壬水，无壬用癸，用壬透者贵显，用癸者略富贵。不论用壬用癸官煞，皆要通根旺相，寅月水之绝地，无根易涸，难以取贵，用癸无根，定主目疾，癸水熬干故也。丙火必取壬水为用，气势始清，无壬总不为美，此经验心得也。火多无水，与炎上格同论，运至水乡，滴水激火之焰，不死必灾，与五月炎上格，忌水破格，一理共推。①

用壬者，金妻水子；用庚者，土妻金子。先壬次庚，壬忌多见。

正月丙火，以用庚壬为正轨，财滋弱煞也。用庚者，如木多以财破印，土多以泄食神，格之次也。壬多用戊，戊多用甲，又其次也。

**丙午，庚寅，丙午，庚寅。**

两干不杂，按察使。

按：时月两透庚金，而庚金无根，寅午会局，比肩出干，不能用财，乃炎上失时，喜其运行东南，故贵为按察使。

**庚寅，戊寅，丙寅，壬辰。**

庚壬两透，位至主试。

按：此造壬水出干，戊土为病，喜得庚透化食生煞，位至主试。

**庚寅，戊寅，丙辰，戊子。**

庚透癸藏，巨富，子中状元。

按：此造专用子中癸水，庚透化戊土生癸水，无庚，癸为戊制，所重在偏财，故巨富，癸在时支子息宫，故子贵。

**丁酉，壬寅，丙子，戊子。**

秀才，午运死，先富，后贫且孤。

按：此造丁火合去壬水，戊土制住癸水，年上酉金生壬，故秀才先富，时逢戊子，后孤且贫，至午运方死，寿元至午，则以午为子水绝地也，然已八旬外矣。

**丁酉，壬寅，丙子，戊戌。**

---

① 参阅五月节。

假道斯文，早岁子息艰难，先富后贫寿高。

按：此造与上造同，戊戌时制煞之力较强，故子息艰，先富后贫寿高，均与上造同。

**丁酉，壬寅，丙子，己亥。**

知州，五子皆贵，酉运死。

按：此造亥宫壬水长生，临天乙贵人，故子多而贵，己土不足以制壬，晦火之力亦薄，位至知州。

**乙未，戊寅，丙申，辛卯。**

木盛用庚，孤贫且夭。

按：此造用庚辛金杂乱，丙火透辛而怯，辛丑不能扫乙，徒有伤克之情。一友人造：乙未，戊寅，丙申，庚寅，用庚无辛，财印交差，用申宫壬水，出身世家，富贵中等。

**辛亥，庚寅，丙子，丁酉。**

状元。

按：此造财旺生煞，劫印并用，妙在丙辛隔位不合，运至丁、亥、丙、戌，宜其贵矣。

**己未，丙寅，丙午，乙未。**

假炎上格，秀才大富。

按：此造假炎上而丙火并不旺，年时两未，己土出干，似宜用己土泄火气，正月火土假伤官非上格，然泄秀生财，故秀才而富。①

以上《造化元钥》。

**辛亥，庚寅，丙子，乙未。**

雍正九年正月十二日未时。

朱圭命，此与上列辛亥仅一时之差，上造财旺用劫印，此造印旺用财官，运行西北，科甲出身，太平宰相。

**壬申，壬寅，丙子，乙未。**

乾隆十七年正月十四日未时。

铁保命，壬透庚藏，用木化煞，煞印相生，位至封疆大吏。

---

① 参阅二月丙火。

**壬子，壬寅，丙午，庚寅。**

乾隆五十七年二月初七日寅时。

陆建瀛命，壬庚出干，寅午会局，身煞两旺，官至总督。

**戊戌，甲寅，丙申，己亥。**

道光十八年正月廿三日亥时。

胡字骏命，食伤晦火，用甲木破戊己土，副榜，甘肃平凉等府知府。

**甲子，丙寅，丙辰，庚寅。**

同治三年正月十四日寅时。

叶德辉命，庚金虽透，壬不出干，地支子寅夹丑，甲庚财印临贵，寅辰夹卯，气全东方，申运冲寅，破拱夹，惨遭非命。

**癸酉，甲寅，丙午，癸巳。**

同治十二年正月廿六日巳时。

梁启超命，日坐阳刃，身旺用官，子运冲刃，亡命海外，戊运合去官星，不禄。

**丁丑，壬寅，丙寅，庚寅。**

光绪三年正月初十日寅时。

沈瑞林命，壬庚两透，财滋弱煞，富贵之命。

**戊寅，甲寅，丙辰，丙申。**

光绪四年正月初六日申时。

杨寿生命，专用申宫庚金财星，富商之命。

**壬午，壬寅，丙申，乙未。**

光绪八年正月初九日未时。

孙多珏命，壬透庚藏，丙火亦旺，用印化煞，富贵之命。

**辛卯，庚寅，丙戌，己丑。**

光绪十七年正月廿一日丑时。

王普命，伤官旺而生财，宜印劫为用，喜丙辛不合，贵为省主席，总领师干。

**戊戌，甲寅，丙午，戊戌。**

光绪廿四年正月廿二日戌时。

都锦生命，炎上失时，戊土戊重，月令甲木，能破年上之戊，而不能破时上之戊也，不贵而富，时逢华盖，艺术之星，运行东南，以艺术致富。

**庚申，戊寅，丙申，乙未。**

民国八年十二月十九日未时。

富家公子。财旺破印，恐不寿耳。

## 二月丙火

二月丙火，阳气舒升，专用壬水。

丙火喜用壬水。正月甲木秉令，故用壬以庚制木为佐，二月阳壮木渴，专用壬水。寅卯月为壬水病死之地，用壬须藉金生助，则为正二月所同也。

壬透不见丁化，加以庚辛亦透。壬水有根，科甲无疑，或壬藏支，亦主秀才，但必庚辛方妙。

二月用壬，庚辛为佐，专取其生助，非以制木，专用在壬，故壬透以柱有庚辛方妙。庚透辛藏，富贵无疑，壬藏支力薄，有庚辛生之，不止秀才。丁透羁合用神，故以为忌。

或无壬癸，姑用己土，但是常人，虽有才学。不得成名，不过衣禄充足。

无壬癸而用己土，为火土伤官，主聪明有才学，印在月令，伤透天干，两不相碍为美。食伤旺自能生财，虽不能取贵，衣禄充足，为富格也。

或一派壬水，见一戊透，虽不科甲，不失异途显达。或无戊透，用四库辰戌丑未之戊，恐辰宫癸水合化，不能制壬，不过衣禄常人。若干支不见一戊，奔波客外之人。加以金多生水者，下贱之命。

一派壬水者，壬水过多也。必须用戊土制服，月令正印，身旺能任，不失富贵。辰戌丑未之土，辰丑皆湿土，不能制水，未见卯会木局，可泄壬水而不能制，惟戌与戊土同功，丙火阳干，月令正印秉令，无从煞之理，惟有用制，七煞无制，必为奔流之人。财多挡煞，更为下贱之命。

或一派戊土，仍以壬水为用，喜行东方木运，土运不祥，见土年程即死，行火运亦屯遭。

丙火以壬水为贵，若见一派戊土，克制壬水，必取甲木制戊为救，虽四柱不见甲木，仍宜东方木运以补其缺憾。惟根在苗先，原命无甲，行东方木运，发福不足，要不失为最佳之运。金运可行，水运无益，火运反助土旺，故亦屯遭也。

或丙子日辛卯时，假从失令，贪财坏印，难承祖业。若得两重丁火破辛，壬水得位，亦主富贵。虽不科甲，亦有异途，风土虽薄，名传都邑。合此，主多妻妾，兼多子。

或时月俱辛卯，又见丙子日，名为争合，年不透丁破辛，昏迷酒色，祖业破耗。

有丁则吉，或支见未，成木局，反因奸得禄，因酒获利。

《元理赋》云：丙子辛卯相刑，荒淫浪漫。盖丙子日辛卯时，丙得正印，化而不化，日主向财，贪财坏印，丙火见卯为咸池桃花煞，木以子为咸池桃花煞，木火交互，为滚浪桃花也。见丁火克辛，或壬水出干，使辛不合于丙，而泄气于壬，则与用壬以辛为佐相同，亦可显达。财透主多妻妾，壬水得位者，时逢己亥也，故主多子。两辛争合，无丁火去病，必主荒迷，有丁克去一辛，则无争合之患，但用子癸官星，而泄气于印，亦寻常人也。支成木局，则子卯不刑，但日主向财而不向官，用在官而日主恋财，故主因奸得禄。

专用壬水者，金妻水子；用己者，火妻土子。

二月丙火，以用壬为正，无壬癸用己土。

己亥，丁卯，丙申，己亥。

申内有庚生水，武举，但子息艰难耳。

以上《造化元钥》。

**丁巳，癸卯，丙辰，癸巳。**

咸丰七年三月初四日巳时。

韩国钧命，地支连茹，用官印官居极品。

**乙亥，己卯，丙子，辛卯。**

光绪元年二月初八日卯时。

李景曦命，丙子辛卯相刑，有贪财坏印之嫌，此造妙在亥卯会局，透乙太旺，宜用财损印；更有己土出干，伤官生财为用，宜其富贵兼矣。命理之变化不测有如此。

**庚辰，己卯，丙申，戊戌。**

光绪六年正月廿八日戌时。

黄郛命，丙申日戊戌时夹丁酉，名连珠夹贵，丙临申位，戊己泄气太重，以卯印为用，行印运贵为总揆，冀察政委主席。凡丙火日干，见戊己出干，多不贵而富，即炎上格亦不能外此例，独有丙申丙子日，见戊戌时，以夹拱取贵。赋云：丙临子申，戊当头而贵拟王侯是也。

**丁亥，癸卯，丙戌，壬辰。**

光绪十三年二月廿八日辰时。

朱庶祺命，壬水出干，亥卯会局，专用煞印，一旬三位，至浙江实业厅长。

**己丑，丁卯，丙申，癸巳。**

光绪十五年二月廿日巳时。

李钦命，申宫庚财生水，时上癸水透干，财官为用，位至湖北财政厅长。

## 三月丙火

三月火气渐炎，专用壬水，或支成土局，取甲为辅，壬不可离。

三月丙火向旺，专用壬水，与二月同，雪中谷雨之后，土旺用事，虽不见戊，无形之中，自有晦丙塞壬之患，故用壬，须取甲木为辅，见甲木出干，丙壬之气清，自然取贵。成土局者，支聚四墓也。丙火用壬，名水辅阳光，在土旺之时，虽干不透戊己，支不聚墓库，亦非甲木为辅，不足以取贵，况支成土局乎？

壬甲两透，科甲有准，但忌金出干破甲，止于秀才能士。壬透甲藏，富大贵小；无甲用庚助壬，又能泄土气；有甲无壬，劳碌小富；壬藏无甲，一介寒儒；无壬无甲，贫贱之格。

申述用壬甲之法。有甲忌见庚金，无甲喜用庚金，土旺无甲，不能不用庚助壬，兼泄土气，但必须日主旺相，方可用之，不比甲木制土卫壬，兼助身旺，为一得三用也。如鄙人自造：丙戌，壬辰，丙申，丙申。壬透无甲，支聚辰戌土局，如用申中庚金泄土生壬，为财来党煞克身，非徒无益，反有害矣。非甲不能化壬生丙，无甲困苦一生，可见用庚助壬者，必为丙旺壬弱，方可取财滋煞为用。或土众壬弱，不得已用庚泄土生壬，身弱总非上格。

或丁己离乱，常人。

承上壬甲两透意，见丁合壬，见己合甲，失用煞印之意，闲神羁绊，平庸之命。

或支成水局，宜用戊土，勿用壬，戊透稍富贵，戊藏常人。

此言壬水太旺也。辰为水墓，有申子成水局，仍以甲木化煞生丙为上格。① 无甲用戊土制壬，必以身旺为要义，见戊土稍富贵，言非格之上也。虽用戊土，仍以印运为美。

用壬者，金妻水子；用甲者，水妻木子。

用壬为格之正，用甲有二：土重用甲，或壬水太旺身弱，亦用甲也。

**癸丑，丙辰，丙午，壬辰。**

壬出天干，太守。

按：壬透无甲，而辰午夹巳禄，日坐阳刃，身旺，假煞为权，以壬取贵。

**辛卯，壬辰，丙戌，癸巳。**

明经。

按：壬透无甲，而时归巳禄，取辛金佐壬为用，惟嫌官煞混杂耳。

以上《造化元钥》。

---

① 见下孙宝琦命。

**庚申，庚辰，丙午，戊戌。**

咸丰十年闰三月十二日戌时。

郑孝胥命，丙临午刃，壬戌会局，申宫藏壬，用庚泄戊生壬，此造是也。

**丁卯，甲辰，丙子，丙申。**

同治六年三月廿二日申时。

孙宝琦命，申子辰水局，火居上，水居下，如日晒中天，水底有光，名为照象，得力于甲木出干，通水火之情，故大贵至总揆。

**丁卯，甲辰，丙子，戊戌。**

同治六年三月廿二日戌时。

董康命，子戌夹亥贵，子辰会局而无壬水，戊戌土重，亦用甲木制土以护官星，位至司法总长。

**己巳，戊辰，丙申，甲午。**

同治八年三月廿四日午时。

梁士诒命，年时禄刃，土重晦火，甲木制之，申宫壬水长生，庚金生之，地支辰巳午申夹未，甲戊得贵，辰巳邀酉为丙贵，申为己土之贵，乙拥护日元，故贵为总揆，有财神之号。

**癸未，丙辰，丙午，戊子。**

光绪九年三月廿六日子时。

郭松龄命，日坐阳刃，地支辰午未夹巳禄，逢子冲午，夹禄不住，暗伏杀身之机，戊土合去癸水官星为病。运行甲寅癸丑，扶摇直上，总领师干；壬运甲子年，两子冲午，在壬运中，子之力强，倒戈被戮。

**戊子，丙辰，丙午，庚寅。**

光绪十四年二月廿四日寅时。

毛仲芳命，寅午会局，身旺，用戊土泄火气，为食神生财格。

**戊子，丙辰，丙辰，戊子。**

光绪十四年三月初五日子时。

刘鸿生命，子辰会局，名为照象，戊土出干而无甲木，富而不贵，为著名实业家。

**甲辰，戊辰，丙子，壬辰。**

光绪三十年二月廿七日辰时。

刘人熙命，子辰会局，壬水出干，专用甲木制戊，甲木出干，贵居方面。

## 三夏丙火总论

三夏丙火，阳气燥烈，专用壬水，但宜用申中长生有源之水为妙，亥宫壬水无力，回克泄气故也。

三夏丙火，必须壬水解炎，亥宫为壬水禄地，四柱见亥，壬水通根禄旺，宜可用矣。然生于四月，巳亥相冲，巳中戊土，回克壬水。生于五月，午中丁己，与亥中壬甲相合，羁绊用神。生于六月，亥、未会戊木局，泄水之气，故不如用申宫长生之水。又有禄旺之庚金生之，源远流长，不虞其涸，方可云富贵也。

四五月专用壬水，或丁多兼看癸水。六月用壬，但借庚金为佐。

承上文，四五月壬水出干通根，即可言富贵，有金佐之更佳。六月非庚金为佐不可，因季月土旺故也。

阳刃合杀，威权万里，丁火羊刃太旺，正谓羊刃倒戈，无头之兆。

丙火用壬，生旺坐实方好，忌壬水太多，名杀重身轻，分三节：（一）阳刃合煞。五月丙火，月令阳刃，干透丁火，更见壬水出干，合制阳刃，名阳刃合煞，主大贵，壬水须生旺坐实方妙。（二）阳刃倒戈。阳刃本为帮身护禄之物，若见甲木化煞生刃，反害自己，名为倒戈，如壬水生旺坐实，即无倒戈之患。（三）煞重身轻。壬水太重，压丙无光，虽在三夏，亦有森水寒象，须甲木或戊土。上两节专指五月，后一节统三夏言之。

## 四月丙火

四月丙火，建禄于巳，炎势暵离，专用壬水，解炎威之力，或既济之功。无壬，名孤阳失辅，难透清光，然必有庚，方为有源之水。壬庚两透，不见戊己出干，号曰湖海汪洋，广映太阳，光辉显著，文明之象。合此不但科甲峥嵘，必有荣封显职，若不验，风土之薄也。

丙为太阳之火，不畏水克，况生于四月，火旺秉令，炎上之性，非见壬水解炎，不能成既济之功。丙火无壬，不显晶莹之象，但壬至巳宫绝地，非庚金发水源，则无根之水易涸，故壬庚两透，不见戊制，未有不贵者也。壬庚出干，支临申宫尤妙。

戊无壬透，宜用申中壬水，亥水恐甲泄无力。用申中水，亦主科甲，亥水不过生员能士，富贵皆轻。

用亥宫壬水，不如申宫壬水为佳，已详《总论》。恐甲泄者，三夏土随火旺，水少易涸，亥宫虽有甲木破土，但是长生之木，力量较弱，不足以制土也；不如申宫庚金得禄，泄土生水。故用申中壬水者，亦至科甲，用亥中壬水，不过生员能士而已。

或无壬水，癸水姑用，庚癸两透，不贵而富多，此人巧谋善辨，出众超群。

癸水与壬水同一功用，特力弱耳。丙为阳火，壬为阳水，体用皆阳，晶莹照澈，人命合此，磊落光明，秉性英豪，毫无私曲。若见癸水，虽同为既济，成功而不雨不晴，景象有别，取贵不足，此性质之别也。

或癸壬俱无，无用人也。火炎土燥，僧道之流，不止贫贱，而且夭折，男女一理。

四月丙火，不能缺水，用水，不能无金为佐。若金水俱无而见甲木，则成炎上格，① 否则，火旺无依，必无孤苦贫夭之命。

或一派庚金，不见比劫，有富无贵。若火出，实为贫人。

此言有金而无水也。名火长夏天金叠叠，身财两旺，必为巨富，但宜有湿土晦火存金之妙。

或丙午日干，四柱壬多，不见戊制，名曰阳刃煞重，光棍之

---

① 见五月节。

流。或支成水局，又一二壬透，无一戊制，盗贼之命。见己土亦是下贱鄙夫，见财起意。

此言煞刃两旺也。四月丙火，月令建禄，更见丙午日干，阳刃太旺，四柱壬多，七煞重叠。凡煞刃格，一煞一刃相制，则主威权，两三重煞，或两三重刃，皆主凶暴。有戊土制煞，则为贵命。己土不能止水，徒然混浊壬水，故为下贱鄙夫。四五月煞刃格，不能用印，火值旺令，见甲木化煞助刃，则有倒戈之虞也。

用壬者，金妻水子。

四月丙火非用壬水，不能取贵，故专言用壬也。

**乙未，辛巳，丙午，甲午。**

炎上格火临巳午未之域，官至太尉。

按：此炎上格之正也。有木以生之，无土以塞之，炎虚有焰，运行东方大贵，见水祸不旋踵。

**庚子，辛巳，丙寅，丙申。**

取申宫壬水解丙火之炎，申运会元。

按：用申宫长生之水也。

**庚辰，辛巳，丙申，壬辰。**

章金命，壬子状元。

按：专用壬水庚辛为佐。

**丁巳，乙巳，丙子，戊子。**

庚运乡魁。

按：此造以子中癸水为用，癸禄于子，虽无金为佐，亦不致涸，行运喜财生官，惜戊土盖头，原局无金，故贵不大。

**丁卯，乙巳，丙寅，丙申。**

女命取申中壬水为用，一品夫人。

按：用申宫壬水，男女一理。

以上《造化元钥》。

**癸酉，丁巳，丙戌，甲午。**

同治十二年五月初九日午时。

孙烈臣命，用癸水，巳酉会局生之，四十后行金水运，总领师干。

**癸巳，丁巳，丙辰，癸巳。**

光绪十九年四月初四日巳时。

熊式辉命，无壬水用癸，两癸出干，通根辰库，运辅北方，贵居方面。

**甲午，己巳，丙寅，己亥。**

光绪廿年四月廿日亥时。

都××命，专取亥宫一点壬水与午宫阳刃相制戊格，贵必就武。胎元壬申，壬水通源，庚禄相生，行壬申癸酉财煞相生之运，为师旅之长。

## 五月丙火

五月火气愈炎，得二壬一庚出干，方为上格。或一壬无庚，贡监生员，还须好运。或戊己出干，加丁出干，与壬化合，则为平人。即不透庚壬，而有申宫长生之水，济之以坐禄之金，至妙，可入词林。只怕戊己杂乱，便为异路恩封。

五月丙火，月令阳刃，火气愈炽，得二壬一庚配合，方为贵命。一壬无庚，则水无根源，如无运助，仕途不显，仅为贡监生员而已。壬水犹有生旺之气，若癸水无金生助，必致熬干见下，壬水虽不致熬干，但忌戊己克制。丁壬化合，亦成无用之命，盖戊己克壬，如有庚金间于戊壬之间，则可补救，至于丁壬化合，为阳刃合煞，何以亦忌？正以一壬无庚，壬水无生生之源，见丁火化合，非但不能制火，反而助火之旺，失解炎之用也。不透庚壬而见申，申中有长生之水，更有坐禄之金，金水相生，其用至妙，与庚壬出干相同，亦忌戊己杂乱，水失其清，则为富中取贵，异路功名矣。

或支成火局，不见一滴水，乃僧道鳏独之命。即有一二癸水，多遇火土，用之无力，瞽目之人。得戊己出干泄火气，亦主刑克孤寡。行北运多凶，何也？正谓过于燥烈，水激处反为灾殃。

支成火局，不见滴水，过于燥烈，偏枯之命。有一二点癸水，而无庚金生之，多见火土，滴水烘乾，不能解炎，故云用之无力，癸水为目，故主鼓目。戊己出干虽能泄火之气，而火炎土燥，缺乏生机，主多刑克。若原局无金水，行北方运，反多凶者，正以火土过于燥烈，滴水入之，反激其焰也。按火炎土燥之局，亦多富贵，惟偏枯之象，必有所不足，非必刑克孤寡也。行北方运，亦不致有祸，且多吉。盖丙火日主，土为用，行水运，为土所反克，土得水润，即能生金，多主富。行木火运则多凶，若戊土日主，丙火为用，运行北地，多见凶祸，伤用为重，屡征屡验。详《滴天髓》补注火炎土燥节。

　　或成炎上格，柱运不见庚辛，多见甲乙者，大富大贵，然亦不可见水运。

　　四柱无金水，支成火局，或聚南方，则为炎上格。喜甲乙木生之，则为火虚有焰，主大富贵，若见土泄之，火炎土燥，富而非贵见上文。炎上格虽有木引化，亦不可见水运，成方成局，气势偏于一面，见水激之则破格，主有不测之祸。火势炎上，行东南运，则合于炎上之性，行西北运，则为向下，不仅水运破格为凶，西北方同为非利。《总论》云：到寅卯方而生火，遇申酉而必死。又云：生居离位，果断有为，若居坎乡，谨畏守礼，洵至言也。参阅引证诸造。

　　或庚壬两透，富贵非轻，但运气不扶，出仕不显。或庚癸两透，衣禄充足。支火轻者，无目疾；支见水者异途癸。

　　五月丙火，以用壬庚为正，见首节。癸水虽亦能解炎，丙火气势不清，故富而非贵。癸水主目，支火轻，癸水不致熬干，故无目疾。支见水者，子水也，异途之贵。

　　或支成土局，又为泄气太过，得壬辅火，甲出制土，富贵福寿俱全。

　　支成土局，不用壬庚，而用壬甲，盖土多不能无甲为制。而木至火乡，有自焚之虑，非壬水辅之，不足以制土，土被制而火得生扶，富贵福寿俱全。庚金泄土气，亦可为用，惟贵不足，亦算有水润土也。

　　用壬者，金妻水子。

五月丙火，以壬水为正用，庚金为佐也。

**庚寅，壬午，丙戌，己亥。**

此命两壬破格，难作炎上，专用壬庚，大贵。

**戊申，戊午，丙辰，甲午。**

火土混杂，取甲制土，用壬制火，一榜，位至府尹。

按：甲木制土，而以申宫壬水为用，戊土太重，壬水不能透出为缺憾，然申辰遥合，引水之气而近之，得力非浅也。

**戊戌，戊午，丙午，己丑。**

土晦无光，奴仆。

按：土晦无光，加以运行西北，大势向下，其人必极迂拙。

以上《造化元钥》。

**丁卯，丙午，丙子，壬辰。**

同治六年五月廿四日辰时。

龙济光命，丁壬遥合，正是阳刃合煞，威权万里，子辰会局，解冲刃之凶，喜得年支卯木，运行北方煞地，建牙开府，贵为两广巡阅使。

**辛未，甲午，丙申，戊戌。**

同治十年五月初七日戌时。

姚文敷命，炎上变格。天干甲丙戊，寅宫之用全彰，申对冲寅，午戌拱寅，地支暗聚寅午戌火局，运行东方，云梯直上，位至两桂运使。月日夹乙未，甲戊得贵，日时夹丁酉，丙火得贵，一旬三位，夹拱联珠，所惜申宫壬水，有破格之嫌，位仅至运使，然申午为煞刃，贵兼兵柄，格之复杂，洵奇观也。运至卯寅，而贵臻极品，至戊己而富有巨万，至子运一败涂地而殁。

**乙亥，壬午，丙午，庚寅。**

光绪元年五月初十日寅时。

孙发绪命，专用壬水，庚金为佐，大贵位至省长。

**乙亥，壬午，丙午，乙未。**

光绪元年五月初十日未时。

夏剑丞命，专用壬水，惜无庚金佐之，地支支无申，亥宫虽壬水得禄，甲木泄气，见上《总论》，科甲出身，位至提学使。

丙子，甲午，丙午，庚寅。

张国淦命，庚癸遥隔，子水为旺火所冲，然有庚相生，姑用癸水，特不能再行子运，位至总长。

己丑，庚午，丙辰，壬辰。

光绪十五年五月十一日辰时。

袁祖铭命，庚壬两透，贵为贵州督军。

甲午，庚午，丙午，甲午。

光绪廿年六月初一日午时。

炎炎真火，真炎上格也。惜乎运行西北，巽懦拘谨，一筹莫展，失势向下，逆其性矣；且其胎元辛酉，比劫争财，成格破格，非佳造也。

## 六月丙火

六月火气渐退，三伏生寒。己土泄气，取庚佐壬用。

六月火炎土燥，大暑前与五月一理同推，大暑之后，金水进气，三伏生寒，用壬必以庚金为佐者，己土当旺故也。且以土泄气之故，丙火不旺，虽用庚壬，运喜东南生旺之地，不利西北。若原局生旺，又当别论。

庚壬两透，贴身相生，可云科甲名宦。若无庚贴，有壬不见戊出，秀才小富。见戊制壬，不过一方能人，乡党贤者而矣。或己土出干混浊，庸夫俗子；或壬水在支，己土出干，贫苦。无壬下格，贱而且顽，男女一理。用壬者，金妻水子。

庚壬两透，富贵兼全为上格。有壬无庚，壬水无源，故富贵皆小。若更见戊土出制，为环境所束缚，难期发展，仅为乡贤而已。若己土则不能制水，反而浊水，水土混浊，必为庸夫俗子。无壬则愚顽下贱之人也。

或干见一派丙火，干支两见庚壬，阳极生阴，科甲大臣。

结上文，六月丙火，己土泄气，虽以庚壬两透取贵，仍宜印比为助，喜行运东南。若一派丙火，阳极生阴，专取才煞，运宜西北，虽同以庚壬取贵，其用有不同也。

总之，六月丙火用壬，不同余月用壬，故运入东南，家富千金，西北则贫苦无聊。余月用壬，俱喜行西北之运。

此言六月用壬，与余月不同之点。六月三伏生寒，己土泄气，丙火已渐衰退，虽配合取贵，不能不用庚壬。而运喜东南生旺之地，故与余月用壬不同也。若原局印比多，丙火生旺，则又当别论，仍宜西北之运矣。

**壬寅，丁未，丙寅，壬辰。**

三丙见柱，二壬出干，位至阁老。

按：丁壬合去一煞，专用时上独煞，不以阳刃合煞论，此明代夏言命造也。

**戊午，己未，丙午，己亥。**

土泄火神，亥有壬甲，早岁贫苦，行北运家富千金，死于寅运。

按：土泄火神，故不取贵。土燥火炎，喜亥宫壬水润土，伤官旺而生财，故为富格。至寅运，亥寅合，水之气泄于木，破了伤官，损寿元矣。参阅五月丙火节。

**壬寅，丁未，丙申，丁酉。**

煞重身轻，运入西北，为乞丐，壬运死。

按：此造支不见午，丁火不以刃论，丁火合去壬水，化木助火，群劫争财。

**己巳，辛未，丙午，癸巳。**

不见壬水，支成火局，又逢辛合，不作炎上论，好吃奴贱。

按：此造煞干癸水，正恐残疾，癸水易涸，若壬水即不易涸矣。

以上《造化元钥》。

**甲辰，辛未，丙戌，甲午。**

雍正二年六月十五日午时。

纪文达公晓岚命，火土伤官生财格，原命印旺，火土木皆为月令之神，体用同宫，金为将进之气，运行西北，官至协办大学士，卒谥文达。

**甲戌，辛未，丙寅，乙未。**

乾隆十九年六月十八日未时。

福康安命，生于立秋前三日，金水进气，原命火土伤官，印绶太旺，初行癸酉运丁亥年，十四岁授侍卫，逊清名臣早达，莫逾于此，累擢进封郡王，交丙运丙辰年卒，年四十三。

**壬申，丁未，丙午，丁酉。**

嘉庆十七年六月初五日酉时。

胡文忠公林翼命，丙午日坐阳刃，透丁，申宫得禄之金，生起壬水，煞刃相合，正所谓"阳刃合煞，威耀万里"也，位至江西巡抚。至亥壬运，煞旺复行煞地，建业立功处，死于刀刃之下，殉职洪杨之难。

**丁丑，丁未，丙子，己丑。**

嘉庆廿二年六月初四日丑时。

毛昶熙命，火土伤官，翰林出身，官至大学士。

**丁丑，丁未，丙午，己丑。**

光绪三年六月廿二日丑时。

蒋孟萍命，无壬，专用己土，富而不贵。

**己卯，辛未，丙午，壬辰。**

光绪五年六月初四日辰时。

胡思义命，壬水透出，惜无庚金相生，己土泄气，辛金相合，均为有病，虽贵不巨。

**壬午，丁未，丙辰，甲午。**

光绪八年六月初二日午时。

郝鹏命，煞刃相合，惜庚金相生，戊而不成，水浅无根，不足为贵。

# 七月丙火

七月太阳转西，阳气渐衰，日近西山，见土皆晦，惟日照湖海，暮夜燃光，故专用壬水，辅映太阳光辉。

丙火至申为病地，如太阳过午，阳气衰矣。日近西山，见土则晦，不比日晒中天时之不易晦也，故不能用食伤。申宫庚金得禄，壬水长生，如丙火通根寅巳，身强用财滋煞，为七月丙火之正格，用壬不可无印比，宜注意。

壬多取戊制方妙，申中有壬，又有壬出干，又见戊透，科甲有准。如辰戌藏戌，不过生员；多壬无戊制，常人。或申中一壬，多见戊制，亦属常人。或壬多无癸，得一戊制，所谓众杀猖狂，一仁可化，科甲显宦。

上文言七月丙火，不宜用戊土，然壬水多，则不能不取戊土制之。身强煞旺，而运行制煞之乡，自然贵显。申中一壬，多见戊制，是为制过七煞，只能用申中庚金，化食神以生煞，富而不贵。见癸合戊，亦是羁绊用神，只能取富。

或见一派庚金，不见比印及辛金者，又为弃命从财，奇特之造，虽不科甲，异途显达，但多依亲戚为进身之阶。

丙火至申，气已衰绝，见一派庚金，则弃命从财，凡从格多取富。此言异途显者，申宫庚禄壬生，财旺生官故也。见辛合丙，又成水局，则成化格，惟化不逢时，平常人物。

用木者，水妻木子，妻必贤能。

七月丙火，阳气已衰，不离生扶，用壬水不能无印，专取煞印相生，见戊制壬，亦防晦火。不能无甲木，见甲，丙壬气清，方能取贵也。水能化煞帮身，故妻必贤能。

总之，七月丙火，专壬次戊。

结上文。

**乙未，甲申，丙申，庚寅。**

财资七煞格，参政。

按：此为七月丙火之正格，虽两申冲寅，两干透甲乙，有印相生，日元不弱，以财生煞为用。

以上《造化元钥》。

**丙申，丙申，丙午，丙申。**

道光十六年七月廿五日申时。

刘铭传命，煞刃格，入元有气，用财生煞，位至总督。

**庚戌，甲申，丙申，癸巳。**

道光三十年七月初六日巳时。

陆宝忠命，财官印并透，专取煞印相生，丁运丁丑年授职编修，是年丁艰，戊运辛卯年值南书房，子运丁酉年在浙江学政任丁内艰，卒谥文慎。

**戊寅，庚申，丙寅，庚寅。**

光绪四年七月十八日寅时。

金润泉命，用食神生财，富格。

**乙酉，甲申，丙辰，戊戌。**

光绪十一年七月廿日戌时。

奉军参谋长杨宇霆命，甲木出干破戊，用申中壬水，财滋弱煞，辰运戊辰年，死于非命，或云庚寅时。

**乙酉，甲申，丙辰，甲午。**

光绪十一年七月廿日午时。

钱新之命，此造疑是癸巳时。巳申相合，戊土制煞，专用庚金，身旺任财，位至银行经理。若甲午时，必用壬煞，加以夹禄夹印贵，当握政权，不止金融领袖也。

# 八月丙火

八月丙火，日近黄昏，丙有余光，存于湖海，仍用壬水辅映。

七八月丙火，如日落西山，余光照于湖海，相映生辉，虽用壬水，不可无比印，丙火之气衰故也。用财则党煞，用土则晦光惟取壬水辅映，而以印比配合，方为上格。

四柱多丙，一壬高透为奇，富贵无穷。如独壬藏支，定至秀才；或土多困水，不过一方能士。若无壬水，癸亦可用，但发达不久。

用壬必以四柱多丙为要义，七八月皆同此理，身强见财旺生煞，定主富贵，金水进气故也。壬水藏支，用神力薄，行运引出，亦可显达，否则，困于青衿，最怕戊多困水，己多混浊，则无用之人耳。丙火用壬，太阳照于湖海，气象晶莹，癸水雨露之泽虽亦可用，总嫌阴晴无定也。

或多见辛出干，不能从化，但享祖宗余福，亲殁则贫苦到老。或见丁制辛，奸诈无常，女命合此，长舌之妇，主淫贱。

丙火逢辛而怯，见辛多出干，必须支成金局，从才成格，方为富贵上命，若柱有劫印，或见微根，不能从化，① 不作佳命论。丙有微根，但享祖宗余福耳，如一造：戊子，辛酉，丙申，己丑，是也。火至酉死地，金神当旺，非原命印比帮助身旺，不能用才官。见丁制辛，丙火依然衰弱，进退失据，故男主奸诈，女主淫贱。

或支成金局，无辛出干，不作从财论，直朱门饿莩耳。如支成金局，有辛出干，不见比劫，正从财格，富贵，或得贵人提拔，亲戚扶持，妻贤内助。

承上文，上言干透辛金，支无金局，不能从化，此言支成金局。辛金不透，亦不作从财论，乃财多身弱，虽在朱门，同于饿莩。如辛金出干，支成金局，不见比印，方为真从，才格真局正，必主显达；从格主因人而致富贵，从财格主得内助力。

总之，八月丙火，专壬次癸。用水者，金妻水子；用木者，水妻木子。

八月丙火，身强用壬，才旺生煞为上格，见首节。若壬癸出干而丙火不旺，则不能不用印，盖八月为火之死地，日近西山，非甲木不能化壬水而生丙火，同上七月。

**丙子，丁酉，丙午，甲午。**

两干不杂，财资七煞格，出将入相，生子时不贵。

按：八月酉金秉令，财旺生官，官刃为用，出将入相，当在壬寅癸卯运中也。八月丙火退气，所恃全在午火，好在子在年上，不冲午刃，如生子时，子午相冲，不得善终矣。

**丙寅，丁酉，丙辰，丁酉。**

两干不杂，位至尚书。

按：此造专用财星，好在日元坐辰，冠带之地，丙火有气；更喜年逢

---

① 或假从。

丙寅，丙火长生，加以两干不杂，格局清纯，富而兼贵。

**己卯，癸酉，丙子，戊子。**

伤官生才格，参戎，但阴刑杀重，卯运阵亡。

按：癸水官星，为己土所伤，故用伤官生财，而不用财官；但丙火全恃卯印相生，卯酉一冲，印绶被伤，再逢卯运，衰神冲旺，财星破印显然矣。

**丁酉，己酉，丙申，丁酉。**

财滋七煞，故专用壬水，惜二丁出干，财神不显，迂儒秀才，刑而且孤。

按：此造虽有两丁助丙，而丙临申位，定不通根，财旺身弱无印生助，宜其刑而且孤，己土出干，晦丙浊壬。《滴天髓》云：清气还嫌官不起，故为迂儒也。

**丙申，丁酉，丙戌，乙未。**

秀才，大富，无兄弟，五子。

按：此造丙火坐戌，通根火库，更得乙未印绶生之，火旺用金，故大富。

得力在时，故多子，昆季应合而无，殆因八月火临死地故耳。

以上《造化元钥》。

**丁丑，己酉，丙午，己丑。**

光绪三年八月廿四日丑时。

唐子培命，火旺用金，更得己土生之，伤官生财，巨富之格。

**己卯，癸酉，丙辰，戊戌。**

光绪五年八月十五日戌时。

汲金纯命，无壬，癸为戊己所困，用伤官生财，乃富而非贵，以卯辰酉戌，东西夹拱，官至军长。

**辛巳，丁酉，丙寅，己亥。**

光绪七年八月初七日亥时。

王瑶卿命，身旺用财而见丁制辛，专用己土伤官，丙寅红艳桃花，伤官合起桃花，为一代名伶。

**戊子，辛酉，丙申，己丑。**

光绪十四年八月十七日丑时。

陆××命，见辛出干而支不成局，不能从财，丙火无根，所谓从而不从，过房入继之命也，但享祖宗余福，为一方能士而已。

## 九月丙火

九月丙火愈衰，忌土晦光，先用甲木，次取壬水。

丙火至九月，为墓地之火，最易为土晦光，而亦最忌晦光。见壬水，如太阳落于地平线下余光从江湖波浪中返映而上，分外光辉，故先取甲木制土，再用壬水辅映。

甲壬两透，科甲有准，富贵非凡。若无壬辅丙资甲，得癸透干，亦主异途显达；壬癸藏支，贡监而已；甲藏壬透，无庚破甲，可许秀才。或庚困木戊困水，定是庸才，无甲壬癸者下格。

九秋土燥木枯，用甲不能无水，壬癸水之用相同，但壬水兼有辅丙之功，癸水仅有润木之用，故见之于征验，有不同耳。

或一派火土，虽不旺，亦自旱燥，如不离乡过往，亦主流到老。或作僧道，可以优闲，加以无庚辛壬癸出干者，贫而夭。

戌宫火之墓库，与未月同为燥土，泄弱丙火之气。如一造：戊戌，己未，丙戌，乙未，丙火不旺而旱燥，乃离庚出世之命，柱无庚辛壬癸救济，终为贫夭也。

或支成火局，炎上失令，运入西方，贫乏异常，不顾妻子。

九月丙火入墓，炎上非其时。凡炎上格必须行东南运，合于炎上之性，则吉。① 运行西北，即得时成格，亦难发达，况失令乎？

或己土出干，甲木不透，虽有比肩助身，难制当权之土，无用人也。

九月土燥而重，必须以水润甲木为用，无壬癸甲，虽丙火多见亦无益。

---

① 见上五月节。

用甲者水妻木子，用壬者金妻水子。

戊己出干，必须用甲，去病为贵也。壬癸藏支为佐，火多而透，用壬癸制火润土以滋甲，用壬癸为主，甲木制土为佐。

**己亥，甲戌，丙子，戊子。**

甲出天干又逢生地，孝廉。

按：专用甲木制伤化官煞。

**己酉，甲戌，丙寅，庚寅。**

孤贫。

按：虽有甲木出干，柱无壬癸，土燥木枯，无所用之。

**丙申，戊戌，丙午，戊戌。**

两干不杂，支成火局，专用壬水，先贫后富。

按：日坐阳刃，年逢壬煞，煞刃相制，格局取贵，惜戊土出干，柱无甲木，戊土晦丙制壬而生申中庚金，变为富格矣。

**庚戌，丙戌，丙寅，壬辰。**

富大贵小，因甲藏壬透故也。仅一贡士。

按：庚壬并透，惜庚壬皆不通根，仅一贡耳。

**甲寅，甲戌，丙戌，壬辰。**

按：偏官无财相生，虽有甲木，中等之命。

以上《造化元钥》。

**丙寅，戊戌，丙申，戊子。**

乾隆十一年九月初三日子时。

洪北江命，字稚存，用申宫庚金生壬癸，惜戊土太重，甲木藏寅，不能破土，以进士授职编修。

**丁丑，庚戌，丙午，庚寅。**

嘉庆廿二年九月初五日寅时。

沈桂芬命，此造表面似用时上偏财，不知寅午戌会局，实失时之炎上格也。运行甲寅乙卯，翰林出身，官拜大学士。

**辛巳，戊戌，丙戌，壬辰。**

道光元年十月初九日辰时。

马新贻命，辛金泄土生壬，进士出身，位至总督。惜柱无甲木，运行壬辰，被刺殒命。

**辛酉，戊戌，丙午，庚寅。**

咸丰十一年九月廿一日寅时。

阎子明命，支成火局，食神生财成格，入墓之火，喜行生旺之地，运行东南，父以子贵，大富之命。

## 十月丙火

十月丙火，太阳失令，见甲戊庚齐透，科甲有准，风土不及，终成选拔。主为人性好清高，斯文领袖。

十月火绝地，休囚之极，宜用甲木以生之。亥宫壬水秉令，甲木虽长生不旺，湿木无焰，得戊土制水，即所以培木，木旺自然生丙火也。丙火以见壬水为贵，戊土制壬，失辅映生辉之意，故又取庚金为辅。庚金化戊土以生壬水，用取煞印相生，故见甲戊庚齐透者，富贵有准也。

或丙日辛透，又见辰字，化合逢时，大贵之命。

化气之中，丙火见辛，最不易化，较甲木见己为尤甚。《滴天髓》云：五阳皆阳丙为最。又以我克化而为克我，非地支全见金水，丙火气势死绝，不易化也。生于亥月水旺之时，支成水局；或全北方，又见辰字，方为真化。化合得时，主大富贵。

或水多但有甲无戊，却难从杀，须用己土混壬煞方妙。

亥宫甲木长生，虽四柱壬多，月令得禄，不以从煞论。以有甲木泄煞之气，煞印相生，丙火绝而不绝故也。宜用己土混壬，混非制也。壬水冲奔，非己土所能制，然水得土和，却能生木，为丙火之根。甲木出干更佳，无甲即取亥宫之甲为用，木有生机，故可用也。观下己土混壬诸造自明。十月之木，见卯未会局，旺同木，亥与未会，理同己土混壬，火能生土，土制水培木，火藉以生，即《滴天髓》反生之意也。

或四柱多壬、多申，作弃命从杀论，虽不发科甲，亦不失衙门之士。

承上文亥宫有甲，申宫有庚，庚金制甲，木之生机断绝，丙火方能从煞，无申不作从论。

总之十月丙火，木多用庚，水多用戊，火多用壬，随宜酌用可也。若水多无戊，木盛无庚，常人而已。

此言应病与药之用，与首节甲戊庚齐透不同。木旺宜庚，用财损印也。水旺宜戊，以戊土为提防也。然原局丙火必须生旺，方可用戊，否则，克泄交集，非所宜也，火旺用壬辅映光辉。总之十月丙火，以甲木为主要关键，庚戊壬随时损益可也。

**辛巳，己亥，丙子，壬辰。**

此命水多，取己土作用，大富贵亦寿考，又生贵子。

按：此造即己土混壬格，丙火生十月，绝地逢生，大贵之命。绝地逢生者，日元逢绝，印绶长生也。然亥宫壬水当旺，冲奔之水，不能生木，取己土混合壬水，俾成反生之功。格局为己土混壬，用神仍在甲木，与戊土提防用法，截然不同。凡用壬水，皆忌己土混浊，独有此格利用其混浊，以培甲木生丙火，为奇特之格也。

**甲申，乙亥，丙戌，庚寅。**

庚甲两透戊土得位廪使。

按：虽生于十月，印旺身强，以庚金财生官为用，戊土旺于戌，故云：戊土得位。

**壬辰，辛亥，丙戌，戊子。**

孝廉。

按：此造丙火通根身库，壬水出干，得甲木则贵，身煞非旺而用戊土，贵不足也。

**壬辰，辛亥，丙午，壬辰。**

化合逢时，翰林。

按：此造丙午日坐阳刃，辰午夹巳禄，丙火暗旺，不能从化，好在午中丁己与亥宫壬甲两两相合，气势团聚，丁壬化合，己土混壬生甲木，仍以甲印为用，煞旺为印，其得意当在甲寅乙卯运也。

以上《造化元钥》。

**辛未，己亥，丙辰，己亥。**

嘉庆十六年十月十一日亥时。

曾文正公国藩命，己土混壬格，出将入相，说明详上辛巳造。亥未拱卯，化煞为印，尤见精采也。

**壬申，辛亥，丙午，庚寅。**

嘉庆十七年十月初七日寅时。

左文龙公宗棠命，丙午日坐阳刃，壬煞临生得禄，煞刃两停，取寅宫甲木为用，早年壬子癸丑困顿，入甲寅乙卯东南运，封侯拜相，宜哉！官至总督，封恪靖侯。

**壬申，辛亥，丙寅，庚寅。**

嘉庆十七年十月廿七寅时。

徐宗瀛命，壬水当旺，更得财生，取寅宫甲木为用，位至总督。

**丙戌，己亥，丙子，壬辰。**

光绪十二年十月十七日辰时。

陈调元将军命，己土混壬格。见上。

## 十一月丙火

十一月冬至阳生，弱中生旺，先壬，戊佐之。

仲冬丙火，冬至之前，与十月同看，冬至之后，一阳来复，弱中复强，仲冬壬水专旺之时，故用戊土为佐，将非日元生旺不可耳。

壬戊两透，科甲有准，即风土不及，定然选拔。多戊见己，不过秀才，或异途显达。用戊者，不可少甲，壬戊酌用。

用戊不可少甲句，最为扼要。冬至之后，虽云一阳来复，究属气势甚微，丙火虽喜壬水辅映，必须甲木生助火旺，方能相得益彰。用壬不可少甲，用戊更不可无甲，日元生旺，方可用食神制煞也。至于多戊见己，制煞太过，因壬水乘旺，故为儒林之秀。柱有甲丙，配合得宜，异途显达。否则，制过七煞，拘谨寒儒而已，功名不可得也。身旺用壬，壬多用戊，须看日元之旺弱而酌用之。

或一派壬水，专用戊土，此人虽不成名，文章迈众，但一生名利虚浮，何也？因戊晦光，须甲木为药也。或水多无戊，火多无壬，配合不得中和，下格。

十一月失令之火，见一派壬水，不能不用戊土；但戊土助丙壬之光，丙火又微弱无气，虽才能出众，亦名利虚浮，① 得甲木为救，则名利两全。总之日元衰弱，用财煞或用食神制煞，皆非上格，非用印不可也。如原命印劫太多，又非用煞不可，无煞亦非上格。

或无壬水，有癸出干，得金滋无伤，又有丙透以解冻，可许衣衿。

承上文，如原命印劫太多，非壬煞不贵。无壬用癸，但仲冬癸水如霜雪，丙火寒日无光，非有比肩出而解冻，不足以救，故有丙透者，可许衣衿。

或四柱多壬无甲，乃作弃命从杀，亦有云路。

丙临子月，气势已绝，四柱多壬无甲，作弃命从煞论。支下以会水局或全北方为美，乃变格也。

或水多有甲无戊，却非从杀，宜用己土浊壬。十一月丙火，与十月颇同。

浊壬即混壬，用法与十月同，但十月亥宫甲木有气，如甲木不透，可用亥宫之甲。若生于十一月，非甲木出干不可，更须有丙火比肩助之，水土寒冻，无丙火，木无生机也，或见寅支亦可用。

总之，十一月丙火，甲不可少，盖忌土晦光，故用甲以破之。若用壬，冬水成冰，不见比肩，须酌用之。

十一月丙火，在衰绝之地，气势休囚，不可无甲以生之。水旺不可无戊制，而衰绝之火，见土晦光，非用甲破土不能显，此言用戊制壬也。仲冬天寒地冻，壬水成冰，非支成火局，干见比肩，不能用壬水。盖衰绝之火，而见当旺之水，被其克制则易，为我所用则难，切须慎重斟酌用之。

**辛亥，庚子，丙寅，庚寅。**

布政。

---

① 煞旺有制，故有才能。

按：年月金水气旺，喜得日时两寅，寅中暗藏甲木，更有丙火助之，运行南方，宜其贵矣。

**辛酉，庚子，丙子，癸巳。**

用丙秀士小富。

按：喜得日禄归时，专用时支一点禄，中年之后，乙未甲午木火相生，宜得善其终矣。

**丁巳，壬子，丙戌，戊子。**

金寒水冻，丁壬两失，戊晦光，贫困带疾而死。

按：上造日元得禄于巳，此造得根于戌，气较衰弱，丁壬一合，两失其用。总之水旺火衰之局，非用甲木不可，运宜东南，西北木火死绝之地，决无益也。

以上《造化元钥》。

**辛酉，庚子，丙辰，己丑。**

咸丰十一年十二月初三日丑时。

唐绍仪命，仲冬丙火，不能无丙甲。此造子酉夹戌亥，辰丑夹寅卯，卯戌寅亥相合，成暗劫暗印，以木火虚神为用，地位全齐，所以为贵，运行南方，位至总揆。

**辛未，庚子，丙戌，甲午。**

同治十年十月廿九日午时。

名医夏应堂命，寒日为温，虽见午戌会局仍用甲木，运行乙木甲木，名重一时，殁于癸运。

**庚辰，戊子，丙子，庚寅。**

光绪六年十一月十二日寅时。

谈丹崖命，专到寅宫甲木为用，丙火见戊土晦光，则不贵，戊土制水生财，使甲木得尽生扶之用，则为富格，运行东南，任大陆银行经理，卒于癸酉年，年五十四。

**甲子，丙子，丙寅，丙申。**

同治三年十一月廿九日申时。

盐商周湘舱命，专用甲木，更有丙火为助，然富重贵轻者，则以无壬水辅映光辉，清气不足也，殁于未运甲戌年。

**己卯，丙子，丙子，丁酉。**

光绪五年十一月初七日酉时。

胡汉民命，子为帝座，年卯时酉，东南对立，卯酉为日月出入门，财官印三奇俱备，大贵之象。惜伤居印上，劫临财地，生在冬至之前，一阳齐复，凡无木火运相助，赍志以殁，惜哉！

**癸未，甲子，丙戌，辛卯。**

光绪九年十一月初九日卯时。

张鸿志命，无壬用癸，官星乘旺秉令，更得甲木生助，惜丙辛一合，日元恋财而不向官印，用神不专为病也，位至行政院秘书长。又汪栎园命，壬辰时，年月日皆同，壬水出干，位至大理院长。

## 十二月丙火

十二月气进二阳，侮雪欺霜，应先壬为用，己土司令，己多须用甲为佐。

丙火不畏水克而惧土泄，日照江湖，分外晶莹，非壬无以取贵，非甲不能生丙，不论土之有无多寡也，但己多则不可无甲耳。

壬甲两透，科甲有准，虽风土浅薄，贡监可许；甲藏，不过秀才，或无甲一壬透，富中取贵，三春皆利。

壬甲两透，必为科甲之贵。甲藏而运程东南，木火得地，亦可取贵也。十二月己土秉令，无形之中，晦丙浊壬，无甲不以贵取，然见壬透，亦有晶莹之象，此所以三春皆利也，特富重而贵轻耳。

或一派己土，不见甲乙，名假伤官格。聪明性傲，冬日无温，故假名假利。若见甲木，即当以伤官佩印为用，名利兼全矣。

或一派癸水，己土出干，必自创基业。若己土制癸太多，又取辛金泄己滋癸，必透癸乃秀，虽不成名，有雅人风度。

丑中己癸辛同宫，己癸出干，月令同宫得用，必为创立之人。得辛金并出，泄己滋癸，为喜用同宫聚气，贵显之征，即不成名，亦有雅人风度也。喜用同宫为看法之一，如合于日元之需要，而得用者，必贵之命，即不得用，亦为一种取贵之征也。

**癸卯，乙丑，丙午，壬辰。**

统领。

按：日元坐刃，七煞出干，煞刃格也。妙在乙卯两字，正印得禄，辰午夹巳禄，丑卯夹长生，日元暗旺，行金水运，有印化之，宜为大贵之格。

**乙丑，己丑，丙寅，庚寅。**

二甲制土，按察。

按：火土伤官佩印也。非印何以取贵。

**乙酉，己丑，丙寅，己丑。**

己多则用甲破，甲又禄在寅，用神得位，状元。

按：专用寅中甲木，己土泄丙火之秀，聪颖天成，伤官太重，必以佩印为用也。

**己丑，丁丑，丙午，庚寅。**

用甲制己一榜。

按：火土伤官而寅午会局，亦是伤官佩印。

**己巳，丁丑，丙戌，庚寅。**

亦用甲木一榜。

同上造。

**乙巳，己丑，丙申，癸巳。**

用辛得金局白手成家。

按：丙临申位，气势太弱，幸年时两巳，丙火得禄，巳丑会局，伤官用财，商界人物，癸水被伤，故不贵也。

以上《造化元钥》。

**戊戌，乙丑，丙辰，戊戌。**

乾隆四十三年十一月三十日戌时。

陶澍命，土重而实，格成稼穑。生于大寒前三日，天寒地冻，喜冬日温和，以乙木为用，火土伤官之变也。《滴天髓》云：子旺母衰之局，宜助其母。运行南方，土暖而润生，万物得遂其生，巳运壬午任皖抚，午运庚寅年督两江，土暖而生，显然可见，卒于未运己亥年，寿六十二，谥文毅。

**辛酉，辛丑，丙寅，壬辰。**

咸丰十一年十二月十三日辰时。

印光老法师命，财旺煞高，专用寅宫木炎，寅辰夹卯，气聚东方，卯为壬水之贵，丙贵在酉，辛贵在寅，满盘天乙而值华盖，宜为僧道之首。运行乙未甲午，名满天下，至癸运闭关修养。

**丁卯，癸丑，丙申，戊子。**

同治六年十二月十七日子时。

蔡子民命，专取年上劫印为用，晚年运行南方，位至中央研究院长。

**丙子，辛丑，丙申，戊子。**

光绪二年十二月初十日子时。

曹汝霖命，丙辛争合，无辰不作从化论，取辛金泄戊土以护子水官星，虽值二阳进气，究嫌身弱，行东方运，位至财政交通总长。

**癸未，乙丑，丙寅，庚寅。**

光绪必年十二月廿日寅时。

褚民谊命，日时两寅，二阳进气，丙火旺相，取庚寅泄己土滋癸水，喜癸水出干，位至行政院秘书长。

**戊戌，乙丑，丙戌，癸巳。**

光绪廿四年十二月初七日巳时。

尚小云命，癸水出干，戊土伤之，土重伤癸，仅为名伶。

# 命理秘本穷通宝鉴卷四

## 正月丁火

正月丁火，甲木当权，乃为母旺，非庚不能劈甲，何以引丁？先庚次壬。

丁火不离甲木，无甲则丁火无所附丽。甲木不离庚金，非庚劈甲，不能引丁。[①] 正月寅宫自有甲木，故先庚，然亦不可无水，无水木火太炎，气不中和，故以庚壬财官为用。

如壬透化木，弱复生旺，合此身伴帝王；但不宜庚破格，有庚不过秀才。

丁壬化木喜逢寅，以得寅月寅时为妙，合此者，必主大贵。见庚金破格，仍用财官，儒士而已。正月丁火，不离甲庚，独有化木成格，喜甲忌庚，见庚则不成化格也。

或有庚及壬癸，得己出干制之，虽不由科甲，亦有异途恩封。

承上见庚化木不成而用财官，用财生官，忌见戊土伤官。若见己土不足以制壬癸，惟食神生财，辅为富中取贵，不由正途也。

或一派壬癸，不得寅时，又无庚金，必致困穷。

承上文，正月丁火见壬，值寅月寅时，则成化木，化格以印为用，故并言癸。如见庚金破化格，则用财官，如不成化气，又无财官为用，必致困穷也。总结上文。

或一派甲木，无庚制之，非贫即夭。或只有一甲，多见乙木

---

① 木火不灵活。

者，离乡奔波之客，勿问妻子矣。或甲乙并见，生庚子时，又主妻早子早，且可采芹。

甲木太多，木盛火塞，必须用才破印，无庚制之，贫夭之象。多见乙木者，枭印太旺也。无庚破乙，勿问妻子。生庚子时，庚金财星破印，立见子水偏官，故又主妻早子早，偏官不透，儒秀而已，《滴天髓》云：清气还嫌官不起是也。

或丁年，壬月，丁日，壬时，男必富，女不吉。此格以火为妻，土为子，但子女艰难，女命合此，刑夫克子，而且淫贱。

此论本壬不化。天干虽两两相合，又值寅月寅时，若日元丁酉，财生官旺，不作化论，重官为煞，须食伤制之，故以土为用。男命重官不贵，然财官相生，主创建事业，辅而为富。女命以官为夫星，而见重官，丁壬又为淫昵之合，故主刑夫淫贱也。须更参以神煞，方可断之。此格以土为用，时值壬寅，木旺土崩，故不免子女艰难，或见刑克。

支成火局，无滴水解炎，僧道之命，孤贫庸俗，见甲出略吉。

丁为衰竭之火，不成炎上。惟以庚壬配合取用，见申出干，助其生旺，运行东南，亦可取贵，乃假炎上格也。

总之，丁不离甲，见甲如子遇嫡母，可秋可冬，然亦不可少水，但不宜多。

总结上文，丁为向衰之火，非有生旺之木助之，不能显其用，故丁不离甲。若见乙木，则同为衰竭之气，不能生扶丁火而成通明之象也。见甲木，则虽生于秋冬，不嫌其弱，丁火昭融，不比丙火之炎烈，然用亦不可无水，但不宜多见耳。水火以既济为美，故丙不离壬，丁火有甲木为依恃，则亦以用壬为贵也。

**甲午，丙寅，丁巳，辛亥。**

太监。

按：支成火局，用亥宫壬水，虽贵不巨，巳亥相冲，晚境艰困。

**庚辰，戊寅，丁未，壬寅。**

庠生，酉运终。

此造丁壬化木，得寅月寅时，又见辰，化木成象，惜庚金出干破格，化木不成，仍用财官，木主仁寿，行运至酉，古稀之年矣。

**壬戌，壬寅，丁卯，戊申。**

身弱煞强，凶命。

按：化木破格，只能用壬水，寅卯印为申宫庚金所破，故身弱，用戊土伤官制煞，克泄交集，乌能无祸？

**辛卯，庚寅，丁酉，癸卯。**

女命，贫贱。

按：女命财旺生煞而煞无制，贫贱之命。

**癸未，甲寅，丁巳，辛丑。**

康熙四十二年正月十一日丑时。

齐召南命，用癸水，才滋弱煞，官拜侍郎。

**戊辰，甲寅，丁卯，己酉。**

同治七年正月十八日酉时。

林主席森命，寅卯辰东方一气，甲木出干，印绶太旺，以财损印为用，至庚申辛酉运，贵为元首。或云戊申时，其用相同。

**癸未，甲寅，丁亥，己酉。**

光绪九年正月初五日酉时。

逊清摄政王载沣命，宣统父也。木旺用金，而辛金无力，辛运戊申己酉年摄政，亥运辛亥年逊国，壬水官星值天乙，父以子贵。

**丙戌，庚寅，丁未，己酉。**

光绪十二年正月十三日酉时。

周致祥命，专此时上己酉，食神生财为用。

**戊子，甲寅，丁卯，甲辰。**

光绪十四年正月十五日辰时。

张英华命，假炎上格，子水为病，运至午，冲去子水，一发如雷，惜荣华不久耳。《滴天髓》云：强众敌寡，此类是也。

**庚寅，戊寅，丁巳，乙巳。**

光绪十六年正月十六日巳时。

薛笃弼命，庚金劈甲为用，惜无水润泽，富贵不全。

**甲午，丙寅，丁酉，丙午。**

光绪二十年正月十九日午时。

林大间命，丙夺丁光，寅午会局，虽非炎上，理固相通。《滴天髓》云：强众敌寡，势在去寡。以酉金为病，运逢去酉，其发必矣。同上张英华命。

**丙午，庚寅，丁酉，壬寅。**

光绪三十二年正月廿九日寅时。

化水不成，专用壬水，庚金为佐。

# 二月丁火

二月因湿乙伤丁，非庚不能扫乙，非甲不能引丁，先庚后甲。

二月木旺火塞，必须用财破印。丁火必须甲木，方成有焰之火，乙木卉草，引火不燃，故云湿乙。用庚去乙，用甲引丁，庚甲并用以取贵。

庚甲两透，科甲有准；庚透甲藏，贡监生员；甲透庚藏，异路功名。有庚无甲者，清雅能士；有甲无庚者，常人也。印旺煞高者，主大贵。

二月木气旺极之时，气虽竭而未衰，偏印太旺，宜财以损之，如甲庚不全，宁可无甲，不可无庚也。印旺煞高者，二月乙木秉令，月令正印当旺，甲庚并透，更见七煞出干，正是身强煞浅，假煞为权，财官印三奇成格，必主大贵。

或庚乙俱透，庚必输情于乙妹，未免贪合，运行金水之乡，一贫彻骨。或庚透乙藏，则不能贪合，庚有害乙之势，乙木不伤丁，反引丁火之焰，即用乙亦无害，运入木火之乡，自然富贵清雅。如不验，风土之薄也。用乙者，水妻木子。

上言甲庚两透，富贵有准。若无甲透乙，乙必输情相合，丁火昭融，不能克庚，反而贪财坏印，才旺身弱，再行财煞之运，势必一寒彻骨。若庚透乙藏，财印不相碍，即不妨以乙为用，运入木火之乡，自然富贵，此释财旺用印意。盖丁火必须甲木引助，木火通明，方能克制庚金，无甲，丁火之力不足。若乙藏庚透，即不必有甲，亦可引生丁火，故以乙为用，亦无害也。

若一派都是乙木，不见一甲，此人富贵不久，因贪致祸，弄巧反拙，且不能承先人之业。有乙无庚，主贫苦无依。

承上文乙亦可用意，乙木阴柔之质，喻为卉木弱草，见火自焚，瞬即消灭，无长明之象。丁火必附于甲木，方为有焰之火，以其可久也。元甲寅贵不久，无庚扫乙，贫苦无依，乙丁气俱衰竭，宜乎有此征象。

或一派癸水，无戊己制，贫寒之格。或乙少癸多，有土出制，异途显达。用土者，火妻土子。

一派癸水，谓煞旺也。月令偏印，丁火有恃而无恐，故可用戊己制煞，七煞无制，贫寒之格。见壬合丁，同上正月，故专言癸水。

或支成火局，有庚透，反成清贵，和雅显达。不见庚者，常人，其懒惰奸诈，常居人下。

此言身旺用财也。须有食伤出干泄火之气以生财，反成清贵之格。不见庚金，又不成假炎上者，下格。

总之，二月丁火，乙木司权，不可无庚，有乙无庚，主贫苦无依。用庚者，土妻金子。

二月丁火乙木秉令，偏印当旺，以财损印为正用。正印偏印，用法不同，故上文分庚甲庚乙两节，详释其义也。

**戊子，乙卯，丁巳，丁未。**

用巳中之庚制木，庚运连捷，位至尚书。

按：丁火春生，印旺用财，大贵之命，贵格也，且都发于晚年庚申辛酉运中。观两戊子造，及萨孟两造，及正月林森造，俱可证明。巳宫庚金，本不能用，以其为需要真神，虽四柱不见，亦必得之而发。子水为病，戊土制之，如见癸水出干，则非此格矣。巳未夹午，子冲午禄，暗聚三台之贵，位至尚书宜矣。

**戊子，乙卯，丁卯，丁未。**

位至阁老。

按：此造与上戊子造，同为木盛火塞，喜运行庚申辛酉而贵，子中癸水为戊所制，成此奇格。

**丁卯，癸卯，丁卯，庚子。**

榜眼。

按：此造庚金财透，惜癸水出干，泄金生木为病，须运行戊己去病，方能上达也。

**庚辰，己卯，丁丑，甲辰。**

尚书。

按：此造庚甲并透，取财破印，位至尚书，运助之也。

**己未，丁卯，丁卯，乙巳。**

咸丰九年二月廿六日巳时。

萨镇冰命，木盛火塞，取巳宫庚金，老年行西方运，亦黄腾达，位至海军总长，年已六旬矣，寿逾杖国。

**己未，丁卯，丁巳，丙午。**

咸丰九年二月十六日午时。

孟恩远命，支聚卯巳年三奇，亦用巳宫庚金，老年行辛酉庚申运，位至黑龙江都督。

**庚申，己卯，丁卯，癸卯。**

咸丰十年三月初三日卯时。

张元奇命，癸水出干，得己土制之，印旺财透，亦庚金扫乙之意也。

**甲戌，丁卯，丁卯，癸卯。**

同治十三年正月廿三日卯时。

朱庆澜命，印旺煞透，惜无金生之，无源之水，气泄于木，所喜甲木出干，灯焰长明耳，煞之气泄，位至省长，以慈善事业终。

**乙亥，己卯，丁丑，己酉。**

光绪元年二月初九日酉时。

钮传善命，身旺用财，酉丑会局，喜己土透，食神生财为用。

**戊寅，乙卯，丁未，壬寅。**

光绪四年二月廿七日寅时。

孙岳命，丁壬化木喜逢寅，卯未会局，化木得时，运行东南为贵。

**癸未，乙卯，丁巳，甲辰。**

光绪九年二月初六日辰时。

屈映光命，癸水七煞，气泄于木，与朱庆澜造如出一辙，好在卯辰巳未夹午禄，暗得三奇，子运冲起午禄，位至省长，以慈善事业终。

**甲午，丁卯，丁卯，丁未。**

光绪二十年二月二十日未时。

假炎上格，运行东南，位至警备司令部参谋长，忌西北金水运。

# 三月丁火

三月戊土司令，泄弱丁气，先用甲木引丁制戊，次看庚金。

三月谷雨之前，与二月一理共推。谷雨之后，土旺用事，当以甲木破土为先，次用庚金劈甲引丁为佐，且可泄旺土之气也。

甲庚两透，科甲有准，合此不验，风土之薄也。或一藏一透，亦主儒，缺一便是常人。甲庚并用，月令伤官生财为格，甲木破土引丁为用，无甲，丁不生旺，无庚，局势不灵，故二者不可缺一也。

支成木局，印旺用财，取庚金为先，与二月同看。用财忌见比肩，故忌丁火制庚，忌官煞泄财之气，故又忌癸水泄庚，二者皆破格也。财星得用，富中取贵，纳粟奏名，故云异途显达。

或支成水局，加以壬透，名煞重身轻，终身有损，不夭折天年，终遭凶死。若得戊己两透，定作廊庙之材，虽风土不及，贡监生员不少。甲出破土，即是常人。

三月火将进气，木有余气，不能从煞，支见子申会局，加以壬水出干，水多火灭，煞重身轻，必主夭折。若有食伤制之，反主大贵，盖丁火阴干不怕弱，且在冠带之位，故可用食伤制煞也。见甲木去其制煞之物，损伤用神，难冀发达。

用甲者，水妻木子；用金者，土妻金子。

三月丁火，不离庚甲为用，土盛用庚用甲皆可，并用尤妙。支成水局者，以戊为用，当以火为妻，土为子。

**辛未，壬辰，丁酉，甲辰。**

孤寡稍富。

按：此造有甲无庚不能取贵。

**庚申，庚辰，丁未，辛丑。**

咸丰十年闰三月十三日丑时。

赵维熙命，生在立夏前三日，火土将进，取庚金泄土之气，虽丁火阴干，不畏其弱，究以土重金旺，运行南方为美。

**己卯，戊辰，丁卯，戊申。**

光绪五年三月二十三日申时。

关絅命，土重晦火，以甲去病为先，用庚金泄土为次，一生当以甲运为最美也。

**癸未，丙辰，丁酉，乙巳。**

光绪九年三月十七日巳时。

郭干卿命，财滋煞为用，丙火出干，得禄于巳，丁火气辅生旺，可用财煞，但用神不真，富而不贵耳。

**癸未，丙辰，丁未，戊申。**

光绪九年三月廿七日申时。

陈公侠命，申辰会局，癸水出干，以戊土制煞为用，癸戊皆通根辰库，喜用同宫，位至省主席。

**丙戌，壬辰，丁未，壬寅。**

光绪十二年三月十四日寅时。

顾竹轩命，丁壬妒合，又属重官，四柱无金，只能用壬，为孤官无辅。

**己丑，戊辰，丁巳，庚戌。**

光绪十五年三月十二日戌时。

罗文干命，土重晦光，用庚金泄土之气，一生无金运，惜哉！

# 四月丁火

四月火气乘旺，虽取甲引丁，必须庚金制甲，有庚有甲，方云木火通明，甲多又取庚为先。但四柱忌见癸水，有水必滞庚湿甲，并伤丁火，故以癸为病。

四月巳宫，丙火临官之地，丁仗丙威，炎烈莫当，丁火性虽昭融，亦自旺矣。见丙火出干，看法同于丙火，① 所谓丙夺丁光是也。无丙则不可无甲木引丁，盖丁火阴柔而临旺地，其气不正，见甲丙则转而为阳，细味下列例证诸造自明，其理有非文字所能达者，非用甲丙也，有甲丙方能用财官以取贵也。甲多取庚，用财破印，火旺之地，毋劳印生，只须一甲引丁，甲多反为病。用甲引丁者，忌癸水，用丙辅丁者不忌癸水，三夏火旺之时，本以水火既济为美，此言忌癸水者防湿木无焰，乃例外也。

或无癸暗藏，独以壬水出干，制丙火，不夺丁光，自是玉堂清贵，位居极品。

十干性情，乙木喜藤萝繁甲，丁火忌丙夺丁光，核实言之。乙见甲，论甲不论乙；丁见丙，论丙不论丁，气从生旺也。说法虽异，理则相通，丙火喜壬水为用，壬丙并透，自是极品之贵，详四月丙火。

或有庚无甲，戊透天干，名伤官生财，富发千金，此取戊为用。或四柱多戊，不见甲乙，又不见水，名伤官伤尽，可作出色秀才，清高之人，但不主富，亦不致大贵。多见乙木，定是常人。

四月火土金同居月令，庚戊并透，伤官生财，体用同宫，乃格局之变，戊土晦光，故不贵，庚金长生，格成巨富。四柱多戊，泄丁太过，见甲引丁破戊，必以佩印为用。见水润土生金，必以庚金为用，无甲木壬癸，为伤官伤尽，伤官泄气太重，又晦丁光，故作秀才而不能大贵，燥土不能生金，故不能大富。乙木不能引丁破戊，多见奚益？反有损用之嫌，

---

① 详四月丙火节。

定是寻常人也。

或四柱丙夺丁光，不见壬癸破丙，此人贫苦无依。有壬癸破丙，异途威权显达，不止秀才。

承上文丙夺丁光节，丁仗丙威，专用壬癸，故主异途显达。不见壬癸，身旺无依，贫苦之人。

或丁年，巳月，丁巳日，丙午时，一丙难夺二丁，虽不显达，亦名传都邑。或甲年，巳月，丁日，丙时，名甲引丁光，五福三多之命。故书曰：丁火其形一烛灯，太阳相见夺光明，柱中若见甲木透，定教福寿两绵绵。

丁年乙巳月丁巳日丙午时，乃炎上格之变。丁火阴干，衰竭之火，无炎上之理，见丙出干，丁火从丙而旺，则炎上矣。炎上格不能无甲木，甲年己巳月丁日丙午时，甲木出干，丁火有所附丽而长明。总之丁火见甲丙，气转为阳，理同炎上，运行东南富贵西北困穷，炎上得时得地，自然名传都邑，五福三多。

用甲者，水妻木子；用庚者，土妻金子。

四月丁火，以用甲庚为正轨，用壬癸及炎上格，皆格局之变也。

**甲午，己巳，丁丑，乙巳。**

词林。

按：甲木引丁，木火通明，故有词林之贵。用神虽在丑宫金水，设无甲木，枯木逢春局即不足取矣。

**辛酉，癸巳，丁巳，乙巳。**

此火长夏天金叠叠格，官御史。

按：火长夏天金叠叠，专用财星，乃富格。此造癸水伤官，泄财之气，故贵，好在支见三巳，丙火得地，方可用财官也。

**庚辰，辛巳，丁未，乙巳。**

位至国公。

按：此造支联辰巳未夹午禄，专用庚金，胎元壬申，富而兼贵。

**庚午，辛巳，丁酉，丙午。**

乾隆十五年四月廿五日午时。

李忠毅命，午长夏天金叠叠，胎元壬申，富而兼贵，官至提督。

乙亥，辛巳，丁丑，壬寅。

光绪元年四月十一日寅时。

林永谟命，专用官星，加临天乙，位至省长。

丁亥，乙巳，丁酉，甲辰。

光绪十三年闰四月初十日辰时。

赵铁桥命，亥为官贵，甲透壬藏，财生官旺，庚运庚午年遭暗杀，位至招商局督办，①

壬辰，乙巳，丁卯，丙午。

光绪十八年五月十日午时。

胡景翼命，专用官星，得胎元申宫生之，天干乙丙丁，支聚卯巳午，上下三奇，卯辰巳午联珠，总领师旅，位至都督。

癸巳，丁巳，丁卯，丙午。

光绪十九年四月十五日午时。

朱家骅命，无壬用癸，胎元申宫，官得财生，支聚三奇为贵，位至总长，省主席。

丁酉，乙巳，丁亥，甲辰。

光绪廿三年四月廿八日辰时。

周佛海命，巳酉会局，取亥宫官贵为用，喜天干甲木引丁，位至部长。

## 五月丁火

　　时逢建禄，不得轻用甲木。遇干透隔位之壬，不贪丁合，忠而且孝。

　　丁火不离甲木，因其本性衰竭也。生于五月，火旺秉令，不当轻用甲木。壬水隔位不合，则官星之用显，丁火输情向合，倾向于官，《滴天髓》

---

① 支聚三自刑，亥年见辰，又为自缢煞，虽贵非令终命也。

云：合壬而忠，此之谓也。凡用官者，大都居辅佐之位，任付托之重，忠于职守，此用神之见于性情者也。

或支成火局，干见火出。得庚壬两透者，科甲有准；土透制壬，常人。即壬藏支中，亦非白丁，但要运行西北，方许富贵。或支无壬水，得一癸透，名独杀当权，出人头地，不失恩封。

书云：建禄生提月，财官喜透天，不宜身再旺，惟喜茂财源。盖月令建禄，以壬癸解炎为主要，但四五月水临绝地，更见支成火局，滴水烘乾，必须庚金发水之源，壬庚相生，源源不绝。即非火局，壬水亦要金生，方无涸辙之虞，一定之理也。无壬用癸，所不同者，用煞必领袖之位，独当一面，不失恩封，或云：大贵者用煞不用官，即以此也。若壬癸藏支，须西北运助之，方许富贵。

若见亥卯未三字会木生火，平常人物，不过丰衣足食，运好中年可富，终刑子息，劳而无功。

承上文，用壬癸意，若见印绶泄水之气以生火，失解炎之用，终为平常人物。木火从旺，宜泄火之气，一造：丙子，甲午，丁卯，壬寅，四柱无财，孤官无辅，壬子之水，气泄于木，格局变为从旺，运行戊戌己十五年，土旺泄火大得意，至子运而起不测之灾。《滴天髓》云：强众敌寡，势在去其寡，子壬孤单，反以去之为美也。木多无金，又不能化木，只能取土泄火，乃不得已之用法也。

或丙午年，甲午月，丁未日，丙午时，无水解救，为僧道孤独。或丙午月，丁亥日，丙午时，有亥水制丙，不致孤贫。如年支见子，清贵，虽不发科甲，衣衿不少，且名传乡邑。

上造丙夺丁光，格成炎上，运行西北，逆火之性，僧道孤独之命。下造丙午月，必丁壬年也。丁年亥宫壬水得禄，不致孤贫，年支见子，必壬子年也。水旺通根，虽无庚金为辅，亦不致干涸，故衣衿不少，名传都邑。

若丁日干下无火局，壬水透干，须用甲木，又要庚金劈甲，方作木火通明，主大富贵。或木少火多，竟焚木性，不能光透九霄，荣华不久。

火局不必定见寅戌，如上两造，支聚二三午字，即是火局。无火局而透壬水，必须财印为辅，有壬，甲木不致自焚，有庚，壬水不致干涸。用甲引丁，用庚生壬，水火两停，主大富贵，与四月用甲，一理共推。若无壬癸，木被火焚，丁火无所附丽，故主荣华不久也。

或生月居禄，支皆生旺合局，又加以火透出干，丁无炎上之理，不得水解炎。乃身旺无依，孤贫僧道，女必尼寡，即运行北地，反见凶危。

丁火昭融，无丙，性不炎上；必用水解炎，用水者，运宜西北，若见甲丙，为假炎上，运宜东南，忌西北，与炎上格一理共推，见上文。若见一点水，即不作此论，盖三夏丁火，以水解炎为正用也。

用壬者，金妻水子；用甲者，水妻木子。

五月丁火，以用壬癸为正轨，壬癸太旺用甲木，乃例外也。

庚午，壬午，丁亥，戊申。

岁建会禄，财官透天，但不宜带合争财，寿虽长，不免刑克。

按：太岁月建会禄，所惜者戊土出干，官星被伤，故不贵而有刑克也。然用财官而时逢生禄，晚景必佳矣。

辛巳，甲午，丁未，甲辰。

此建禄格，位至总兵。

按：甲引丁光，地支辰巳午未联珠，惜无壬水作假炎上，运多起伏，贵而就武。

癸卯，戊午，丁丑，甲辰。

用甲以引丁光，位至尚书。

按：此造戊癸化合，地支夹寅巳，甲木引丁，假炎上格，运行东方，位至尚书。

丙子，甲午，丁酉，癸卯。

煞印相生，名垂青史，用甲木，行巳运，尽节死。

按：此造明代杨椒山继盛命造也。煞印相生，好在癸水得禄于子，更有酉金生之，财滋弱煞，仍偏官也。戊己运风波叠叠，然戊运尚有甲木制之，己运合甲化土，尽节而死。此造用癸水，非用甲木，地支子午卯酉，合格为四极，名启遍四海。

**丙寅，甲午，丁丑，乙巳。**

甲庚得所富贵极品。

按：此造丑宫金水，运行西北为贵。①

**丙辰，甲午，丁亥，乙巳。**

咸丰六年六月初二日巳时。

汤寿潜命，甲引丁光，日坐亥宫，有壬制丙，名传郡邑不虚，天干乙丙丁三奇，地支巳午联珠，位至浙江铁路总理，光复初被举都督，旋去职。

**丁酉，丙午，丁酉，己酉。**

光绪廿三年五月初九日酉时。

江万平命，火长夏天金叠叠格，更得己土出干，通火金之气，乃富格也。

# 六月丁火

六月丁火，阴柔日弱，又值三伏生寒，丁弱极矣，专用甲木，壬水次之。

夏至之后，火气已竭，盛极将衰，为丁火之本质，至六月气势发泄已尽，强弩之末。若生在大暑后，金水进气，三伏生寒，土旺泄丁，非用甲木生助，不能向荣。特火土炎燥，无水润泽，木气干枯，或反焚木，故以壬水为佐。

甲出天干，支成木局，见亥中之壬，壬为甲根，即引丁火，更得庚透，必然科甲。即不成木局，支有壬水生甲，虽止贡监衣衿，自有凌云之志，无庚不妙。

亥宫甲木长生，与未会局，木即生旺而能引丁火，但无庚金，亥宫壬水之气，尽泄于木，亦不足以取贵。故欲丁火转弱为旺，必须亥未会局；

---

① 巳宫庚金长生，巳与丑会，湿土生金，金旺便能生水，故丑宫癸水为可用也。

欲壬水官星显其用，必须庚金。盖未月己土当旺，虽不出干，亦必浊壬，无甲，丁火泄弱，不能任官；无庚，壬水混浊，不能取贵故侧重于无庚不妙也。

或支成木局，见水透干，则湿木性，不能引丁，必为常人。但有甲透，亦有才能，必有庚透，方无刑伤。若无甲木，假名假利，虽能生财，固执懦夫。

承上文，如壬水出干，则亥未虽会木局，不免湿木无焰，必须甲庚两透，甲木引丁，庚金生壬，方有才能名利可言。倘无甲木，己土浊壬，只能用庚金化己土生壬水官星，用在庚金财星，而身弱不能任，故为固执懦夫也。

或丁未年，丁未月，丁未日，丁未时，一片纯阴，寻常无用之人，即生大家，亦难成名，亦不能成业。或壬子，丁未，丁巳，丁未，丁多散壬水，亦怯弱无能，妻子主事。

年月日时皆丁未，四柱纯洁，土旺泄弱丁火，虽干支一气，不足取也。壬子一造，三丁争合一壬，分散壬水之用。丁以壬为君，壬以丁为妻，巳未夹午禄，火旺水衰，而丁火阴柔，故主妻子主事，总至孤官无财印为辅，不足以成业也。

用甲者，水妻木子。

六月丁火，专到甲木，土旺秉令，以甲木为最需要也。用壬用庚，同上四五两月。

总之，六月丁火，专取甲木为尊，壬水次之。

四季月最难取用，大暑前兼用壬水，同五月；大暑后金水进气，专用甲木。

**丁卯，丁未，丁未，丙午。**

武进士。

按：四柱无金水，理同假炎上，喜大运逆行东南贵得武科。

**庚寅，癸未，丁未，癸卯。**

常人。

按：癸透天干，湿木不能引丁，寻常之命。

乙亥，癸未，丁卯，甲辰。

贵而多刑，忌火运。

按：亥卯未会局，甲又透干，身强煞浅，假煞为权，惜四柱无金，忌火运熬癸焚木。

辛丑，乙未，丁酉，庚戌。

道光廿一年六月十五日戌时。

陆某命，庚辛并透，得根于酉丑，运行壬辰润燥，全局清凉，少年得意，位重权高。

乙卯，癸未，丁酉，辛丑。

咸丰五年六月初六日丑时。

李经芳命，卯未木局透乙，酉丑金局透辛，财印交差，用癸调和金木，独煞为权，富贵兼全之命。

戊午，己未，丁未，乙巳。

咸丰八年六月初三日巳时。

王芝祥命，支全巳午未南方，土多用财，泄食伤之气，偏燥之局，贵多就武。

庚申，癸未，丁卯，戊申。

咸丰十年六月初五日申时。

程德全命，卯未会局，丁火有根，庚申财旺生煞，取戊土制煞为用，行帮身制煞运，位至江苏巡抚。

戊辰，己未，丁巳，丙午。

同治七年六月十一日午时。

卢少棠命，支全巳午未南方，戊辰己未，土多晦火，食伤旺而生财，富格也。

丙子，乙未，丁丑，甲辰。

光绪二年闰五月十七日辰时。

柏文蔚命，甲木引丁，位至安徽临时都督。

丁丑，丁未，丁酉，丁未。

光绪三年六月十三日未时。

姚寿同命，酉丑金局，火长夏天金叠叠，富格。

# 三秋丁火一例

三秋丁火，阴柔退气，专用甲木。金虽乘旺司权，无伤丁之理，仍取庚劈甲，为引火之物，又借丙暖金晒甲，不畏丙势夺丁。凡两丙夹丁者，夏月忌之，余月不忌；但此格幼年困厄刑克，中年可主富贵，必支见水制丙方妙。

丁火至申酉戌月，为病死墓地，故云阴柔退气，非见甲木生助，不能任用财官。七月庚金秉令，壬水长生，只要水不出干，庚金无伤丁之理，时届秋令，气候渐寒，为调候之故，更借助于丙，制财护印而不夺丁光，故三秋丁火，以甲庚丙并透为上命也。下申述两丙夹丁格局，丁火在夏月，为极盛之时，见丙火更增其盛，故以为忌，余月丁火见丙，助其生旺，乃喜而非忌也。少年刑克困苦者，以比劫争财故也。生于七月，申宫自有长生之水制之，在八九月，地支宜有水制丙，为官煞制劫护财，可保其中年富贵也。

三秋甲庚丙并用，仍分优劣，何也？七月甲丙，申中有庚，八月甲丙庚皆用。七八月无甲木，乙亦姑用，名枯草引灯，却不离丙晒也。九月专用甲庚，总之甲不离庚，乙不离丙，其理极明，当细参之。或见甲，又透庚丙，科甲有准，即风土不及，定居选拔。无甲用乙者，富贵皆小，且富而不贵者多，即不富，亦衣食充足。

用甲不能无庚，用乙不能无丙，乙为湿草，无丙晒不能引丁。九月戊土当旺，晦火之光，必须有甲木制之，乙木无力，故七八月无甲，可用乙木，而九月必须用甲也。不用乙木，丙火亦无所用之。又七八月偏正财秉令，用甲木更须取丙为护，甲木方得其用，九月伤官秉令，印能制伤，不虞财破，此亦不用丙火之一理也。甲不离庚，乙不离丙，与庚金劈甲，借丙暖金晒甲，同为本书独有之发明，其理极精，诚命理中之要诀也。

或一重壬水，又多见癸水，须戊己制之，自然富贵光辉。

三秋金旺秉令，壬癸官煞出干，则财旺党煞，必须戊己制之，更须甲丙印劫生扶身强，用伤官制煞，亦为上格。

或七月一派庚金，名财多身弱，富屋贫人，且多惧内，妻多主事。或壬多泄庚，丁壬化煞，大富之人；多庚无壬，奔流之命。

七月庚金临官，壬水长生，有水泄庚之气，故虽见一派庚金，不能从财，只作财多身弱论，财星当旺，故主惧内，妻子主事。壬水泄庚，而另见丁出合壬，化木帮身，变忌为喜，故为大富，盖其用为财而非官也。

或八月一派辛金，无庚，又无比印，名弃命从财，富贵两全，虽不科甲，亦有异途，位显名扬。从财者，金为妻，不克，有正偏，水为子，不刑。

一派辛金无庚者，从格以纯粹为贵，丁火见辛金为从得真也。从格因人致富贵，故云异途。

或九月一派戊土，泄丁火之气，但有戊无壬，不见甲木，为伤官伤尽，富贵非凡，非寻常可比。或有甲透，为文当清贵，运入东方，秋闱可夺。用甲者，庚不可少，水妻木子。

戌宫所藏为戊丁辛，火土伤官生财，体用同宫。无壬甲杂乱，伤官伤尽，乃特殊之格局，富贵非凡，如明太祖造戊辰、壬戌、丁丑、丁未是也。虽见壬水，戊土克去，伤官伤尽，更得辰戌丑未四墓全，原成大格，又全四隅，则声威达于四方矣。见甲则变为伤官佩印，不过文书清贵，更宜东方运助起印绶，方能显贵也。

## 七月丁火

**辛亥，丙申，丁丑，丙午。**

大富，秀才。

按：两丙夹丁，专用庚金，支藏壬水制丙，丁火衰退，运行东南，宜为大富。辛亥，丙申，丁卯，丙午，庚甲两全，会元，接与上造仅差一卯字，丁火生旺，亦喜运行东南。

**辛亥，丙申，丁酉，丙午。**

甲庚两全，富贵。

按：较上造差一酉字，财旺成方，日禄归时，富格也。

**庚辰，甲申，丁酉，丙午。**

甲庚丙皆透，位至尚书。

按：印劫扶身，庚金透出，真神得用，贵显无疑。

**乙酉，甲申，丁巳，庚戌。**

光绪十一年七月廿一日戌时。

张耀曾命，甲庚并透，丙藏，贵为总长。

## 八月丁火

**癸巳，辛酉，丁巳，戊申。**

无甲可用，孤贫。

按：戊土合去癸水，财旺身弱，而丁火临巳，不能从财，孤贫之命。

**丙寅，丁酉，丁丑，癸卯。**

残疾之人。

按：此造财旺党煞无制，非残疾必夭折，丁为衰竭之火，虽见弱煞，亦能伤丁，必须有制也。

**壬午，己酉，丁亥，庚戌。**

此命申戌两时主贵，酉时则不能。

按：申中有庚，丁日戌时遁干必见庚也。有庚主贵。

**丁未，己酉，丁丑，辛亥。**

从财格，太守。

按：丁火通根未宫，亥中又有甲木，似难从财。壬丁两造，均为《造化元钥》抄本所不载，未知有无错误。

**丙戌，丁酉，丁亥，壬寅。**

女命，四子孤穷。

**己未，癸酉，丁巳，丁未。**

咸丰九年八月廿日未时。

袁世凯命，巳未夹午，未酉夹申，旺财生煞，食神制之，身强煞浅，假煞为权,运行南方,位居北洋总督,丁卯运贵为总统,卯运丙辰年殁,年五十八。

**壬戌,己酉,丁丑,甲辰。**

同治元年八月廿七日辰时。

刘澄如命,酉丑会局,己土出干,火炼真金,富格。

**戊寅,辛酉,丁巳,丁未。**

光绪四年九月十一日未时。

王揖唐命,巳未夹午禄,财星会局,甲丙在支,贵气暗藏,身旺用财,富贵。

## 九月丁火

**庚午,丙戌,丁未,壬寅。**

支中火多扶丁,得庚丙透,玉堂清贵无疑。

按:地支寅午戌会局,干透庚壬,用财官也。

**己亥,甲戌,丁卯,丙午。**

女命甲丙高透,丁火得禄,大富。

按:伤官秉令,用甲印制伤引丁,男女一理。

**甲午,甲戌,丁未,丙午。**

位至侍讲。

**庚寅,丙戌,丁亥,甲辰。**

女命,七子,衣禄充足。

以上《造化元钥》。

**戊辰,壬戌,丁丑,丁未。**

明太祖命,古法论命,以年为主,今法以日为主,始于徐子平,然有一部分命造仍当统论全局,而以年为主,如此造是也。① 火土伤官,化为稼穑,地支辰戌丑未,精神达于四维,包举全局。合于贵格者为大贵,声威达于四方,不合格则散漫无收,一无可取,与子午卯酉同论,生于三

---

① 实以全局为主,亦非专以年为主。

秋，寒土宜火温暖，取丁火为用，故早年北方运，穷无所归，中年进入东方，丙寅丁卯运贵为天子，创有明三百年基业，在位三十一年而终。

**丁未，庚戌，丁卯，辛亥。**

雍正五年九月十四日亥时。

杜受田命，支成木局，用财破印泄伤，官至大学士。

**丙戌，戊戌，丁亥，甲辰。**

乾隆三十一年九月廿日辰时。

杨昌浚命，伤官佩印，位至巡抚。

**甲子，甲戌，丁未，甲辰。**

同治三年九月初九日辰时。

黎元洪命，专用甲木，运入东方，位至总统。

**丙子，戊戌，丁巳，丙午。**

光绪二年八月廿九日午时。

范源濂命，火土伤官伤尽，富贵非凡。

**壬辰，庚戌，丁亥，己酉。**

光绪十八年九月初二日酉时。

苏炳文命，酉戌亥气联西北，财官两旺，专用亥宫甲木引丁，运入东方，名震遐迩，参观六月丁火节。

**甲午，甲戌，丁酉，癸卯。**

光绪二十年九月廿四日卯时。

名伶梅兰芳命，姑志存疑。

# 三冬丁火

三冬丁火微寒，专用甲庚。庚乃甲之良友，用甲木，庚不可少，无庚不能劈甲，无甲何以引丁？难云木火通明。冬丁有甲，虽水多金多，可称上格。得庚透天干，科甲有准，即非科甲，亦儒雅风流。见己则否，己多合甲，便是常人。

甲木，丁之母也。《滴天髓》云：如有嫡母，可秋可冬。三冬丁火，不离甲木，有甲，丁火方所有附丽，有庚，甲木方能引丁，以庚为甲之佐，非以庚为用也。冬丁有甲，不怕水多，印能化煞也。不怕见金，庚金劈甲，功成反生，故庚甲两透，必为上格。见己合甲，则甲木情向己土而不生丁火，羁绊用神，无可发展矣。

或一丙夺丁，赖支水破之，加以支金发水之源，官高权重。无金水，无用之人；或有金无水，贫寒之士；有壬无金，又主清贵。

丁火昭融，得丙火助其焰，喜用财官。三冬月垣藏水，言无金水者，水被土克也。有金无水，比劫夺财，贫寒之士；有水无金，丙壬辅映，清高之士。

或时月二壬争合，取戊破之，有戊主小富贵，无戊常人，戊藏得位，不失衣衿。

承上文一丙夺丁而言，丁火性本衰退，有丙为助，气转生旺，取伤官制煞为用，特格非上乘耳。

或二丙夺丁，得癸出干，支又带合，金水得所，异途重职，此格极验。即无癸出干，亦有能秀才。

此言财滋弱煞格，丁火阴柔，煞虽弱，亦能伤丁，见二丙助之，气转生旺，癸不能伤，煞化为官矣。

或仲冬金旺水多，全无比印，作弃命从杀论，大贵。比印破格，常人，且主骨肉浮云，六亲流水。或戊出破癸，多贤兄弟，六亲有力。此格用戊，火妻土子。

十月亥宫有甲木，支无卯未会局，湿木无焰，亦可作从论，以惟不及十一月之纯耳。比印破格，从而不从，书云：类化气而不成局，类印绶，而不成印，多靠别人之力，入赘过房之命，故云骨肉浮云。戊出破癸者，取戊制煞，丁为衰竭之火，原局有比印相生，不怕衰弱，故可用戊。用戊者，火为妻，土为子。

或四柱丙火太多，又用癸破之。用癸者，金妻水子。

用癸破火，同上二丙夺丁节，财为妻，官煞为子。

总之三冬丁火，甲木为尊，庚金为佐，戊癸权宜酌用可也。

用甲者，水妻木子，妻贤子肖。

三冬丁火，以庚劈甲引丁为正用，故妻贤子肖。水旺用戊，火旺用水，皆为去病之药，有病则用之，随宜酌用，无定法也。

## 十月丁火

**癸亥，癸亥，丁亥，辛亥。**

从煞格，侍郎。

亥中虽藏木，而水旺木微，湿木无焰，必从煞也。

**乙卯，丁亥，丁未，庚戌。**

正官格，甲木更生，庚金高透，壬水当令不杂，状元。

按：亥宫甲木长生，得卯未局，木即转生旺，更见乙木透出，反嫌官星气泄，以庚金破印生官为用，乃财官格也。

**壬寅，辛亥，丁巳，辛亥。**

戊土甲木得所，大富，入午运即死，实亦用甲。

**庚戌，丁亥，丁卯，癸卯。**

支成木局，年出庚金，专用庚，故庚运连捷会元。

**癸丑，癸亥，丁卯，丁未。**

支成木局，水多必得诰封，晋赠封君。

**癸卯，癸亥，丁卯，癸卯。**

雍正元年十月廿一日卯时。

梁文定命，煞印相生，官至大学士。

**庚辰，丁亥，丁丑，辛丑。**

乾隆廿五年十月初六日丑时。

清仁宗嘉庆命，庚透甲藏，取庚金劈甲引丁，专用甲木，行东方运登基，在位廿五年，辛运殂，寿六十一。或云庚戌时。

**乙丑，丁亥，丁未，辛亥。**

同治四年十月十六日亥时。

唐文治命，亥月甲木长生，见未会局，甲木转为生旺，即能引丁火，即己土混壬也。专取官印为用，申运壬辰年，以进士分部，壬运署农商部尚书，巳运殁。

**丁卯，辛亥，丁未，丙午。**

同治六年十月廿八日午时。

张一麐命，亥卯未木局，时逢归禄，专用丙火，运行南方，位至教育总长，富贵寿考。

**戊寅，癸亥，丁酉，辛丑。**

光绪四年十月廿一日丑时。

白宝山命，癸水煞透，用戊制之，运行制煞之乡，贵为江北提督。

**癸未，癸亥，丁巳，丙午。**

光绪九年十月初十日午时。

袁良命，癸透，戊土得所，运行制煞之乡，贵。

**己丑，乙亥，丁巳，辛丑。**

光绪十五年十一月十五日丑时。

蒋光鼐命，此造用乙木，枯草引灯，不离丙晒。

## 十一月丁火

**丙戌，庚子，丁卯，丙午。**

四柱多火，无甲，专用癸水，故作常人光棍，甲运大发，午运败家丧家，未运死。

**庚申，戊子，丁酉，辛亥。**

用亥中长生之甲，壬资其根，惜两庚生水，湿木之性，无火恩丁，故止于秀才。

**戊午，甲子，丁酉，壬寅。**

康熙十七年十月三十日寅时。

清世宗雍正命，甲木得禄于寅，专用甲木，运至南方登基，巳末庚初，金旺破甲，殂年五十八，在位十三年。

**丁酉，壬子，丁酉，壬寅。**

道光十七年十一月廿三日寅时。

周玉山命，格取财官，专用寅中甲木，运行南方，贵为总督。

**甲戌，丙子，丁未，辛亥。**

同治十三年十一月初八日亥时。

林建章命，专用甲丙。

**丁亥，壬子，丁卯，辛亥。**

光绪十三年十一月十四日亥时。

刘维祯命，此造颇有疑点，十一月甲不出干，支不见寅，又无丙戊，湿木无焰。一造：己亥，丙子，丁卯，庚子，木无焰，气从金水，行金水运发，似同一例。

**辛卯，庚子，丁丑，丁未。**

光绪十七年十一月十七日未时。

胡适之命，月令偏官当旺，财星生之，丑未相冲，解丑子一合，至乙未运，丁火得气，荣任驻美大使，但未为华盖，终以文学斐声也。

**丁酉，壬子，丁卯，甲辰。**

光绪廿三年十二月十二日辰时。

陈诚将军命，生于小寒前一日，甲木出干引丁，身坐卯印，丁壬合去官星，专用子中癸水，偏官得时秉令，又见财生，酉卯子三偏皆临禄旺，宜乎手握重兵，独当一面，为群雄之领袖也。

# 十二月丁火

**戊子，乙丑，丁未，甲辰。**

地支寒湿，甲戊两透，御史。

**辛卯，辛丑，丁卯，甲辰。**

身旺印旺，不见庚金，富僧。

**乙卯，己丑，丁亥，壬寅。**

无庚虽富而夭，盖死于乙运。

按：此造壬水官星，气泄于印，专用己土，无如乙木制己，用神受伤，夭伤之命。

**庚午，己丑，丁酉，甲辰。**

庚甲两透，入甲运，点状元。

**庚午，己丑，丁酉，癸卯。**

身强煞浅，假煞为权，由参将为元帅。

**丙戌，辛丑，丁巳，庚戌。**

伤官伤尽，武举守备。

**壬午，癸丑，丁卯，丙午。**

用癸，孤女之命。

**壬辰，癸丑，丁巳，乙巳。**

无甲，用丙火晒乙，为枯草引灯，故用乙木，然不过有能光棍，假名富翁。

以上《造化元钥》。

**庚子，己丑，丁亥，癸卯。**

道光廿一年正月初一日卯时。

王子春命，亥卯会局，用印，官至巡抚。

**辛酉，辛丑，丁亥，甲辰。**

同治元年正月初四日辰时。

杨士清命，财旺用印，专取甲木，位至财政总长。

**乙丑，己丑，丁亥，辛亥。**

同治四年十一月廿六日亥时。

周学熙命，天干乙丁己辛，地支两丑两亥夹子，癸水暗藏，五阴齐备，阴乘阴位，奇格也。亦可作丑遥巳格看。

**庚午，己丑，丁卯，戊申。**

同治九年十二月初六日申时。

吴毓麟命，丁火通根于午，卯印可用，专取比印，位至侍郎。

# 命理秘本穷通宝鉴卷五

## 正二三月戊土一例

三春戊土，无丙照暖，戊土不生，无甲疏劈，戊土不灵，无癸滋润，万物不长。正二月先丙后甲，癸次之，三月先甲后丙，癸亦次之，因戊土司令，故先用甲木也。凡八字丙甲癸三者齐透，富贵极品，但迟早要运程。或二透一藏，亦主科甲；二藏一透，异途显达，或秀才而已。

总论三春戊土。戊土长生在寅，而寅宫甲木临官，木旺土崩，势将倾颓。有丙则土实，无丙则土虚，故先取丙为用。阳和气盛，戊土不生，次取癸水为辅。土多而实，则取甲木为用，亦以癸水为佐。三春戊土取用之法，不外乎此。丙癸春生，不晴不雨之天，故丙癸二者，以不相碍，各得其用为美。或丙癸齐透则官印全，富贵极品，然用亦有先后，或取煞印，或取煞，视格局配合而定。

正二月宜先透丙，三月宜先透甲，盖正二月虽有癸甲，无丙亦难除寒气。如风雨淹淹，万物生而不长，故无丙者，一生成败，富贵艰辛。或有丙无癸甲者，名曰春旱，如万物生而多厄。无甲癸者，一生勤苦，劳而无功。

此述正二月戊土取用法。寅卯两宫为木神临官帝旺之地，故用神以丙火为先，煞印相生，最为上格。燥土不生，故取癸水润泽为辅佐，若丙火太多，支成火局，则又当取癸水为先。总之正二月戊土，不离丙癸，随其所宜而分先后，此言格局配合也。若论节候，初春宜丙，仲春阳壮宜癸。初春无癸，可专用丙火，惟格局不完美耳；仲春无丙，不能用癸，因时逢木旺，财星党煞，必然克身，此丙癸二者所以有先后之分也。

或一派丙火，有甲欠癸，先泰后否。或支成火局，不见壬癸，僧道孤贫。癸透者贵，壬透者富，用壬者，要看水之多少。

随上文，正月戊土，月令自有丙甲，天干一派丙火，无癸润泽，先泰后否，何也？丙为印，月令煞印相生，承上人之荫，是先泰也。癸为财，无癸本身乏财源，是后否也。见午戌会寅成局，火炎土燥，非有壬癸为救，土无生意。癸透主贵，壬透主富，详下三月"支成火局"节。火旺则水为救，土燥则水润泽，均无取其多，水多又嫌湿重，宜丙火以暄之，比劫以分之，故须云审水之多寡也。以上论用才印之法。

或一派甲木，无丙，常人。得一庚透，主富贵。或支成木局，甲又出干，又有庚透，定主科甲，富贵非常。

次论用官煞。甲木为煞，无印引化，则须用食神制之。① 一派甲木，谓正月节；支成木局，谓二月节，皆以戊土临于辰戌，日元自旺为主要条件，身强煞旺有制，自然富贵。生于正月，寅宫自有丙火，木局又藏水，富与贵两全矣。

或无庚金，不见比印，不作从煞论，非大恶遭凶，定作盗贼。若日下坐午，不得善终。

承上文，戊土寄生于寅，月令暗藏比印，② 不能言从，煞旺身衰，定主遭凶。日元坐午阳刃，寅午宫中皆藏印，有不得善终之象。《穷通宝鉴》作日元坐甲，谓戊寅也，亦通。

或一派乙木，名权官会党，即有庚从，亦难制己。此人内奸外直，口是心非，难与交游。加一甲在内，无庚，必懒惰自甘，贪心无厌。或丙多木多，宜以癸庚参用。

上论用煞，此论用官。二月乙木乘权，权官会党者，支成木局也。庚金见乙，输情相合，失相克之意，故云亦难制乙，若隔位不合，自无此弊。加一甲在内，为官煞混杂，非得庚金扫除官煞，必为禄浅之人，见下

---

① 用印同上丙申。
② 寅中有丙、卯中有乙。

"官煞会党"节。七煞无制，其为人必缺乏理智，不能自节也。丙多木多，阳壮木竭，同上一派丙火及一派甲木节，以上论正二戊土之用。

三月戊土司令，不见甲癸丙者，贫贱无用之人，癸透主科甲，丙透者主禀贡衣矜，丙透甲藏，无癸者富，有癸者异途显达。

总论三月戊土。三月土旺用事，甲木为先，取癸为佐，以才生煞为上格，以印化煞为次格也。癸透者，甲出干，癸为佐也。丙透者，甲出干，丙为佐也。故丙透甲藏无癸者，富而不贵；有癸者财滋弱煞，富中取贵。

若丙多无癸，旱田岂能播种？此先富后贫之造。或火多有壬透者，先贫后富；癸透，先贱后贵；壬藏止有衣禄，不过食足；癸藏止有才能，不过名传；壬癸俱藏，一生丰足，只要运美。或支成火局，得癸透者，富贵逸获，壬透富贵难成，何也？癸乃天上甘霖，所以自然，壬乃江湖波浪，所以勉强，故有劳逸之殊。

此论印多用财破印也。有丙无癸，如同旱田，先泰后否，与正二月略同。壬癸同为滋润而用不同，用壬则富，用癸则贵。壬癸藏支，须行运引出，方能富贵，只要运好者，言命有缺，须侍运助也。次论用壬用癸有劳逸之不同，癸如雨露，自然润泽，故富贵逸获，壬如江湖，人力灌溉，故富贵难成，此壬癸性质之殊也。

复次，丙多无癸，只有上荫而无福泽，故主先富贵后贫贱。火多有壬癸为救，则印为病神，财为良药，又主先贫贱而后富贵，据理如是，不可拘执。须观喜用在年或在时定之，运之早晚否泰，亦有关系。戊癸相合，财之情向于日主，其气专属，自然安逸而得，壬见戊无情为我所制，不能不为我所用，故得之艰辛，书以正财为自己之财，偏财为众人之财，亦是此意。以上论印多用财，若财多用劫印，可照此推之。

支成木局，又甲乙出干，此名官煞会党，官煞无去留之义。得一庚透，扫除官煞，必小富贵。无庚乃禄浅之人，虽能聚财，屡遭祸退，不能承受，宜用火泄木气。有一命，丁未，癸卯，戊寅，乙卯，此官煞无去留之义，幸丁火出干，加以戊癸化火，将甲木暗焚，反得武科探花。

此言用官煞也。官煞并见，论煞不论官，故云官煞无去留之义。戊土以见甲木为贵，四季皆同，乙木官星，无疏土之力，徒混杂耳。官煞气杂，虽有庚金，富贵不巨。无庚不贵，官煞虽能制劫护财，但官煞无制，必遭凶祸。辰为财库，而土重劫财，故云财虽聚仍招祸也。官煞旺而无制，虽取丁火泄木气，癸合于戊，不伤丁火，非化火也，火土偏燥，贵而就武，①。

或木多无比印，作从煞论，主大富贵。或有比印又须于月时取癸水以成贵格。癸无火无金，名为土木自战，主腹中疾病，忧愁艰苦，终无大用。

承上文，四柱无比印作从煞论，盖三春木为主，土为客寄旺，客虽强，无逐主之理。如支成方局，亦同作从论也。特三月土旺用事，从煞究非容易，宜斟酌取之。日元有比印相扶，火土炎燥，专取癸水以成贵格，见上"丙多无癸"节。三春戊土而无甲癸丙为用，名土木自战，身弱则残疾，身强亦为无用之人。

用甲者，水妻木子，子肖；用丙者，木妻火子，妻贤。

三春戊土，不外乎用丙，癸为辅佐，阅上文自明。木能疏土，故子肖妻贤，用癸水者，同下四月。

## 正月戊土

**丙寅，庚寅，戊辰，庚申。**

丙甲癸俱全，将军之职，兼格取七煞。

按：辰会局，戊土不燥，专用丙火，寅宫甲木生丙，煞印相生，兼格取七煞者，庚金劈甲，食神制煞也。

**辛巳，庚寅，戊寅，甲寅。**

火多无水，贫贱，三奇格。

**丁巳，壬寅，戊辰，丙辰。**

癸运夭折。

---

① 运行金水而发，可仍用癸水，特用神受伤耳。

**戊申，甲寅，戊寅，丁巳。**

生员出贡，甲透丙藏又欠癸故也。

**辛卯，庚寅，壬午，甲寅。**

道光十一年正月廿八日寅时。

李廷霸命，身旺煞高有制，位至方伯。

**丙戌，庚寅，戊午，壬戌。**

道光十二年正月廿四日戌时。

杨森命，甲木乘令，丙火出干，煞印相生，贵握兵柄，寅午戌会局，透丙火，得壬水出干，故富。

**庚寅，戊寅，戊寅，甲寅。**

光绪十六年二月初八日寅时。

张群命，专用寅中丙火，兼格为食神制煞也，位至省主席。

**甲午，丙寅，戊子，壬戌。**

光绪廿年正月初十日戌时。

女命黄膺白夫人造，甲丙癸俱全，夫星当旺，财归坐下，富贵两全之命。

## 二月戊土

**丙辰，辛卯，戊辰，庚申。**

化散丙火，又无甲木，止存癸水，不过有能秀才，六亲冷落。

**癸未，乙卯，戊寅，丙辰。**

癸丙甲俱全，官拜郎中。

**癸未，乙卯，戊寅，壬子。**

丙甲得所，子癸出干，一榜。

**丁卯，癸卯，戊寅，壬子。**

女命，丙甲癸得所，能与夫旺子，老受恩封。

**己亥，丁卯，戊子，丁巳。**

道光十九年二月廿二日巳时。

徐连升命，甲丙癸俱藏，亥卯会，印旺用财，行财旺地，为鲍超麾下名将，气杂不清，虽贵而武。

**乙卯、己卯，戊戌，壬戌。**

咸丰五年二月初五日戌时。

聂辑规命，专用官星，位至巡抚。

**己未，丁卯，戊午，壬子。**

咸丰九年二月十七日子时。

李经义命，卯未会局，以生丁火，印旺用财为正格，月令官星见午宫阳刃，官刃相制，为附格。赋云：月刃日刃及时刃，逢官煞荣神，功名盖世，运入财乡，专阃开府，贵而兼富。

**壬戌，癸卯，戊辰，丙辰。**

同治元年二月十五日辰时。

劳崇光命，丙癸并透进士出身，位至总督。

**辛卯，辛卯，戊戌，壬戌。**

光绪十七年二月初四日戌时。

万耀煌命，前述徐连规造，两丁并透，用财破印滋煞，此造两辛出干，亦用财化伤滋煞，气杂非清，位至师长。

**丙午，辛卯，戊寅，甲寅。**

光绪三十二年三月十一日寅时。

舍侄徐肇和命，甲丙出干，寅午会局，惜无壬癸润泽，丙辛一合为病，四柱气旺，为人果敢有为，社会上不致无相当地位也。

**癸巳，乙卯，戊申，戊午。**

光绪十九年正月廿四日午时。

白崇禧命，申午夹未，暗拱未贵，癸贵在巳，乙贵在申，天干四字皆临禄贵，二月戊土，喜水火滋扶，乙卯官星当旺，取财生官为用，更得卯巳午三台之贵，乙木当令得用，宜为领袖之尊，为西南领袖。

# 三月戊土

**己未，戊辰，戊寅，甲寅。**

煞印相生，探花。

**甲午，戊辰，戊申，丙辰。**

按：此清圣祖康熙命造也，财滋弱煞取用，或云戊午时，夹贵夹禄，更为完美。

以上《造化元钥》。

**庚申，庚辰，戊辰，戊午。**

乾隆五年三月廿七日午时。

董文恭命，辰午夹巳禄，专用申宫壬水，得庚金相生，表面似伤官生财，实为印旺用财也。

**己未，丁卯，戊午，壬子。**

咸丰九年二月十七日子时。

李经义命，财印交差用官，戊午壬子交互相合，贵气往来，运行财官旺地，专阃开府。

**癸亥，丙辰，戊午，壬子。**

同治二年三月十二日子时。

单懋谦命，丙癸并透，翰林出身，官拜大学士。

**己巳，戊辰，戊子，癸亥。**

同治八年三月十六日亥时。

王善荃命，癸水透干，甲丙藏支，三月土重，不能不取甲木疏土，运程引出，云程直上。

**丁丑，甲辰，戊寅，丙辰。**

光绪三年三月廿二日辰时。

陈箓命，甲丙出干，癸水藏支，用财生煞为用，位至总长，戊运己卯年元旦，被刺殒命。

**癸未，丙辰，戊申，丁巳。**

光绪九年三月廿八日巳时。

汪精卫命，归禄格，又值禄马同乡，戊禄在巳，未年驿马亦在巳，三月戊土，见丙癸并透，日晒雨润，万物得遂其生，故丙癸并用，丙禄在巳，癸之天乙亦在巳，聚敛精美，自成大贵，辰巳巽宫，未申坤宫，拱夹离宫午火，而丁火出干，神究气聚。早年行乙卯甲寅官煞运破格，寅运辛亥年谋刺摄政，几遭杀身之祸，至子运冲动午宫，坐镇中枢，位至行政院长，亥运戊寅年被迫下台，辛巳年重见风波。

**庚戌，庚辰，戊午，丙辰。**

宣统二年三月十四日辰时。

吴兆年命，用庚金泄土气，丙火出干，用神被伤，丁丑民国二十六年九月死于先施公司炸弹之役，年廿八。

**甲寅，戊辰，戊辰，甲寅。**

民国三年正月十七日寅时。

朱宝霞命，寅辰夹卯，两甲并出，戊辰又犯红艳桃花，故为女名伶之命。

# 四月戊土

四月戊土，阳气外发，寒气内藏，外实内虚，不畏火炎。无阳气相催，万物不长，故先取甲木疏劈，次取丙癸佐之。

四月丙戊得禄，火土炎燥之时，土实，故先取甲木疏劈。时值丙火乘旺，防其焚木，故用甲，宜以癸水为佐。若四柱水多，湿润太过，又宜以丙火化煞为用。厚重之土，宜甲疏劈，佐之以癸水，或丙火，须察土之燥湿定之，虽财官印全，用有偏重也。

丙透甲出，廊庙之材；丙癸俱透，科甲之士；即透一位，支藏得所，终非白丁。

四月戊土，以甲丙癸齐为贵而用有专重。丙透甲出而癸藏支，取印化煞，丙为当旺之神，真神得时得用，宜为廊庙之财。丙癸俱透者，火旺以癸水为救也。癸水为用，故为科甲之士。即透一位，其余支藏得所，四柱有财，官印为配合，终非白丁也。

若一派丙火，为火炎土燥，僧道孤贫。得一癸透壬藏，富贵有准。或支藏一癸制丙，衣食充足，骨肉无刑。

一派丙丁无壬癸，为火炎土燥，不得壬癸为救，僧道孤贫之命。盖四月戊土，虽甲丙癸并用，不可无水为配合也。癸透通根申亥必贵，有一癸藏支，虽力量不足，亦可免于刑克，衣食充盈，财为妻妾。火土燥烈，水不能存，僧道孤贫者，即骨肉多刑克也。

化合成局无破，富贵非轻。

承上文，得一癸透，支不通根，化合逢时，格局无破，富贵非轻。化合格以印为用，化火者当取甲木为用也。如一造：丙戌，癸巳，戊午，丁巳，化火得时，大贵之格。

或支成金局，干出癸水，此为奇格。正是土润金生，不但主大富贵，且经纶智勇咸备。

巳宫庚金长生，以火土炎燥之故，金气甚微，不能为用，见丑会巳成局，湿土生金，庚金即可用。更得癸水出干，名土润金生，土金伤官，体用同宫，得癸水润土，功成反生，有挽回造化之妙，故云奇特之格，以经纶智勇为国家造福，不仅个人富贵而已也。

用癸水者，金妻水子，子肖，妻贤能。

四月戊土，不离甲丙癸为用。用甲丙者，同上三月，火土炎燥，水为必需之物，故以为用者，子肖妻贤。

**辛亥，癸巳，戊午，丙辰。**

化合逢时，名重玉堂。

按：年见辛亥，戊癸何以能化？正以巳亥相冲，亥宫壬甲与午宫丁巳相合，逢辰变化以起，时逢孟夏，火气当旺之时，为化合逢时也。

**癸巳，丁巳，戊午，丁巳。**

癸水虽出年午，乏甲疏土，秀才而已。

按：戊癸隔位，又不逢辰，故不化，癸水通根于丑，虽解火之用，无甲则土不灵，终于秀才而已。

**己未，己巳，戊午，乙卯。**

咸丰九年四月十八日卯时。

蔡乃煌命，支聚巳午未南方，卯巳午三奇，四柱无滴水解炎，乙卯官星，气泄于火，格成专旺，火土偏于炎燥，又不宜见水破用，所谓杯水车薪，反激为祸是也。运行乙丑甲，位至上海道，子运去职，癸亥运比劫争财，壬戌运不得善终。

**庚辰，辛巳，戊戌，丁巳。**

光绪六年四月初一日巳时。

方本仁命，庚辛出干，辰中暗藏癸水，有土润生金之意，特金不成局，癸不出干，具体而微，不能以成格论也。

## 五月戊土

五月戊土，火炎土燥，先看壬水，次取甲木，丙火酌用，用癸恐其力微。

三夏戊土，不离壬癸，火炎土燥，得水方云中和。次取甲木者，有壬水方可用甲木，无壬则木化成灰，不能用也。三夏土实，得甲木则灵。

壬甲两透，名君臣庆会，权重位显，加以辛出年干，官居极品。如一命：辛未，甲午，戊寅，壬子，壬甲两透，印旺煞高，出将入相，名播四夷。

此言财滋弱煞为用，壬水至巳午月绝地，得辛以生之，为壬水之源，格局愈增美备，如辛未一造是也。

若支成火局，虽有癸水，不能大济，杯水难济车薪也。人命合此，即好学不倦，终不成名，中年且主目疾。若得壬水出干，虽不见甲，富贵声名并美，且为斯文领袖，经纶满腹。壬藏，不过秀才。土出，常人。

申述癸水力微之意。如上辛未一造，寅午会局，如有癸无壬，滴水熬干，即不能成名也。水主目，熬干癸水，故主目疾。此与五月丙火，火土旺而见一二癸水，同一理也。若见壬长流之水，则非此论，更济之以申宫得禄之金，必然富贵兼全。印旺用财损印，不必定要甲木见土出制壬，平常人物。

又或木火重重，全无滴水，僧道孤贫之辈。

结上文，然其中有两种变格不可不知：（一）土多见金泄秀，大富贵，支藏一二癸水为配合，此类格局以生于六月为多；（二）木多无水，火旺木焚，反助土旺，火土气势纯粹，非不贵也，只恐阳刃倒戈，不得善终。

用壬者，金妻水子。

用甲丙癸，已详三月及四月，故专言用壬。壬水制火润土，合于需要，故妻贤子肖也。

**丁丑，丙午，戊寅，丙辰。**

用丑辰中癸水，被火土熬干，残疾瞽目，常人而已。

以上《造化元钥》。

**辛亥，甲午，戊子，己未。**

乾隆五十六年五月十四日未时。

翁文端命，用亥宫壬水生甲木，辛金出干，为水之源，位至大学士。

**己丑，庚午，戊午，戊午。**

道光九年五月廿五日午时。

岑毓英命，丑宫癸水熬干，格成专旺，运行东方，官至宫保。

**丁未，丙午，戊子，戊午。**

道光廿七年五月初十日午时。

袁海观命，戊癸化火格，戊子上下相合，运行东方，位至总督。

**己未，庚午，戊戌，壬子。**

咸丰九年五月廿九日子时。

程璧光命，午戌会局，得壬水出干，更有庚金生之，用才破印，虽不见申，富贵声名扬溢是也，位至海军部长。

**己卯，庚午，戊寅，丙辰。**

光绪五年五月初五日辰时。

蒋锡侯命，蒋委员长异母兄也。戊土生午月，不可无水，此造寅卯辰全，煞印两旺，己土阳刃出干，惟取庚金化刃生财，时上财临库地，得回光反照之气，大运亦惟晚岁乙丑拾年耳。己土临官当旺，兄因弟贵，民国十七年戊辰，任浙海关监督，丙子年卒于任，年五十八岁。

**丁丑，丙午，戊午，甲寅。**

光绪三年月初四日寅时。

张啸林命，印旺煞高，木火自焚，四柱无财，七煞助刃而不制刃，只恐阳刃倒戈，果于子运之末庚辰年七月，被狙击殒命，寿六十四。

**甲申，庚午，戊戌，丙辰。**

光绪十年五月廿四日辰时。

席鹿笙命，用申宫长生之水，甲木被伤无用，用壬水破印润土生金，故为富格而非贵，申金在年，富自上荫，魁罡逢冲，戌运被暗杀殒命。

**戊戌，戊午，戊午，戊午。**

光绪廿四年五月初六日午时。

张歆海命，阳刃化印格。

# 六月戊土

六月戊土，遇夏干枯，先看癸水，次用丙火甲木。

六月戊土，上下半月不同，大暑之前，与五月同论，必用壬癸；大暑之后，金水进气，三伏生寒，如原局见金水多，宜用丙火。土旺用事，宜甲疏劈，然用甲木，不能无癸，否则亢土焦坼，木性自焚，故必以癸为先。无癸而有壬水，如无雨露之泽而得灌溉之效也，自亦可用。

得甲癸丙齐透，科甲有准，即风土不及，亦主贡监生员。或有癸无丙，得见甲可许秀才。甲不见，不过略富。或有丙无癸，假道斯文，衣禄颇足。或癸透辛出，以刀笔之才，可谋异路，稍有富贵。无癸辛及丙者，常人。若又无甲，贫贱勿问妻子。

甲癸丙齐透者，用财滋煞，而以丙火为配合也。配合完美，故为科甲中人。癸甲两透而无丙，用财滋煞，亦可取贵。若无甲木，专用财星，仅能取富，不能取贵。癸透辛出，则以伤官生财为用，可从异路进身，富中取贵。用癸者辛金为妻，用丙者甲木为妻，金水木火俱无，勿问妻子矣。

或土多，得一甲出干，无庚，为人作事轩昂，敦厚诚确，好名好利，即不显扬，亦豪杰之人。

六月土旺用事，得甲出，一煞独透，不见庚辛克制，必是有作为之人；但须有壬癸之财滋培，方有显扬之望，若有甲无癸，虚名虚利而已。

用癸者，金妻水子；用丙者，木妻火子；用甲者，水妻木子。

六月戊土，癸丙甲皆可为用，火多用土，土重用癸，水多用丙。

**戊戌，己未，戊辰，癸丑。**

稼穑格有道全真。

按：稼穑必须用金，水润金生，富贵之命，用水用火，皆非上格。

**戊申，己未，戊午，辛酉。**

稼穑格，火为病，水为药，早岁大魁天下，乏子。

按：此造亦稼穑格，辛金结局，不富即贵。此造月日时三位同旬，午未申酉联珠，精气团结，宜乎领袖群英，辛金临酉，不应乏嗣，殆午破酉之故乎？

**己巳，辛未，戊子，癸丑。**

用巳中丙火，因二癸争合，好色忘名，不过一富。

按：此造金水气旺，三伏生寒，故用丙火，伤官生财格局，而以佩印为用也，财星就我，富而好色。

**庚子，癸未，戊子，丁巳。**

假伤官格，府驳知州，五子早中。

按：此造亦是三伏生寒，伤官生财格局用印，日禄归时，丙火临于时上，故多子，戊癸相合，必巨富也。

以上《造化元钥》。

**癸未，己未，戊戌，丁巳。**

道光三年六月初一日巳时。

丁日昌命，此造胎元庚戌，日禄归时，用胎元庚金，位至总督。

**己亥，辛未，戊寅，乙卯。**

道光十九年六月十四日卯时。

廖寿恒命，三伏生寒，用寅宫丙火化官煞，官至尚书。

**庚子，癸未，戊寅，壬子。**

道光二十年六月二十日子时。

叶澄衷命，金水进气，三伏生寒，用寅宫丙火，癸水财星输情于戊，故为大富。戊土临寅，印归坐下，富由自创，子寅夹丑拱贵，未冲之，子合之，无形中得贵人提挈也。

**戊戌，己未，戊戌，丙辰。**

光绪二十四年六月十六日辰时。

舍侄徐肇曾命，稼穑格，惜无金透而透丙印，享荫庇福而已，非上格。早年金运，优游自在，癸亥运伤用，丙子年逝世，年三十九。

# 七月戊土

七月戊土，阳气渐入，寒气渐出，先丙后癸，甲木次之。

土居中央，四时之中，无时不旺，寄于四隅，以四季月为专旺之时，以四孟为寄生寄旺之地。附火生寅，禄于巳，火旺而土之用显；附水生申，禄于亥，水旺而土之用熄。土为五行之主，气值收藏，用亦收敛，故七月戊土，虽为生地，不作旺论。火气衰退，故云阳气渐入；金水气进，故云寒气渐出。扶其气宜太阳以暄之，阳气盛更宜雨露以润之，故先丙后癸取用。如土多塞滞，更宜甲木以疏之，则气归中和，土显其用矣。

丙癸甲透者，富贵极品；丙透癸藏，可其一榜；壬透丙藏，终成选拔。丙甲两透，癸水会局藏辰，斯文领袖，思虑明通，即风土不及，亦不失富贵，威镇三边。无丙得癸甲透者，清操雅度，家富千金，异途显达。无癸甲者常人，有丙火者，妻子全，妻贤子肖。无癸又无丙甲，无用之人，勿问妻子。

申述七月戊土，不离丙癸甲之理。秋土气寒，有丙火暖土而用财官，方为贵格，无丙者，即使配合适宜，不过富中取贵而已。分两节，首节言月丙取贵，次节言无丙取富，末节言妻子，癸为妻，甲为子。然秋土泄弱，无丙火暖土，不能胜任财官，故有丙火者妻子全，并贤肖，无丙癸甲者，勿问妻子。

或支成水局，勿作弃命从财论。宜取甲泄水气，甲透者稍有富贵，多能，且处世圆通。甲藏，有厚道三多，用神妻子同前。

土寄生于申，申宫亦土生地，虽气势虚寒，不能轻作从论。土无时不旺，而用有显晦，与木火金水有不同也。如支成水局，用神太多，宜甲木泄水之气，所谓用神多者宜泄之是也。妻子同六月，戊土用癸，金妻水子；用丙，木妻火子；用甲，水妻木子。

**壬寅，戊申，戊辰，甲寅。**

抚院。

按：申辰会局透壬，专用甲木泄水气，喜丙癸甲俱全，大贵之命。

**壬寅，戊申，戊辰，戊午。**

太守，用辰中癸水，寅中长生之丙，得禄之甲，惜俱藏支下，仅以知府终。

**辛酉，丙申，戊子，丙辰。**

勾陈得位，用时上丙火，天师之命。

按：申子辰会成水局，财旺用印，喜其不相碍也。月干丙火合辛，失其效用，专用时上丙火。

**己酉，壬申，戊申，壬子。**

假功名，真富翁，盖五行只三，故一妻二妾无子。

按：子申会局，两壬透子，财旺而官印俱无，一富而已。财多故多妻妾，喜得行南方比劫运，补身弱之缺，否则富亦不真矣。

**庚寅，甲申，戊寅，癸丑。**

癸甲透天，丙火藏支，惜庚克甲，止秀才，先贫后富多子。

**庚寅，甲申，戊寅，丁巳。**

女命，天克地冲，夫星尽去，连杀七夫，盖庚多木少故也。

按：上两造，年月日天地受克，俱非佳造。上造癸水透干，输情于戊，财星可用，癸在时，有先贫后富之象。下造不但庚多克木，且火炎土燥，三刑俱备，宜多刑克矣。

**甲午，壬申，戊子，丙辰。**

壬丙甲俱透天干，地支又成水局，内阁翰林。

按：此造所谓支成水局，勿作从才，用甲泄水气是也。以丙透干，故甲木可用以取贵。

以上《造化元钥》。

**癸酉，庚申，戊午，甲寅。**

同治十二年七月十二日寅时。

荣宗敬命，甲癸透，丙藏，寅午会局，身强印旺，甲木被庚金所克，富而非贵。地支午申酉夹未，为甲戊庚之贵人，其不能取贵者，正以庚克甲木偏官，损其贵气故也。癸水输情于戊，故为大实业家。①

**癸酉，庚申，戊午，丙辰。**

同治十二年七月十二日辰时。

沈谱琴命，丙癸并透，食神旺而生财，专用丙火，富中取贵。

# 八月戊土

八月戊土，金泄身寒，赖丙照暖，喜水滋润，先丙后癸，不必木疏。

八月金神福令，子旺母衰，气泄而寒，宜秋阳而曝之，燥土不生，宜雨露以润之，故先丙后癸取用。月令有当旺之金泄其秀，不必再用甲木疏土也。

丙癸两透，科甲有准；丙透癸藏，稍有富贵；癸透丙藏，富中取贵；丙透无癸，不过秀才；癸透无丙，不过能人。丙藏不透，又无癸水，或癸多不透，不见丙火，俱系常人。无丙无癸，无用之人。

八月辛金不透，以财印并用为正。月令伤官生财，戊土气寒，必以佩印为用也。丙癸缺一非上格。

或四柱皆辛，无丙丁，此名土金伤官，聪明淡雅，功名不利于文，定利于武。得见癸水，富而且贵。

此言非金出干，不宜丙丁并透，羁伤用神。但并非以无火为贵，丙丁宜藏于支中，暖土助土而不伤用神，方为上格。更得癸水出干，不伤支中丙丁，富而且贵。

或支成水局，壬癸出干，为财多身弱，朱门饿莩，富屋贫人，愚懦无能，鄙吝终身。若天干有比劫分散财神，颇有衣禄。

此言财多用比也。仲秋旺金泄气，戊土本虚，见支成水局，壬癸出

---

① 或谓荣生于八月初二日午时，当作癸酉、辛酉、戊寅、戊午，未知孰是，并录之以备参考。

干，金之气尽泄于水，为财多身弱。朱门饿殍，富室贫人者，言只能为他人经理财政，若自有其财，不克负荷，反为财所困也。愚懦鄙吝者，泄气太过，性情反常也。财多只能用比劫，不能用印，见比劫分散其财，反为富格，惟非运助不可耳。

秋土生金极弱，须丙火丁火出干方妙。或辛多无制之，人生清贵之格，此理极验。用神妻子同前。

总结上文，仲秋旺金泄土之气，戊土极弱，非丙丁出干暖土，土无生机，然用之为伤不可夺。辛金出干，不宜丙丁并透，仲秋气候，尚未至极寒，有火藏支，暖土而不制金，亦成清贵之格。用神妻子同前，谓同六月也。

**戊子，辛酉，戊子，壬子。**

偏财格。

按：此造才多身弱，非用戊土比肩分护财神不可，倘无丙寅丁卯之运，恐难上达，惟局势清，地位身份自有耳。

**戊子，辛酉，戊申，辛酉。**

两干不杂，总兵。

按：戊土临申，虽长生不旺，辛多而无克制，更见癸水，正合土金伤官见癸之说，然其发达，亦待丙丁运助之也。

以上《造化元钥》。

**丁亥，己酉，戊子，丁巳。**

光绪十三年八月初四日巳时。

杨毓秀命，伤官生财，妙在日禄归时，印劫并透，身旺任财，而财归坐下，与日元上下相合，财情专属，无可分夺，富贵兼全，富重于贵。

**戊戌，辛酉，戊戌，丙辰。**

光绪二十四年八月十七日辰时。

朱博泉命，土金伤官格，丙火透干，羁合伤官，辰为财库，财星归库，一富格也，五子八女。

# 九月戊土

九月戊土当权，取癸为妙，不必用丙，却忌戊与癸合。先看甲木，次取癸水，再取丙火配合支干，方成有生之土，合此定发云程，科甲有准。

九月戊土，亦不离甲癸丙为用，土旺秉令时，不必用丙火。先甲后癸者，以财滋弱煞为用也。忌癸与戊合，则财不出生煞，日元恋财而不向煞也。丙火为配合，火暖水润，方成有生之土，合此自成贵格。

或无丙有癸，不见甲木出干，衣禄小富。有甲无癸丙者，衣禄能人。有丙癸无甲者，贫苦。癸甲全无，虽有丙火，亦衣禄无聊，非僧即道，一生只可傍人度活。

无丙甲而有癸者，专以财为用，戊癸相合，财来就我，故云衣禄小富。有甲无癸丙，孤煞无辅，名利皆虚，衣禄无缺而已。有丙癸无甲，财印交差，戊土得火而燥，滴水入之，不足以济，贫苦之命。若无癸甲而有丙火，土无生意，财官两缺，必无子嗣，旺气及身而止，故云非僧即道，只可傍人度活也。

或支成水局，壬癸透干，用戊止流，有比透反主富。

九月戊土，日元秉令而旺，故财旺成局，壬癸透干，必为富格。财太旺宜比劫助之，财旺用劫是也。

支成火局，名土燥不发。得金水两透，此人清高，略可富贵。无水一生困苦，妻子同前。

支成火局，为火炎土燥，与上文癸甲全无而有丙火同一例，为僧道贫困之命。若无癸甲而见金水，以水制火润土，以金泄土之顽，土金伤官，性必清高，伤官生财，亦可富贵，所重在水，有润土制火之用，无济于事，故无水一生困苦。复次支成火局，或全南方，在四五月，犹可以从旺成格，特阳刃伤身，不能善其后。若九月未见其能发者，盖戌月火气入库，光辉不足，无金水或水木相辅，不能成格也。妻子同上六月。

己酉，甲戌，戊辰，丙辰。

丙甲出干，二辰藏癸，两榜。

按：甲己一合，羁绊用神为病，否则，地位当不止此。

**丁亥，庚戌，戊戌，癸丑。**

贡士大富。

按：专取癸水，伤官生财，富格。

**丁酉，庚戌，戊寅，乙卯。**

白手兴家，大富。

按：此造乙木官星，无财为辅，又见庚金出干，官星被伤，喜丁火制庚为救，行南方运而发，无财生官，富而不贵也。

**丙戌，戊戌，戊寅，壬子。**

丙癸甲皆全，惜未出干，只一贡生。

按：此造亦为富格，寅戌会合，煞印相生，专用财星，不作财滋弱煞论也，惜比肩出干争财，以得运助为美。

**丙子，戊戌，戊辰，己未。**

猛虎巡山格，官至少保。

按：此造稼穑格，乃变局也。生于九月，得火为贵子辰遥会，戊土不燥，子有丙火，水火既济，宜乎大贵，福泽厚矣。若猛虎巡山格，当为丙寅年，非丙子年也。

**庚寅，丙戌，戊子，癸丑。**

侍郎。

按：癸透甲丙藏寅，以理论之，富重而贵轻也。

**癸酉，壬戌，戊戌，己未。**

土重乏甲，孤苦有寿。

按：土重乏甲，比劫争财，宜其孤苦。

以上《造化元钥》。

**癸未，壬戌，戊戌，乙卯。**

道光三年十月初三日卯时。

倪文蔚命，当是甲寅时，进士出身，位至巡抚，若乙卯时，无此地位也。

**庚子，丙戌，戊申，壬子。**

道光二十年九月二十一日子时。

醇亲王奕譞命,光绪帝之父也。虽父以子贵,所享者仍是丙火荫庇之福也。光绪辛卯年逝世,年五十一。

**甲辰,甲戌,戊子,甲寅。**

道光廿四年九月二十四日寅时。

盛宣怀命,甲透癸藏,丙火藏寅为配合,位至邮传部尚书,财归坐下,大富。

**庚辰,丙戌,戊戌,辛酉。**

光绪六年十月初三日酉时。

夏超命,土金伤官佩印,位至警察厅长,辛卯运,倒戈被杀。

**癸未,壬戌,戊子,甲寅。**

光绪九年九月十一日寅时。

岳维峻命。癸甲出干,丙火藏寅为配,大富大贵之命,位至绥靖主任。

**己亥,甲戌,戊寅,丙辰。**

光绪二十五年十月初四日辰时。

谢埔命,甲透癸藏辰支,更有寅宫丙火为配,惜甲己一合,疏土之力被羁,富贵不大之命。

# 十月戊土

十月戊土,时值小阳,阳气略出,先用甲木,次取丙火。非甲土不灵,非丙土不暖,安能发生万物?

戊土厚重,非用甲木疏之,则土不灵。冬令收藏,非用丙火温之,则土不暖。十月戊土,专用甲丙而不生癸,因亥宫壬水得禄也。

甲丙两出,科甲有准,或甲坐长生,水居禄地,加以一丙高透,亦必受职扬名。支见庚多,不过秀才。庚多破甲,常人。

十月寒土,以丙火为重要,土多而暖,方用甲木。月令亥宫财星秉令,自能生官,如甲木不出干,专用丙火,亦为贵格也。支见庚多者,申金也，不伤官星，不失衣衿；伤官星者，平常之人。

四柱无庚，须甲藏亥中，但有丙火高透，亦主科甲。或有庚金，又有丁火破之，主权位并通，异途刀笔。

承上庚多破甲而言，四柱无庚制甲，则科甲有准。有庚即不能显达，或有庚而又有丁制之，亦主异途功名。

或不见庚丁，虽甲丙俱藏支下，用神最清，亦主富贵。丙甲两困，下格。无丙僧道孤贫。

承上文，十月戊土，以甲丙为主要用神，取丁制庚，无庚丁亦无所用，专取丙申，即使丙甲俱藏，亦不失富贵。丙甲两困者，有壬困丙，有庚困甲，即上文庚多破甲也，常人。有壬困丙，用神虽伤，仍有丙火之用。若无丙更为下格。

壬透得戊救丙，主富中取贵。

承上壬出困丙而言，庚出困甲须丁火出干为救，壬出困丙须戊土出干为救，壬为偏财，主富中取贵。

**壬申，辛亥，戊寅，庚申。**

名合禄格，位至府尹，盖支下四皆生地，故运遇东南，大贵。

按：《喜忌篇》云：庚申时逢戊日，名食神干旺之方，岁月犯甲丙卯寅，此乃遇而不遇。盖戊日见庚申时，名专食合禄格，以申合巳为戊之禄，寅刑巳，亥冲巳，全局虚神集注巳禄，戊土不旺，专取食神泄秀也。运至东南方，火土得地而发。

**壬申，辛亥，戊辰，乙卯。**

忠厚，有子不立，乙卯破败故也。

按：乙木无疏土之功，故主忠厚，官星为子，辛金克之，戊生于寅，至卯沐浴破败之乡，故有子不立也。

**己亥，乙亥，戊子，壬戌。**

偏财格，运行火地方发。

按：壬水出干，偏财太旺，戊土仅恃时支戌宫通根，时为终局，故晚运佳也。火地者，戊土生旺之地。中年之后，运行南方，印比帮身，分散财神，宜其发达，然富而非贵富者，自有相当地位耳。

**己酉，乙亥，戊戌，丙辰。**

两榜。

**乙卯，丁亥，戊戌，丙辰。**

两榜。

按：上两造，甲藏丙透，所谓甲坐长生，壬居杀地，一丙高透，必然受职扬名是也。

**癸卯，癸亥，戊辰，戊午。**

阳刃驾煞格，府尹。

按：此造甲藏无丙，好在时逢午刃，两戊两癸暗合，宜为郡侯之尊也。

以上《造化元钥》。

**丁卯，辛亥，戊午，壬戌。**

同治六年十一月初九日戌时。

王一亭命，亥宫壬水得禄，财通门户，[①]更有辛金相生，戊土日元，支临午戌会局，身旺任财。早年西方之运，以身发财，中年之后，一派南方印运，以慈善事业，斐声社会，至甲运戊寅年十一月殁，寿七十二。

**壬申，辛亥，戊辰，甲寅。**

同治十一年十月十七日寅时。

孙洪伊命，丙火藏寅，壬水不克，惜寅申遥冲，荣华不久耳。

**癸酉，癸亥，戊子，丁巳。**

同治十二年十月十三日巳时。

王俊珊命，日禄归时格，专用巳丙戊，运至南方比劫之地，发财巨万，为盐务总商。其富而不贵者，丙火不透，酉金损甲故也。

**甲戌，乙亥，戊子，癸亥。**

同治十三年十月十九日亥时。

汤化龙命，支聚戌亥子西北乾坎两宫，财旺生官，专用胎元丙火，位至总长。

---

[①] 月令为门户。

# 十一、二月戊土总论

十一、二月严寒冰冻，丙火为尊，甲木为佐。

十一、二月严寒土冻，调候为急，必用丙火为先，以甲为佐，无甲犹可，决不可缺丙。丙甲两透，秋闱可望；二丙一甲，科甲可期；丙出甲藏，不止衣矜；丙藏甲出，不过生员及佐杂前程；有丙无甲者，家富常人；有甲无丙者，贫苦无聊；丙甲全无，下贱之格。

严冬调候为急，故《总论》云：火重重而不厌，又云：火盛有荣，水多无咎。有火方能任用财官，无火，食伤官煞财星皆无可用，故云：冬土以火为主要用神也。或一派丙火，运值二阳之际，加以丙透，弱中变强。得一壬透干，清高而富，且富中取贵。无壬水者，僧道孤寡。

运值二阳者，十二月也。火太旺，戊土变弱为强，取壬水为用，水为财，故主富中取贵。

或土水寒滞，不见一丙，得一巳字，亦不失交游义气之人。

土水寒滞者，生十二月也。巳宫暗藏丙火，戊土又得禄，格中有此，意气自豪，运程引出，亦可富贵如丑遥巳格之类，虽不明见巳字，亦可以虚神暗邀为用也。

或一派壬水，不见比劫，作从财论，名利因人而得。

此言从财格，支成申子辰局，或亥子丑方，而无比劫印绶，作从财论，因人而致富贵。

若有比劫多，见甲出大富；但土寒水寒，有甲无丙丁，亦外实内歉之人。如戊寅，甲子，戊辰，戊午，得甲丙为用，但戊多晦火，不能成名，奸吝饱暖，暗惹人嫌。

此言群劫争财，用偏官制劫护财也。十二月戊土，财旺秉令，见比劫多，得甲木出干制劫，财通门户，格成巨富，但亦不可无丙丁暖土，否则终为外实内歉之人。如戊寅造，子寅夹贵，辰午夹禄，天干四字，皆得禄得贵，而不能成名者，以丙不出干，又无巳字故也。财星秉令，戊土合之甚紧,归库于坐下,虽有财而鄙吝。

或二癸透月时,名为争合,虽有余钱,劳碌之人。得丙己出干,制癸,为忠义之士,舍己从人。

戊以癸为财,冬土无丙,终属虚寒,身弱用财,虽得印劫运扶助,终为辛勤致富,一生劳碌。得己土出干为助,己癸同宫为用,别成格局,见下。

年月辛金者,又属土金伤官,异路功名可许,以金为妻,水为子。

承上己土出干制癸句,己癸辛同为丑宫月令之神,见己癸辛出干者,为土金伤官生财格,同宫聚气,故有异路功名可计。此格以水为用,故以伤官为妻,财为子。冬土以用丙为正,丙火为用者,木为妻,火为子,同上六月。

## 十一月戊土

**己亥,丙子,戊戌,庚申。**

专用丙火,官拜侍郎。

按:专食合禄格,专用丙火运至东南可发①

**壬子,壬子,戊子,壬子。**

从财格,翰林学士。

按:四柱无一点比印,从财成格无碍。前清桐城张文端公英命造,生于康熙十一年壬子十一月十七日子时,同此八个字,翰林出身,父子宰相,配享太庙,为清代第一名臣,与此造未知是一是二,盖此书命造,多后人加入也。

**己巳,丙子,戊寅,壬戌。**

同治八年十一月十一日戌时。

张寿龄命,丙透通根寅巳,财星秉令,位至财政总长。

---

① 详十月壬申造。

**庚辰，戊子，戊子，庚申。**

光绪六年十一月二十四日申时。

赵恒惕命，专食合禄格，伤官生财，专用巳宫丙戊以成格，故贵，位至都督，惟昙花一现耳。

## 十二月戊土

**癸卯，乙丑，戊申，壬子。**

此时上偏财格，大贵。

**癸卯，乙丑，戊申，癸丑。**

四柱无火，得戊癸化火，接引胎元丙火，却用辛壬辅丙，官至二品。

按：此两造，皆用胎元丙火，卯丑夹寅，申金冲之，丙火虚神有气，原命财官得禄，特寒土寒木，无丙火阳和，不能显其用，丙火之重要可知矣。冬土无用水木之理，非不可用，无丙火则用之无力，不足以取贵也。

**己未，丁丑，戊子，丙辰。**

秀才，富家。

**壬午，癸丑，戊寅，甲寅。**

一榜教谕。

按：此造亦富。

以上《造化元钥》。

**己未，丁丑，戊子，己未。**

嘉庆四年十二月初五日未时。

费淳命，子丑六合，土润而暖，真稼穑格也，官至宫保。

**丙子，辛丑，戊子，癸丑。**

嘉庆二十一年十二月十四日丑时。

彭刚直公麟命，丑宫辛癸并透，又见丙火出干，同宫聚气，而得丙火真神为用，宜为千古人物，不仅一时显达也。

**辛酉，辛丑，戊寅，辛酉。**

咸丰十一年十二月二十五日酉时。

江朝宗命，土金伤官佩印，专用寅宫丙火，以丁酉丙申运为最得意时代，位至摄揆，惜南方运交得太迟耳。

**辛巳，辛丑，戊申，壬子。**

光绪七年十一月二十日子时。

万福麟命，土金伤官佩印，丙火藏于巳宫，位至都督。

**辛巳，辛丑，戊申，甲寅。**

光绪七年十一月二十日寅时。

姜登选命，伤官见官，丙藏寅巳，三刑逢冲，位至军长，不得善终，在丙申运丙寅年。

# 命理秘本穷通宝鉴卷六

## 三春己土总论

三春己土,田园气寒,必须暖润疏辟,万物方得吐芽生苗。正月专用丙暖,以除寒气。二月先用甲疏,如犁之辅土,次用癸润,乃非旱田,丙火次之。三月先用丙暖,万物始生,须用癸润,万物邕长,次用甲佐。八字中三字俱透,富贵之格,缺一不美。

总论三春己土为《穷通宝鉴》本所无,扼要之论也。己为气绝而衰之土,喻如田园,疏辟,己土重在暖润也。或先或后,悉有用意,详下文。

## 正月己土

正月寒气未退,田园犹冻,丙暖为尊,得丙照暖,万物自生。忌见壬水,盖壬不为丙忧,反为己病,何也?壬如长河泛滥,田园浸没,急须修堤岸,田园始得播种,须戊作堤,以保园圃。八子壬多见戊者,定主清雅富贵,无戊便是常人。

己土喜甲丙癸为用,与戊土同。但在正月,余寒存在,专用丙暖土足矣,甲癸两字,尚非需要。见壬水为病,何则?己为气势衰竭之土,见生旺之壬水,则土随水泛,有浸没田园之象,必须取戊土帮扶。《滴天髓》论己土性情云:若要物旺,宜助宜帮,助者丙火,帮者戊土也。

或一派甲木,有庚出干,加以癸丙齐透,配得中和,科甲有准,名利双全。即丙生寅月,庚出天干,亦不止衣衿。甲多无庚,好吃懒做,残疾废人,须有丁泄,可以小救。

正月己土，只需丙火除寒，并不需要甲木。若见一派甲木，官多化煞，必须有庚金制之，仍以丙癸配合为用。正月寅宫自有丙火，有庚出天干制甲，丙藏寅中，亦可暖土，不止衣衿，盖用在丙火，不在甲木也。若甲多无庚制之，己土被木所伤，必为残疾废人，须见丁火泄甲木以生己土，官印相生，稍可补救。

或一派丙丁，全不见水，亦为无碍，何也？正月己土寒湿，火盛反主厚禄。加一癸透，科甲极品。戊透，反作常人。

申述正月己土专用丙火之意，虽云丙暖癸润，相辅而行，然正月己土不见癸水，并无妨碍。因己土本性寒湿故也衰竭之土，得火扶助，反主厚禄。加一癸水，更为贵气所聚，仍以丙火为用。原局有壬水，则需要戊土为助，无壬水不需戊土，见戊克癸，便是常人。

凡寅中戊土，本为甲制难伸，只丙火有力，虽不出干，亦有妙处。或一派戊土，宜甲出制，又主荣显。

承上戊透反作常人句，寅宫甲木得禄，丙戊长生，故寅宫人元之用，为甲丙戊三神。甲木当旺，戊土为甲所制，虽有如无，丙戊虽同生于寅，仅丙火为有力，即不出干，亦有用处。戊土如不出干，可置不论。如柱见戊多，又宜甲木出干制之，盖支中之甲，难制干头之戊也。

如见乙出，虽多不能疏土，用乙者，奸诈小人。

承上文宜甲出制句，如无甲而见乙，虽多不能有疏土之效，且用乙者，多奸诈，何以故？己为余竭之土，乙又为衰竭之木，阴柔太过，多主奸诈故也。

用丙者，木妻火子。

正月己土专以丙火为用，癸为佐，戊庚丁甲，皆应病之药也。

**庚午，戊寅，己酉，甲子。**

因甲己化土，加以戊出，土重专用甲木，忌逢金地，运气不好，先贫后富。

按：此造甲己合而不化，土重专用甲木疏土。庚金制甲为病，木多宜制，少不宜制，无如运行庚辰辛巳，故先贫。壬午癸未，制化并行，逐步顺利，故后富。细按原评自明。无如化土一语，已成习惯，贻误后人不浅，如果化土，当以火为用，何能专用甲木乎？

**庚申，戊寅，己酉，丁卯。**

贡元。

按：此造戊土出干，甲木不透，喜寅宫丙火有力，故不止衣衿也。

以上《造化元钥》。

**甲子，丙寅，己丑，甲子。**

嘉庆八年十二月二十八日子时。

刘镛命，此造亦非化土。初春己土，寅宫甲丙并透，癸水藏支，暖润疏辟之用俱备，专用丙火，甲丙同官相生，格外有情有力，地支子丑寅，精神团结，宜其科甲名臣，太平宰相矣。

**乙未，戊寅，己丑，戊辰。**

光绪二十年正月十七日辰时。

卢英命，己土阴柔，正月寒土，虽四柱土重，仍用丙火暖土，乙木偏官，亦以见丙火而向荣也。煞透为军界人物，戌运为沪市侦辑队长。

**己亥，丙寅，己巳，己巳。**

光绪二十五年正月二十一日巳时。

黄季陆命，专用丙火，己土寒湿，火多反主厚禄是也。

# 二月己土

二月己土，阳气渐升，虽和稼未成，万物发生，但田园未展，宜先取甲，木疏之，忌合，次取癸水润之。

二月春深，阳气渐盛，丙火已非需要。先甲次癸，以财官为正用，得丙印配合，福泽愈厚。和稼者，喻乙木也。卯月虽是乙木当旺之时，而未可取乙为用，喻如和稼未成也。但甲木出干，忌与己土相合，仲春木旺秉令之时，甲己决不能从化，反失疏土之用，则为下格矣。

甲癸出干，定主科甲，加以丙火一位，官居极品，权重百僚。见壬水富贵稍轻，或见庚制甲，壬水戊土重重，便是常人。丙透犹有小富，丙藏衣禄无亏，无丙贫寒。

己土生旺，用癸甲财官，必贵之格，更得丙印配合，禄重权高。壬水生甲木无情，故富贵稍轻。见庚金克伤官星，用神被损，或壬水重困丙，戊土重困癸，皆为有病无药，便是平常人物。有丙火，尚不失衣禄也。

或支成木局，庚透富贵，若柱多乙木，乙又出干，庚必输情于乙妹，不能扫邪归正，此必狡诈之徒。运入东南，不死必起不良，须用丁泄之。有丁者小人而已，不致无良。

承上见庚制甲便是常人句，支成木局，官煞会党，又宜有庚金制之，方为上格。若乙木出干，则乙庚相合有情，如官兵通情于寇盗。再行东南木火旺地，如入匪区，宁有幸理？此须丁火泄之，泄木之气以生己土，不用庚金，庶不致进退失据耳。无比印，作从煞论，大贵。

二月木旺秉令，支成亥卯未木局，或全寅卯辰东方，而无比印，则必作从煞论。甲木透出，为妻从夫化从木，亦作从煞论。若柱中甲癸丙俱无，下格。妻子用神同前。

二月己土，不能无甲癸丙。妻子同前者，谓同上正月也。

**癸卯，乙卯，己巳，乙丑。**

众煞当权，妙有巳丑会局，庚不合乙，反制众煞，状元。

按：支庚不合干乙，巳宫更有丙火化众煞也。

**癸卯，乙卯，己巳，庚午。**

庚金隔位，乙难合庚，群邪自伏，抚院。

按：乙庚隔位不合，反能相制以成格，支聚三台，时逢午禄，身强煞旺，化煞为权，故为抚军之命，兼握兵权也。

**癸卯，乙卯，己巳，辛未。**

众杀猖狂，草寇之命。

按：辛金有制煞之意，而无制煞之力。己土临巳，丙戊禄地，巳未夹午禄，身强杀旺，亦化煞为权，无如卯未会局，众杀猖狂无制，不入正轨，势必弄兵潢池，为盗魁之命，亦握兵柄也。

以上《造化元钥》。

**甲子，丁卯，己亥，戊辰。**

同治三年二月二十八日辰时。

杨增新命，戊土出干，专用甲木疏土，甲己隔位不合，而得疏土之用，丁透癸藏，土暖而润，水木火土顺序相生，位运至新疆都督。

**庚午，己卯，己未，庚午。**

同治九年二月二十三日午时。

丁乃杨命，卯未会局，庚金出干制之，己土生旺，富贵之命。

**癸酉，乙卯，己巳，己巳。**

同治十二年二月二十日巳时。

吴景濂命，癸透丙藏，乙木出干，得巳酉会局以制之，位至众议院议长。

**壬午，癸卯，己巳，庚午。**

光绪八年二月十三日午时。

程潜命，此造卯巳午三台，庚透乙藏，制煞得力，位至军长省主席。或云辛未时，则格局远逊矣。① 酉运己卯年，被炸受伤殒命。

**甲申，丁卯，己未，庚午。**

光绪十年二月十三日午时。

田维勤命，庚金得禄于申，当取丁火制庚护官为用，位至都督。

**戊子，乙卯，己卯，乙丑。**

光绪十四年正月二十七日丑时。

吴铁城命，七煞聚权，秉令，两乙叠出而无制，木旺土虚，又不能从，所喜胎元丙午，用印化煞，格成大贵。

# 三月己土

三月己土，正栽培和稼之时，先丙后癸，令土暖而润，复用甲疏之。

土在三四月，得阳气鼓荡，正发生万物之时。戊己土虽同以甲丙癸为用，而戊土厚重，以甲木疏辟为先，己土蓄藏，以丙癸暖润为要，则以气有生旺与衰竭之异也。三月己土，先用丙癸，辰中原有癸水返映之气墓气，

---

① 参阅癸卯造。

故先丙后癸，再用甲疏之。己土见丙戊并透，又生于土旺之月，其用与戊土同。无甲疏辟，则土不灵，特其用在既暖且润之后也。

三者俱透天干，官居极品，合此不验，风土之薄也。或三者透一，亦主富贵，但要得所，无制。用丙忌壬透，用癸忌比肩透，用甲忌庚透。

三者谓丙癸甲也。财官印全，富贵极品，三者透一，亦主富贵，得所者长生临官也。如丙藏寅巳，甲藏亥寅，癸藏子，皆为得所。用丙不见壬制，用癸不见戊己制，用甲不见庚制，即是富贵之命。

或有丙无癸，亦可致富，但不贵耳。有癸无甲丙，亦有衣袴，不至于贱，但平常耳。有丙癸无甲，亦系才人能士。丙癸全无，流俗之辈。

上文言癸丙甲三者俱备，此言三者缺一也。有丙甲无癸，辰中原有癸水，但力微耳。有癸无甲丙，时值三月，木旺火相，无形之气，依然有用。有丙癸无甲，生于清明后谷雨前，木有余气，故系才人能士。若丙癸甲俱无，则为无用之人耳。

或一派乙木，无金制伏，贫贱夭折，妻子同前。

一派乙木无金制伏，谓七煞无制也。身弱为贫贱夭折之命，身强煞旺无制，为盗贼之命。

**癸丑，丙辰，己巳，乙亥。**

丙癸甲俱全，位至元帅。

**癸丑，丙辰，己巳，辛未。**

季土乏甲，不过秀才，支结土局，骨肉浮云。

按：两造皆丙癸出干。上造有乙亥，甲木暗藏得所，巳亥虽冲，而巳中庚金受制于丙，不能克甲木也。乙木七煞虽透，得丙印化煞为权，故位至元帅。下造辰丑未土星结局，土重而以甲木疏辟为要，而四柱无甲，虽有丙癸，不过富裕秀士。可见甲丙癸三者之用，土重先甲，暖燥先癸，湿润先丙，未可拘执先后也。

**壬子，甲辰，己卯，丙寅。**

丙甲癸全，杀旺身强，位至宰相。

**壬子，甲辰，己卯，壬申。**

杂气财官格，状元。

按：上造甲丙透出癸藏，专用丙印化煞为权，煞印两旺，位高权重。下造缺丙，专以财旺生煞为用，己土寒湿，仅清贵也。

**辛未，壬辰，己巳，甲子。**

身旺任财，富翁。

按：此造亦丙癸甲三者俱备，特辛出干，金官星受伤，专用财星，故富而不贵耳。

以上《造化元钥》。

**甲戌，戊辰，己酉，丁卯。**

同治十三年三月初七日卯时。

吴佩孚命，卯辰酉戌，东西夹序，乃大方面格局，[①] 用取财官，惜财星入墓。运至壬申癸酉，财旺生官，贵为元帅，日时卯酉相冲，枭印盖头，老而无子。

**戊寅，丙辰，己卯，丙寅。**

光绪四年三月廿九日寅时。

张树屏命，生于立夏前子日，支全东方，好在丙戊并透，己土身旺，用煞缺制，行庚申辛酉运，致富巨万，身旺不劳印生，而柱见印化煞，煞宜食制而缺金，所以富而不贵也。[②] 参阅二月己土癸卯造。

**辛巳，壬辰，己亥，戊辰。**

光绪七年四月初八日辰时。

李思浩命，生于立夏前五时，甲丙俱藏，土润而强，火方进气，丙藏无碍，甲藏则力有不足，只能以壬水财星为用，位至财政总长。

**己丑，戊辰，己卯，戊辰。**

光绪十五年四月初四日辰时。

贺耀祖命，八个字中，土得其七，日支见卯，不作稼穑格论，乃杂气财官也。一点卯木，有和稼在田之象，运行财地，贵臻极品，卯为七煞，

---

① 参观癸水九月节，徐世昌命。
② 曾任国会议员。

现虽为驻外大使，终为武贵也。又此造疑为己巳时，三月己土，不离暖润疏辟之用，戊辰时阳和不足，土之用不显，和稼不茂，贵亦不足矣。

## 三夏己土总论

三夏己土，时值和稼在田，急须甘露为润，取癸为要，次用丙火。夏炎用丙何也？夏无太阳，和稼不长，愈炎愈长，故无癸日旱田，无丙日孤阴。

己为衰竭之土，性质与戊土不同，生于夏令，调和气候，癸水为先。论其性技，宜助宜帮，旱田孤阴之喻，正以示癸丙之不可离也。

丙癸两透，又加辛金发癸之源，富贵极品，戊出干则伤癸晦丙，不可不辨。或丙火上炎，支藏癸水，又见辛金生之，名水火既济，科甲有准。或有癸无丙亦好，即不科甲，亦高才选拔之士。有丙无癸，有壬亦可，但不大发。

四月己土，调候为急，以癸水为主要用神，但水至巳午绝地，滴水熬干，无补火炎土燥之局，故必以辛金生之，涓涓不绝，乃得润泽之用。巳午两月，月垣自有丙丁，故有癸无丙亦好，即不科甲，亦必选拔。无癸用壬，无辛用庚，虽格局有高低，其用则一。见戊出干，不特伤癸，且防合癸化火。凡用癸水者，皆畏戊土，不仅四月己土为然，戊癸相合，格局转变，为祸为福，另看格局定之，故不可不辨也。

或一派丙火烈烈，加以丁火制金，有癸无根，如七八月间之旱，则苗槁矣，贫寒鳏独之命。

此类命造，以金为妻，水为子。滴水熬干，故有子难成；金被火克，有妻难存，壬癸为财禄，水涸无源，故衣禄难久，其为贫寒无疑。同下"或有甲木"节。

或有甲木，又加丙丁重重，无滴水解炎，则偏枯已极，孤贫到老。即有壬解，不得庚辛生水，水被土克，不为鳏孤，必犯目疾心肾之灾。有庚辛生水，富贵非轻。

承上文，四月戊土，见木火重重，无水解炎，只怕阳刃倒戈。己土虽无阳刃之厄，然偏枯之命，亦为贫寒鳏孤之象。水被土克，庚被丁伤，皆犯格局之忌。得庚辛生水，富贵非轻，病重得药，旋乾转坤之力，亦非寻常也。水为目，又心肾属于水，水被熬干，故主心肾目疾。

如己巳，己巳，己巳，戊辰，乃富盖都城，何也？己生初夏，丙多，戊己又多，妙得三庚生起辰中癸水，加之胎元庚申，如破碣之水，不为旱田矣。故运行西北，横财无数，得于六亲，且多子有寿，非偶然也。

承上文，五星法重命宫，子平法重胎元。胎元者，受胎时之秉赋也。怀胎以十个月为常，故推算者，普通以前十个月之干支为标准，然有七个月以至十二三个月者，须照怀胎月份推之。常有奇特之命，不应富而富，不应贵而贵者，其于胎元之月份，大有关系。予屡遇之①如此造之为大富，亦在胎元也。巳宫庚金，逼于火土，不能生辰宫癸水，墓库滴水烘干，何能解炎？非得申宫长生之水，济之以得禄之金，无此旋转坤之力也。破碣之水者，河出碣石，一泻千里，碣石以上，束于山崖，喻辰中墓库之水，得庚辛金水引出，源远流长也。更运行西北金水之地，宜乎横财无数矣。胎气得之父母，其财来自上荫，至时上归库，入而不出，焉得不成巨富？水为子，故多子，三重巳禄，土厚重重，焉得不寿？《总论》云：四柱土重，见金结局者，不贵即富，虽言六月之土，其理固一贯也。②

或支成火局，无水，僧道孤贫。或癸透有源，富而有贵壬透有源，富而不贵且须好运方发。或见壬癸两透，破丁火局，润己为湿泥，灵机四发，事理皆通，富贵皆从巧中得来，正谓死水不克灵变，火土和湿为佳。

此言用壬用癸之不同也。支成火局，非得水解炎不可。有源者，金水相生也。癸为天然雨泽，故富而且贵，壬为人工灌溉，出于勉强，故富而不贵，要之，有情与无情之异也。好运者，西北运程也。癸为天然之泽，得之自然，故生有相当地位，壬为人工灌溉，得之辛勤，非有好运相催，不得增高地位。壬癸两透下，言正偏财并见，用才破印也。水破火局，润

---

① 有七个月生，得胎元之气而大贵者，如照命造及十月胎元，无论如何，不得其解，后询知为七个月胎元悟，不可不注意之。

② 四五月须有水润土。

己土为湿泥，其人必聪明特达，善于谋为，富中取贵。水至三夏乃死绝之地，故曰死水，火为当旺之神，其气方张，故水不能克，惟得润土解炎之用，万物藉以发生，自能转祸为福耳。

　　用癸者，金妻水子；用丙者，木妻火子。

　　三夏己土，不离癸丙为用，四五月专用癸水，六月金水进气，兼用丙火。

　　**乙丑，辛巳，己巳，庚午。**

　　辛金丑癸，壬生胎元，不为旱田，位至方伯。

　　**乙酉，辛巳，己酉，乙亥。**

　　金生亥壬，位至太守。

　　**乙巳，辛巳，己巳，辛未。**

　　金多泄土，旱田无水，专用胎元，位至知府。

　　按：以上三造，同以胎元壬申为用，三夏己土，除六月土盛见金结局，必然富贵外，四五两月，均不可无水，盖火土炎燥故也。乙丑造有庚金出干，引生胎元壬水，位至方伯，乙酉己巳两造，同以胎元壬申为用，格局相同，地位亦同，非偶然也。若非胎元为救，其能免旱田之消乎？

　　**辛未，癸巳，己卯，戊辰。**

　　女命，稍富无子。

　　按：此造癸水出干，辛金生之，故富，时上癸水入墓，戊土劫夺，故无子。

　　**丙申，癸巳，己亥，乙亥。**

　　丙癸俱全，才旺生官，一品夫人。

　　按：命好在丙癸两透，因是女命，故不得不以乙木为夫星也。

　　**甲戌，辛未，己酉，己巳。**

　　亦用胎元致富。

　　胎元壬申，虽有巳酉金局相生，非比申宫长生之水，所谓"壬透有源，富而不贵"是也。

　　**丁亥，丁未，己卯，戊辰。**

　　壬透两全，勾陈得位，官至都督。

按：此造亥卯未会局，时见戊辰，身强煞旺，六月土燥木枯，喜用壬癸水，才生煞旺为用，故为武贵也。

以上《造化元钥》。

## 四月己土

同治元年四月十七日寅时。

**壬戌，乙巳，己巳，丙寅。**

李鼎新命，壬丙并透，专用壬水，喜胎元丙申，壬水通根，位至海军总长。

**癸酉，丁巳，己卯，甲戌。**

同治十二年五月初二日戌时。

褚辅成命，癸透丙藏，喜巳酉会局以生癸水，位至省长。

**己丑，己巳，己酉，戊辰。**

光绪十五年五月初四日辰时。

壬乃模命，巳酉丑会局，生辰中癸水，喜胎元庚申，得庚禄以生壬水，正所谓土润金生，富贵之命。

## 五月己土

**癸丑，戊午，己巳，丁卯。**

咸丰三年五月廿五日卯时。

张謇命，癸水与戊土合化，丁己同禄于午，格成从旺，丁己同宫，卯巳午三台聚贵运行东南，大魁天下，位至实业部长。

**丙辰，甲午，己丑，丁卯。**

咸丰六年六月初四日卯时。

段书云命，用丑宫金水，喜运行西北。

**己未，庚午，己丑，辛未。**

咸丰九年五月廿日未时。

李盛铎命，土润金生，非富即贵，喜丑宫癸水得用，富贵兼全之命，位至督抚。

**乙亥，壬午，己未，己巳。**

光绪元年五月廿三日巳时。

李征五命，地支巳午未成方，壬水出干，得禄于亥，惜无金相生，无源之水易涸，虚荣而已。

**己丑，庚午，己巳，乙亥。**

光绪十五年五月廿四日亥时。

邓锡候命，庚透壬藏，用壬水，位至军长，富贵兼全之命。

**丁酉，丙午，己亥，己巳。**

光绪廿三年五月十一日巳时。

朱光沐命，以巳酉会局之金，生亥宫壬水，亦富贵兼全之命。

## 六月己土

**辛卯，乙未，己丑，乙丑。**

道光十一年六月初九日丑时。

清文宗咸丰命，四柱土多，用辛金泄土气，制乙木，金在年上，专享上荫可知。

**壬寅，丁未，己卯，乙亥。**

道光廿二年六月初二日亥时。

伍庭芳命，壬水合丁化木，亥卯未支聚木局，乙透甲藏，格成从煞，运行东方，位至外交总长，兼内阁总理。[①]

**乙亥，癸未，己亥，辛未。**

光绪元年七月初五日未时。

曾毓隽命，癸辛两透，惜四柱无丙，己土之气虚寒，位至交通总长。

**戊辰，己未，己未，庚午。**

同治七年六月十三日午时。

女命，《四季月总论》云：辰戌丑未四季，以未月为极旺，土临此未

---

[①] 六月己土当旺而从煞，《滴天髓》所谓阴干从势无情义也。

月，四柱土重，多作火炎土燥，不作稼穑论，但临此月之土，见金结局，不贵即富。书云：土逢季月见金多，总为贵论，未月尤甚。此造正合土重见金结局之说，盖稼穑格也，① 贵为一品夫人，五福三多。

## 三秋己土总论

三秋己土，万物收藏之际，内实外虚，寒气渐升，须殊途同归火温之，癸水润之，不特此也。且癸能泄金，丙能制金，补土精神，则秋生之物，盛茂如春夏。

三秋金神秉令之时，子旺母衰，土气泄弱，丙癸之用，不仅温润，如金戊方局，庚辛出干，得癸水，则能泄金之气为用；见丙丁，则能制金补土，以成大格。如用甲木，亦须丙癸为辅，则茂如春夏，故三秋己土，丙癸不可离也。

先透癸，次透丙，自当雁塔题名，权重百僚。壬丙两透，无癸，异途显职，或武职权高。有丙火，无壬癸，假道斯文，终无诚实。有壬癸，无丙者，一方能士，衣食充足而已，小有富而不贵。

七月己土，申宫金水长生，以丙火为主要，有丙辅己，癸透为上格，壬透为次格，水火缺一，便难显达。此言七月己土之用也。

或支成金局，癸透有根，必主大富，且富中取贵。

此言八月己土也。用神多者宜泄之，支成金局，癸透有根，为食神生才格，乃大富之征，亦须原局有丙戊暗藏，日主有气，方能富中取贵也。②

或支四库，甲透者富，乏甲者，僧道贫贱。或甲出见癸，不见庚伤，厚培元气，可期科甲，不贵，风土之薄也。

此言九月己土也。支全四库，土重必用甲木以疏之，甲透不合，见癸为辅，用才官为贵，癸水藏库，甲木制劫护财为富。或甲透而与己土相合，则为化土格，以得火为贵秋土气泄而寒，见丙丁以补己土元神，必然

---

① 见火为火炎土燥万物干枯。
② 富中取贵，即异途功名。

贵显，此格局之变也。无甲，戊己局全四季，为稼穑格，秋土亦以得火为贵。

或支成火局，无水为救，奸诈凶恶习之徒。或丙透癸藏，遇金生之，颇有选拔，不止衣衿。加一壬辅癸，富贵双全，且有慷慨才略。见戊便遭凶厄，且贫贱。

亦指九月己土而言。寅午戌会成火局，火燥土顽，无水为救，必主凶恶。癸水藏支，有烘干之虞，遇金相生，便能润泽，不止衣衿小贵。加以一壬辅癸，身旺才旺，自然慷慨英豪，富贵双全。见戊为病，更须甲木为药材，木得水润，方能破土，有救者吉，无救者贫贱。

三秋支成金局，无丙丁出救，此人单寒孤苦。如得丙丁，生己元神，五福俱集，富贵非轻，即风土不及，亦不失巨族英才，人中豪杰。

总论七八九月，与上文支成金局，癸透泄金有不同。《总论》云：土得金火，方成大器。三秋金旺乘权，强金遇火，强制入范，治以成器。丙丁更能补土元神，故土金伤官佩印，未有不大贵者。且多武贵，以其配合自然，一得两用也。言丙丁出救者，旺金泄弱己土，非丙丁不能成格。庚辛出干，丙丁藏支，亦同此论，要以金强身旺为成格要件，最忌见水，不但泄金，且使土荡，格局尽破矣。观下列蒋冯两造自明，亦奇特格局之一也。①

总之，三秋己土，先丙后癸，取辛辅癸。九月土盛，宜用甲木疏之，余须酌用。

三秋己土，气寒而泄，以丙癸为正用，用才不能缺印，用印不能无润。九月土盛，用甲木官星，癸丙为辅，最为普通也。

又按：三秋己土，一例共推。各月看法，均可通用，惟格有高下耳，阅者注意。

**甲寅，癸酉，己未，壬申。**

甲丙癸壬全，提督。

---

① 伤官格，木火为文，土为武，亦一定也。

按：此造虽甲丙癸壬全备，用神专到丙火，寒气渐生，喜印劫生扶也。

**己巳，甲戌，己丑，壬申。**

戊己局全四季，火运大魁，位至都堂。

按：此造用甲木疏土，原命才旺生官，丙印藏巳，行印运而发。

**乙丑，丙戌，己未，戊辰。**

贡作教谕，陆州同。

按：丙透癸藏，乙木出干，不作稼穑格论。官印相生，而乙木失时无力，岩下荒田，仅余枯草，其不能取贵可知，终为一冷官耳。

**癸丑，壬戌，己卯，己巳。**

不见甲木，如岩下荒田，故为人贪鄙。

按：卯木无力，不能疏土，仍用巳宫丙火化煞，天干比劫争财，故为人贪鄙而不富也。

以上《造化元钥》。

## 七月己土

**庚申，甲申，己丑，癸酉。**

咸丰十年六月廿七日酉时。

杨士襄命，支成金局，癸透有根，大富贵，总握财枢。

**己巳，壬申，己卯，戊辰。**

同治八年七月初九日辰时。

袁乃宽命，壬透丙藏，专用丙火，位至总长。

**壬午，戊申，己酉，丙寅。**

光绪八年七月廿五日寅时。

王正廷命，壬丙两透，无癸，异途显职。此造或云丁卯时，或云戊辰时，未知孰是，以理度之，当是寅末卯初乎？并录之以备参考。

## 八月己土

**乙亥，乙酉，己巳，乙丑。**

嘉庆廿年八月十七日丑时。

孙文言命，巳酉丑会局，子旺母虚，专用丙火，喜得巳宫丙火暗藏，胎元丙子，引起丙火，贵为太仆。

**乙亥，乙酉，己卯，庚午。**

光绪元年八月十五日午时。

李纯命，亥卯会局，两乙出干，众煞猖狂，庚金隔位不合，而有扫除群煞之功，所谓一将当关，群邪自服也。[①] 贵为江苏督军，庚辰运庚申年自戕殒命，千古疑案。

## 九月己土

**戊寅，壬戌，己巳，庚午。**

嘉庆廿三年十月初四日午时。

胡瑞澜命，壬透，甲丙俱藏，专用甲木，为才官格。运至东方，连捷，翰林出身，山西湖南各省学院，五掌文衡，位至侍郎。

**辛巳，戊戌，己卯，癸酉。**

道光元年十月初二日酉时。

庞澄云命，巳酉结局，癸透有根，富而且贵，虽言八月，三秋一理共推，位至巡抚。

**乙亥，丙戌，己巳，乙亥。**

光绪元年十月初六日亥时。

高恩洪命，丙透壬藏亥宫，甲木可用，惜其不透，位至总长。

**壬午，庚戌，己酉，庚午。**

光绪八年九月廿六日午时。

冯玉祥命，两庚并透，酉戌西方，专用丁火为救，壬水出干为病，虽年时两午，日元得禄，己土临酉，旺气未足，然已富贵非轻，位至副委员长。

**癸未，壬戌，己丑，庚午。**

光绪九年九月十二日午时。

---

① 参观二月己土节。

何应钦命，土金伤官佩印，秋土气寒，金水进气，专取午宫丁火，丑戌未三刑，帮身得用，时上归禄，无官星破格，贵为参谋总长。

**乙酉，丙戌，己未，丁卯。**

光绪十一年九月廿四日卯时。

李济深命，此造疑为丙寅时，盖九月己土，无甲不足以取贵，丙透无癸，土燥而枯，贵多就武。

**丁亥，庚戌，己巳，辛未。**

光绪十三年九月十五日未时。

蒋委员长中正命，己巳身临旺地，巳未夹禄，两庚并透，三秋旺金泄土之气，得丙丁出救，补土元神，丁透丙藏，金神入火乡，贵为全国领袖。

**庚寅，丙戌，己卯，己巳。**

光绪十六年九月十二日巳时。

唐生智命，土金伤官佩印，专取丙火，喜火土金同居戌宫，位至都督，军法总监。

**庚寅，丙戌，己丑，乙亥。**

光绪十六年九月廿二日亥时。

徐新六命，丑亥夹子，财旺成方，己丑寒土，专用丙火，服务浙江兴业银行经理，垂廿年，卯运戊寅年，乘机在港沪中途被攻击殒命，年四十九，盖劫煞怕合，卯亥皆合，运亦至此止矣。

勾陈全备润下，劳碌奔波之客；土凝水竭，离乡背井之流。

勾陈，戊己土也。润下者，申子辰水局也。土能克水，水多土荡，赋云：戊己居于润下，萍梗他乡，非特贫贱奔波，合主眼目疾，恶疮浓血而死。见于辰戌丑运中，土凝水竭，天干戊己而交聚四库，一二点壬癸之水，不足以济，亦为离乡背井之流。上联为水旺土虚，下联为土旺水竭也。

勾陈得位会才官，无冲无破必然端，亥子北方寅卯木，管教环拱戴金冠。己喜亥卯未为官，申子辰为才，忌刑冲杀害。

戊己临于四库为得位。土旺宜甲木以疏之，土燥宜癸水以润之，用才生官，为必然看法，无冲无破，必贵之格也。更行北方财运，或东方官运，自然名高位显，五福三多。末两句释会才官之意。

右两节统论戊己土，意义肤浅，附于秋己之后，并不限定三秋之土，与本书体例不符，为《造化元钥》抄本所删，兹照《穷通宝鉴》本录篇末，以备参阅。

## 三冬己土总论

三冬己土，湿泥寒冻，非丙暖不生，取丙为尊，甲木能参用。不可用癸，戊土惟初冬壬水旺，用以为制。余皆用丙，无丙用丁，但丁不能解冻除寒，不能火济，丁多衣禄安然。

己为田园卑湿之土，生于冬令，湿泥寒冻，不见丙火，毫无生意，调候为急，以丙为紧要用神。即使土旺用甲木制之，水旺用戊土制之，应病与药，丙火皆为不可缺之物也，故丙为尊，余皆随宜酌取。癸水为十一月当旺之神，然三冬己土，以寒冻为病，癸出则愈寒愈冻，故以为忌；除非四柱火土旺极，借用癸水，然此特别之命，极罕遇之。用戊土惟在十月初，壬水当旺之时，见壬出干，取戊为制，除此之外，亦无应用之法也。丙丁同为火，但解寒除冻，必须用丙，丁火灯烛之光，无能为力，即使丁火多见，亦不过衣禄安然而已，倘有寅巳暗藏丙火，则与用丙同。

或干透一丙，支藏一丙，加以甲透无壬，科甲有准，即藏丙无制，亦主衣衿。

三冬收藏之时，单见一丙，力量尤嫌不足，须干透支藏，甲木助之，官印相生，无壬水破印其力方显。藏丙无制者，见寅而无申冲，见巳而无亥冲，再逢运程引出，亦可以取贵也。

或多见壬水，得戊透破之，财破身荣，富中取贵，不见戊土，富屋贫人。凡三冬己土，见壬水出干，如水浸湖田，寻常孤苦，见火不孤，见土不贫。

己土卑湿，不能制壬水，必须用戊土帮身，财旺用劫，分散财星，更见丙火暖土，反主富中取贵，所谓财破身荣也。无戊土则多身弱，不能任财，三冬己土，见火则土有暖气而不孤，见土则身能任财而不贫，火土必须并用，方是富贵之命。

或一派癸水，不见比印，作从才论，反主富贵，虽不科甲，恩诰有之。若见比劫争财，平常人物，妻子主事。从才者，金妻水子，子多。

三冬水旺之时，再见一派壬癸，而无比印，只能顺其势而行，为从财格。此以全局势象为主，不以日元为主，日元孤立，只能随顺也。若见己土比肩，或见戊土劫才而无丙印，则己土不孤，反为才多身弱，故云平常人物，财旺秉令，故妻子主事。三冬己土，以用丙为正，用丙者木妻火子，已见上文。从才者，以所从之神为用，故金妻水子，水乘旺，故子多。

或一派戊己，取甲制之，甲透者富贵。

一派戊己，反弱为强，土实宜取甲木疏土，月令才旺坐官，富贵之征，然四柱不可无丙也。

或一片庚金，虽用丙火还宜丁为为助，透丁藏丙，富贵无双，奇特之命。

三冬己土，见一派庚金，调候以丙火为正，制庚以丁火为强，丁透丙藏，金温土暖，秋冬土金伤官佩印，皆为富贵之命，而十二月体用同宫，尤为奇特，但不可缺丙丁耳。

## 十月己土

**甲午，乙亥，己丑，戊辰。**
尚宝卿。
**乙巳，丁亥，己丑，甲子。**
于大学士。
**戊辰，癸亥，己卯，甲子。**
布政。
按：上列三造，皆才官格，土重取甲木疏土，以才生官为用。乙巳一造，又藏丙火，土得温暖，位至大学士。甲午造，胎元丙寅，戊辰造，胎元甲寅，格局相等，内卿贰，外布政，地位亦相等也。

壬申，辛亥，己巳，丙寅。

按：宋代韩侂胄命，所谓剑锋金遇洪炉之火，以子平法论之，时上丙火高透，逢生得禄，支金寅申巳亥，固极品之实也。然四生逢冲，祸亦随之，晚局不终，良有以也。

辛巳，己亥，己巳，乙丑。

光绪七年十月初十日丑时。

王宠惠命，两巳藏丙，中年之后，运行南方，位至外交部长，历任各国大使，或云丙寅时，未知孰是。

乙酉，丁亥，己卯，庚午。

光绪十一年十月十四日午时。

陈树藩命，亥卯结局，透乙，丁火暖之，庚金制之，丁己同禄于午，身强敌煞，固可以制化为用也。

# 十一月己土

甲戌，丙子，己丑，甲子。

何宽尚书。

甲辰，丙子，己未，戊辰。

学士。

甲寅，丙子，己未，丙寅。

权贵。

按：以上三造，官印并透，化木暖土，冬己非丙不暖，寒木向阳，非丙亦无生意，用在丙火，固显然也。

乙卯，戊子，己卯，丁卯。

大贵。

按：此造特殊，戊子上下相合，虽不化火，水之效用亦鲜，地支三卯，乙木出干，而时透丁火，正所谓众煞猖狂，一仁可化也，与解冻除寒有不同，故大贵。

丙辰，庚子，己卯，丙寅。

进士，大参。

壬寅，壬子，己卯，丙寅。

进士。

按：此两造，皆丙透通根，科甲之贵。

丁巳，壬子，己卯，癸酉。

此明代建文帝命，壬水合去丁火，癸水又出，冻土仅恃年支巳宫一点丙火，除祖荫外，固无事可为也。

# 十二月己土

甲午，丁丑，己未，癸酉。

木疏季土，贵为司令。

己丑，丁丑，己丑，乙丑。

勾陈得位，知府之职。

按：甲午一造，用甲木疏土，不能无丁火，喜午未通根，暖而疏辟也。己丑一造，虽勾陈得位，亦不能无丁火，喜土寒而非水旺，故丁火可用耳。

辛巳，辛丑，己卯，乙亥。

丙甲得位，位至尚书。

按：此造丑宫己辛并透，同宫聚气，巳中丙火得禄，暖土为用，亥卯结局以生丙火，四柱无一闲神。此与彭刚直公造相似，参阅戊土十一十二月节。

丁丑，癸丑，己酉，戊辰。

金旺用丁，丁透官拜侍郎。

按：此造丑中己癸透，酉丑结局，泄己土之气，用丁火制金以暖土。

丁亥，癸丑，己未，己巳。

大贵。

按：此造丑宫己癸并透，丁火出干，与上造同，而时支逢巳，丙火得位，故大贵也。

壬申，癸丑，己丑，甲戌。

木疏季土，官拜侍郎。

按：此造用甲木，丁火藏戌，土得暖气，己癸月垣聚气，亦为贵征。

**壬午，癸丑，己丑，戊辰。**

大富。

按：此造身旺用财，丁火藏午，土得暖气，己癸聚丑，财星有情，天干比劫争财，时上引归财库，巨富之格，惟恐子息艰难耳。

**壬子，癸丑，己卯，己巳。**

状元尚书。

按：此造与上造相似，时上丙火得位，即富贵兼矣。

**戊寅，乙丑，己丑，乙亥。**

佥事。

按：此造丙火藏寅，惜隔位力弱，贵为佥事。

**癸卯，乙丑，己丑，乙亥。**

江南沈，一榜，程监生，大富，二人同庚，身强敌煞。

按：己丑身强，乙木枯草，无可用，亥宫之甲，寒木无力，亦不足以取贵，丑宫癸水出干，财富丰足。凡八字相同，更须问其胎元及生地分野，如此造胎元丙辰，九月胎元则为丁巳，藏透之间，富贵殊途，否则，湿泥寒冻，不能取贵，又岂能致富乎？

以上《造化元钥》。

**己丑，丁丑，己巳，丁卯。**

乾隆三十四年十二月廿一日卯时。

潘祖荫命，丁透丙藏，官至太傅，卒谥文恭。

**癸卯，乙丑，己亥，己巳。**

道光廿三年十二月初一日巳时。

冯煦命，地支亥丑卯巳连珠夹贵，专用巳宫丙火，惜运行西北，不能早发，晚年行南方运，位至巡抚。

**丁亥，癸丑，己亥，戊辰。**

光绪十三年十二月十七日辰时。

顾维钧命，亥宫藏甲，得胎元甲辰引出，用甲木疏土引丁，历任专使，当外交重任，身旺任财，日坐才官，宜其大富，并得妻财也。

# 命理秘本穷通宝鉴卷七

## 正月庚金

正月木气渐旺，克土土死，不能生金，且金之寒气未除，先用丙以暖庚性，次甲疏厚土，令土势不能埋金。

庚金至寅月绝地，木旺秉令，金不任克，寅宫火土同生，燥土不能生金，土厚反而埋金。故春金弱，喜比劫，不喜印生，《总论》云：金来比助，扶持最妙是也。如取土相生，则宜己土，忌戊土，《总论》云：性柔质弱，欲得厚土为辅是也。有比有印，宜用丙甲，庚金喜丁火煅炼，此言用丙火者，调候之意也。寅宫戊土长生，取甲木疏土，功成反生，正月庚金，用财生煞，兼有扶身之意，故为上格。

丙甲两透，科甲有准，富贵非轻。二者透一，贡监生员，丙藏，异途显职。

承上文，正月木火，势力并行，虽不出干，其用仍在，喜用同宫并透，用更显著，故富贵非轻也。二者透一，非显达于异途，即为儒林秀士，此书著于明代，贡监生员，在明代颇有地位，一邑之望也。

或四柱多土，甲透者贵，甲藏者富；若见庚金破甲，富贵两失。

此言用财破印，春庚虽弱，不能用戊土偏印，死金嫌盖顶之泥，四柱多戊，非甲木出干不可。若见庚金比肩夺财，名利皆虚。

或四柱多丁出干，加以戊己而无水者，亦主富贵何也？寅甲引丁，丁火有根，无水为病，名官星有气，财旺生扶，故以富贵推之，有火用土，土妻金子。

此言官旺用印，春庚不宜煅炼。若见丁火出干，则不能不用印以化之，然宜己土，不宜戊土。用印何以主富贵？因寅宫甲木临官，引生丁火才旺生官，官星有气，更得戊己引化，不伤庚金，故亦以富贵推之，格局虽取才官，实以土为用也。有火方有土，故土为妻，金为子。

或支成火局，壬水出干，有庚者主大富贵，无庚者主小富贵。无壬无癸，残疾之人。

此言用壬水，食神制煞也。官煞会局，必须壬癸水为救，然水至寅宫病地，无金相生，则水无源，且庚金临绝，非见庚金比助，则食神制煞，亦嫌克泄交加，故有庚主大富贵，无庚主小富贵，如支成火局而无壬癸出干为救，金被火熔，残疾夭折之命。

或甲被金伤，无丁无丙，常人。或丙遭癸困，无戊出制，亦然。

总结上文。

总之正月庚金，用甲为上，丁火次之，春金多火，不夭则贫，阳金最喜火炼，煅炼太过，反主奔流。

此节，《造化元钥》抄本删除，附录于后。

**丙寅，庚寅，庚戌，丙戌。**

煅制太过，全无滴水润金，午运瞽目。

**丙戌，庚寅，庚寅，戊寅。**

欠水，孤贫。

**辛巳，庚寅，庚戌，丙戌。**

支成火局，无水出救，有道僧人。

按：以上三造，皆支成火局而无水为救也，孤贫则免残疾。

**丁丑，壬寅，庚子，乙酉。**

用丙为暖，惜合多不贵，一富而已。

按：庚日乙酉时，日元不弱，用丙为暖，而壬癸困柱丙丁，只能用财化食伤而生官煞，故富而不贵也。

**壬子，壬寅，庚申，庚辰。**

水盛金寒，专用丙戊，故骨肉凄凉，早年刑困，老运东南，衣襟显达。

按：此造金水两旺，见壬出干，不能不兼用戊土，无如寅宫木旺土崩，故早年刑困，中年南方运，丙火旺地，化木生土，宜乎老运亨通矣。

**壬子，壬寅，庚申，丙戌。**

守备。

按：此造丙火出干，惟为壬水所困，故贵不巨。

**己未，丙寅，庚戌，丙戌。**

用甲引丁，加以己土出干，无水为病，不过衣襟，若得丁透，贵不可言。

按：若得丁透者，言生丁亥时也，官煞旺用印，富贵之格。

**癸卯，甲寅，庚午，丙戌。**

残疾孤贫。

按：支金火局，癸水无根，气泄于木，火旺金镕，残疾宜矣，以上造化钥。

**辛酉，庚寅，庚子，己卯。**

咸丰十一年正月十一卯时。

王占元命，己土制水，年上阳刃出干，专用丙火，运行丁亥丙戌，位至两湖巡阅使。

**丙寅，庚寅，庚戌，乙酉。**

同治四年十二月十九日酉时。

陈调元命，生于立春后六时，寒气未除，专用丙火，好在生乙酉时，日元不弱也。

**辛卯，庚寅，庚午，己卯。**

光绪十七年正月初五日卯时。

韩复渠命，两卯为飞刃，辛金出干，两卯冲动酉宫，得刃虚神，丙丁制刃为用，运行丁亥丙戌，位至山东主席，酉运丁丑年，失律遭刑。

# 二月庚金

二月卯中乙木当权，柱中自然有乙，又有丁火，得庚辰时，庚必输情于乙妹，金有暗强之势，与秋金相似。

五行之理，母旺子相，寅宫甲木临官，丙火长生，卯宫乙木帝旺，暗生丁火，推而至于酉宫辛金，子中癸水，午中己土，其理甚精微。二月庚金，理同正月，春金衰绝，不能无比印生扶，支临申辰，弱中转旺，喜用丁火，若见乙木出干，乙必输情于庚，三春木旺，无取从化之理，日主恋财，反有贪合忘官之病，若隔位不合，或藏支不透，即无此弊。论纳甲，庚金纳于震，在卯位，庚至卯暗强，但非比印生扶，不足以用才官也。

见丁在干，又见甲透引丁，支下再见一庚，制甲劈甲，配得中和，科甲无疑，合此不验，风土之薄也。如不见庚藏支合者，虽丁甲两透，不过一方能人，盖春丁气甚正，不旺不衰，故用甲引丁，又用庚劈甲，官星乃为有气。若乙木虽多，既虑合庚以助强，又恐湿乙伤丁，难为丁母，故有丁甲无庚者，常人而已。丁火甲庚俱全，虽不出干，可许衣襟。丁透庚甲藏者，贡监不少。无丁用丙，家富，利于异途。

卯中有丁火在，见丁出干，如自月令透出也。丁火不离甲木，甲木不离庚金，三者有相联之用。支下见庚，谓申中庚金也。合卯劈申引丁，日元又通根得禄，两得其用，无申合卯，虽有丁甲，不能大显，则因庚金休囚，不能任才官故也。[①] 次申述其理，三春丁火，不旺不衰，无甲则丁火无所附丽，无庚劈甲，丁火不灵，气不赫炎，不能谓为官星有气也。故有丁甲无庚比者，常人而已，庚金得丁而透，方能取贵，无丁见丙，一富而已，或富中取贵，出于异途。丁火得甲而旺，无甲见乙，虽多无益，湿乙不能引丁，合庚助强，更失引丁之用。此申述必须用丁甲之理，不能以丙乙代之也。

或一派甲木，又忌见帮身以破财神，不见比肩，作从才论，大富大贵，见比富屋贫人，从才者火妻土子。

二月木旺秉令，金气衰绝之时，见甲多，无比劫印绶，作从才论，见乙，夫从妻化，亦是从格，若见比印，木坚金缺，财旺身衰。富屋贫人

---

① 如见庚辰，支下得偏印生扶，亦可转旺，见上节。

者，言只能为富室经理财产，不能自有其财，若自有之，身弱不能任，轻船重载，必至倾覆也。火妻土子句，疑有误字，从格以所从之神为用，当是水妻木子。

用丁者，取甲为妻，然甲木或受庚制，即功名可全，发妻难保，未许同偕。

二月庚金，以用丁火为正，用丁者木妻火子，得庚金劈甲引丁，富贵无疑，惟甲被庚制，财星遭劫夺，妻宫未免刑克，此势难两全者也。

总之二月庚金，专用丁火以抑其强，次用甲木引丁，又须用庚劈甲。八字如无丁用丙火，富贵多出于勉强，即有富贵，亦是辛苦得来。

总结上文，除寒解冻，宜用丙火，煅庚成器，宜用丁火，二月阳和日暖。丙火非需要，即使配合中和，亦是异途，以非出于自然也。

死金嫌盖顶之泥，重见戊己，如入压伏之象，须甲透为妙。

庚临寅卯月，为死绝之金，性柔体弱，见一点己土，或辰丑湿土则吉。总之土薄则生有益，土重则埋没无光，非得甲木疏土，不能显金之用，此正二月所同也。以上四句抄本删。

**庚申，己卯，庚寅，丁丑。**

丁透甲藏，难由科甲，纳粟奏名，官知县，其家巨富，为人亦慷慨。

**庚午，己卯，庚子，甲申。**

甲透丁藏，不利正途，行午运，武职显达。

按：两造皆己庚并透，庚金暗强而用丁火，甲庚俱全，虽非科甲，异途显达，上造寅卯财旺，又为巨富也。

**丙申，辛卯，庚辰，丁亥。**

官星出干，卯中乙木，有亥中甲木引之，甲木又得申中庚金劈之，大贵，用丁火，木妻火子，申辰会水克丁，一子不能承受。

按：丁亥火临绝位，数应一子，申辰会局克之，故云不能承受也。

**辛丑，辛卯，庚寅，庚辰。**

武举，家富。

按：支全寅卯辰，富甲一方可知，比劫露头而无丁火，故贵轻也。然两干不杂,气势自清。

**辛酉,辛卯,庚寅,丁亥。**

武状元。

按：此造与上造同,见丁火出干,即取贵。

以上《造化元钥》。

**乙亥,己卯,庚辰,丁丑。**

光绪元年二月十二日丑时。

张作霖命,庚金坐辰,己土出干,金势暗强,专用丁火,庚宫甲木引丁,乙木隔位不合,胎元庚午,庚金劈甲,午为丁禄,丑卯辰夹寅,亥暗合之,财全成方。此皆不见之形,所以武职显达,富贵皆臻其极,位至大元帅,戌运戊辰年,皇姑屯被炸殒命,①

**己卯,丁卯,庚戌,己卯。**

光绪五年三月初六日卯时。

张树元命亦用丁火,卯多不能引丁,喜其无水,不伤丁,喜比劫运。

**癸卯,乙卯,庚辰,戊寅。**

道光廿三年二月初七日寅时。

张锡銮命,此造恐是丁丑时,年上癸水,得乙木引化,不伤丁火,位至巡抚。

## 三月庚金

三月戊土司令,不怕生寒,只怕埋金,先用甲疏土,次用丁火煅炼成器,庚金劈甲,此不必用。

清明后十日内,犹是乙木司令,看法同二月。十日之后,戊土司令,丙火渐壮,不怕生寒,月令土旺金相,故金不怕弱,但惧戊土出干,则有埋金之忧。故先用甲木疏辟,次取丁火煅炼,月令印旺,无须比劫扶助也。

---

① 亥年见辰为自缢煞,非令终命也。

如得丁甲两透，不见比劫破甲，科甲有准，但要运催。甲透丁藏，贡监生员可许；甲藏丁透，异途显职。丁甲俱藏，不受庚制，富中取贵，刀笔起家。有甲无丁常人，有丁无甲，迂儒，丁甲两无，人下之人。

申述本甲之用。凡上等格局，原局有弱点，非运岁补其缺，不能发达，故要好运相催。庚金生三月，虽月令偏印相生，究属无气，体用皆失时失地，必须运程为助，此由格局有高低也。若丁甲俱无而别取用神，更非佳造。

或有甲无丁，见一丙火，由行伍升五品，又无壬癸困丙，武职显耀。

五阳干相制，甲木喜庚，丙火喜壬，戊土喜甲，壬水喜戊，皆以阳制阳有力为贵，独有庚金喜丁火煅炼，丙火无制庚之力，此性质之特殊者也。三月庚金，见甲丁为科甲，见甲丙为武职，然不论用丙用丁，皆不宜见壬癸破格。

或支成土局，无木，贫贱僧道，见乙，奸邪小人。

三月土旺秉令，支聚四库，见土透干，有埋金之虑，必须以甲为救。乙有疏土之意而无其力，奸邪小人。

总之三月庚金，土旺金顽，不可少丁，戊多用甲，无甲不能自立，无丁不能成名，二者缺一，皆属常人。次看丙火，无丁姑用丙，壬癸皆为病神，庚金无火，非壬则贫，身弱才多，富贵不久。

总结上文，三月庚金，母旺子相，非真旺也。失时失令，故是顽金，旺土须甲，顽金宜丁。有甲疏土，金气方显，故主立业。有丁煅金，乃成大器，故主成名。丁甲必须并用，缺一不可，土重以甲为主，土轻以丁为主，无丁用丙，不得已而思其次也。庚金无火，必主贫夭，以金实而顽故也。三春木旺秉令之时，如木成方局，甲乙并透，为才多身弱，虽有富贵，不能久享。

又支成火局，癸出天干制之，富贵，有丙丁出干，见壬出制之，方吉，无水制火，残疾废人。或火局无比劫，作从煞论，富贵非轻，但多夭耳。

水上庚金不能无火，壬癸皆为病神而言。若支成火局，火旺镕金，非见癸水出制不可。若丙丁出干，更须壬水出干制之方吉，单见癸水，犹嫌力薄也。无水制火，金被火伤，残疾夭折之命。火局无比劫，富贵非轻，但须从得真方可，月令辰土，湿润之格，必然生金，难得真从之格，故多夭耳。

用甲者，水妻木子；用火者，木妻火子。

三月庚金，土旺用甲，金旺用丙丁，无别种法也。

**庚子，庚辰，庚申，壬午。**

支成水局，干透比劫，名井栏叉格，官至太师，凡水局须以此参观。

按：《喜忌篇》云：庚日全逢润下，忌壬癸巳午之方。壬癸巳者北方也，巳午者南方也，指运程而言，原命并不以见壬癸巳午为忌也。

以上《造化元钥》。

**癸卯，丙辰，庚申，辛巳。**

道光廿三年三月十七日巳时。

姜桂题命，丙火出干，得禄于巳，癸水坐卯，不为困丙，武职极贵，位至巡阅使。

**丙辰，壬辰，庚辰，壬午。**

咸丰六年三月廿三日午时。

清穆宗同治命造，甲午运甲配年，日犯太岁而殂。

**辛酉，壬辰，庚子，甲申。**

咸丰十一年三月十二日申时。

端方命，满人，井栏叉格，位至决督，辛亥年死于乱军中，年五十一。

**戊寅，丙辰，庚申，辛巳。**

光绪四年三月初十日巳时。

廖仲恺命，庚早专禄，取寅宫甲木生丙，才滋弱煞格，申宫禄马同乡，极品之贵，应以武职显，丙辛遥合，不足以羁绊用神，更行辛运，争合丙煞，突遭暗杀。

**庚辰，庚辰，庚辰，丁亥。**

光绪六年三月十三日亥时。

唐继尧命，丁火出干，亥宫藏甲，贵为云南都督。或云唐造为癸未，庚申，庚寅，壬午，未知孰是。

## 四月庚金

四月庚金长生在巳，巳虽有丙，内有戊土，丙不镕金，故不畏火炎。但丙不可轻用，宜先用壬水，方得中和，书曰：群金生夏，妙用元武；次取戊土，丙火佐之。三者高透，富贵无双，或透一二，亦主贡监衣衿。

庚金长生在巳，时值丙火当旺，庚金之气自弱，虽戊土得禄，丙不镕金，但戊土亦不能生金，书云：群金生夏，妙用元武。元武者，北方壬癸水也。得水制火润土，功成反生，故金生三夏，不能离水为用也。无水只能用戊土晦火存金，乃不得已而思其次。如四柱金水太旺，反用月令当旺之火，是又格局之变也。

或一派丙火，名假煞为权，不见壬水制之，此人假清高，虚仁义，弃旧迎新，刑妻克子。若得壬水出干制之，主大富贵，壬藏制之，主小富贵，但名大而无其实。

庚金多，见丙火出干，身旺煞高，假煞为权，须用壬水制煞，病重得药，主大富贵。否则火炎土燥，庚金虽多不旺，虽有戊土引化，不致金被火伤，亦必刑妻克子。① 壬水藏支，得运引出，主小富贵，有名无实者，有制煞之意，而无其力也。

或支戊金局，变弱为强，用丙无力，须丁制为贵。丁透不见壬水，为富贵中人，无丁无用之人，或丁出三四，煅制太过，到老奔波。

庚金虽长生在巳，气极微弱，然见酉丑会局，即转弱为强，尤以得丑

---

① 如是辛金，夭折贫贱。

字为妙。湿土生金，妙用元武，此与甲木生亥，见卯未会局意同。① 庚金转强，当用丁火取贵，忌壬癸伤丁，丙亦可用，惟不如丁制为贵。② 丁出三四，官多化煞，又须以水为救矣。

总之，四月庚金，虽壬丙戊俱无，亦勿拘，但看何病多，则用何药先也。妻子依用同前。

庚生四月，以水为必需之物，丙戊为当令之神，故取用以此为先。无壬用癸，其意相同，应病与药，总不能无水。妻子依用神而定，同前看法。

剑戟成功，入火乡而反害，金逢火已损，再见火必伤，庚辛火旺怕南方，逢辰巳之乡，又为荣断。

此节义甚晦，抄本删除，兹照《穷通宝鉴》补录后。金至申酉巳丑，得丁火煅炼，名剑戟成功。入火乡反害者，运行地方地也。金逢火已损，谓金生三夏也。再见火必伤，故运喜西北，不利南方，见《总论》。庚辛见火旺，虽怕支方，然逢辰巳运，又为荣断。盖辰为湿土生金，巳为庚金生地，辰巳列于巽宫，辰合酉，巳会酉，暗藏金气。若原命有酉，见辰巳会合，反作旺论，为怕南方之例外也。

**壬寅，乙巳，庚戌，丙戌。**

刑克，飘荡离乡客外之人。

按：此造壬水无根，气泄于寅，不能制丙，火土无情，奔流之客也。

**癸丑，丁巳，庚子，丁亥。**

秀才，大富，五子皆贵。

按：巳丑会局，庚金转旺，可用丁火，但重官不贵，又见癸伤，宜其富而非贵，水至亥临官，五子呈祥。

以上《造化元钥》。

**甲申，己巳，庚午，戊寅。**

道光四年五月初八日寅时。

钱应溥命，寅午会局，专用申宫壬水，运行西北，拔贡，位至军机。

---

① 见丙火十月节。
② 见上三月。

乙丑，辛巳，庚子，丙子。

同治四年五月初六日子时。

齐耀珊命，群金生夏，妙用元武，支成金局，用巳宫当旺之火，富贵奚疑，但用丙火七煞为武阶，用丁火官星为文职，位至省长，疑是丁丑时也。

己卯，己巳，庚申，辛巳。

光绪五年四月十七日巳时。

李根源命，专用丙火，喜申宫有壬水制之，惜壬丙皆藏，支又值三刑，屡掌兵柄，又长农商，起伏无常。

壬午，乙巳，庚戌，辛巳。

光绪八年三月廿四日巳时。

杨树庄命，支成火局，两巳藏丙，喜壬水出干制之，胎元丙申，壬水有根，假煞为权，位至海军总长。

壬午，乙巳，庚戌，壬午。

光绪八年三月廿四日午时。

曾宗鉴命，与杨造仅差一时。用午中丁火，为文阶而非武职，年时两午，会戌成局，更值火旺之时，仍非用水制之不可，位至总长。

## 五月庚金

五月丁旺而烈，庚逢败地，专用壬水，癸又次之。

五月丁火司令，庚金煅制太过，不能离壬癸为用，虽四柱无水，仍宜运行北地，故云专用壬癸，所谓妙用元武也。败地，沐浴也。

壬透癸藏，支见庚辛金，富贵反掌，切忌戊己出干制水，便作常人。或戊藏支，又有木制，亦不失儒林之秀。或金透天干，壬藏支中，又有支金生助，定主选拔。或壬藏戊出，木不能制，常人。或癸出见金，亦好，但富贵皆轻，异途乃利。

五月金逢败地，水亦值绝地，单见一二点壬癸，不足以破火，反为旺火燥土所烘干，故有壬出干，更须癸水助之。支见庚辛金以生之，方为有源之水，富贵反掌，金透壬藏，其理相同。用壬忌戊己出干，更看木能制不能制，为格局上下之分别。癸水力弱，故富贵皆轻，言异途者，正以贵有所不足也。

或支成火局，乏水者，奔波无定；见壬癸出干制火，虽不科甲，亦主异途恩封；戊己出干，又作常人。支成火局，无水须透戊己，补庚泄火，庶免夭折孤贫，若土亦不透，下贱废人。

支成火局，煅制太过，必须以水为救，忌见戊己，与上文一理。无水则用土以泄火气，官印相生，庶免金被火伤。仍以运行北地为美。[①] 若支见戌未燥土，己土又不出干，既不能从煞，又无水为救，斯真下贱残废之命矣。

或一派木火，无伤印比劫，作从煞论，富贵非轻。

五月午宫自有己土，如见食神伤官壬癸，则成反生之功，故除比印之外，更须无食伤，方能作从煞论。五月庚金，月令官印并旺，午宫己土，虽不能生庚金，终有相生之意，切不可轻作从论也。

总之五月庚金，无水，必非上格。

总结上文，即使无水，亦必运行北地，待水而发，所谓妙用元武也。

**己未，庚午，庚戌，壬午。**

早年刑困，子晚妻迟，晚年大富寿考。

按：此造印比食神均出干，决不能以从论，似从而不成从，所谓类象是也。如虞和德造：丁卯，丙午，庚午，己卯，一派木火，从象更真，但因己土透也，得禄于午，不能从也，得意在辛丑庚子运。此造先贫后富，恐亦富在辛丑庚子运也。庚金阳干，不易言从，加以胎元在酉，阳刃暗藏，最宜带水之土金运，《总论》云：运宜西北，不利南方是也。复次《三命通会》云：庚金坐午又为提，丁己齐明两可宜，干支无丙来混杂，水绝肩多作富推，注曰："庚午日生于五月透丁己，官印俱明，利名发达，若午多，壬午时亦吉，如遇丙煞不利，若从煞格，不宜水制之。"又一造：己丑，庚午，庚午，丁丑，柱见两丑，暗藏金水可用，其不能从煞，更为

---

[①] 午宫丁己得禄，官印乘旺，本可取贵，因喜用相违，故富而贵，见下己未造。

明显，特此类命造，早年多困苦，《八法关键》云：类化气而不成局，类印绶而不成印，多靠别人之力，入继过房之命，即使幼非孤苦，亦必承受他人福荫。录之以供参考。

**庚申，壬午，庚寅，壬午。**

两干不杂，一榜知府。

按：两干不杂，取其清耳，专用庚壬。

以上《造化元钥》。

**壬申，丙午，庚午，甲申。**

嘉庆十七年四月廿八日申时。

何桂清命，年时两申，庚金得禄，丙火煞旺，专取食神制煞为用，翰林出身，官至两江总督，洪杨乱时，失守南京而伏法。

**辛酉，甲午，庚戌，庚辰。**

咸丰十一年五月廿三日辰时。

徐绍祯命，辰戌魁罡相逢，年逢辛酉，阳刃，午宫丁火当旺，为官刃格，运利西北。

**丁卯，丙午，庚午，己卯。**

同治六年五月十八日卯时。

虞和德命，专用己土，运利西北，见上己未造。

**壬午，丙午，庚寅，庚辰。**

光绪八年五月初五日辰时。

张叙忠命，时逢庚辰，日元不弱，寅午会局，专取壬制为用。

## 六月庚金

六月三伏生寒，金顽已极，先丁火，次取甲木。

六月庚金，在大暑之前，看法同五月；大暑之后，金水进气，四柱见水多，名三伏生寒。土在三夏，得旺火相生，故辰戌丑未四季之土，以未月为最旺，详见《总论》。土旺金顽，故先用丁火，次取甲木，身旺固喜财官，身弱喜印，亦取甲木疏土，以显庚金之用也。

丁甲两透，科甲清显，忌见癸水伤丁。有甲无丁，常人；有丁无甲，有能秀才；丁甲全无，下贱。盖未月虽有丁火，不出只如无有。或未丁不被水伤，贸易之流，衣禄充足，支中见水，执鞭之士。

未月火之衰位，虽有炎炎之象，实为强弩之末，非丁火出干，甲木引丁，不能煅庚成器，故必以丁甲两透为贵也。木至未月墓地，气亦衰歇，故有才无官，庸俗谋利之徒；有官无财，儒秀有能之士，皆非上格。次释无丁之意，未中自有丁火，何云无丁乎？盖未月己土当旺，丁火不透，论土不论丁，丁火之气，泄于旺土，虽有如无。然亦非全无用处，惟才官皆衰竭，所见征应，不过前禄弃足，不足以取贵也。丁火不论藏透，皆忌为癸所伤，此用神不可损伤之通例也。

或支成土局，甲先丁后。甲透者，文章显达，富而且贵。

上言用丁，甲木为辅，此言用甲，丁火为辅。支成土局，须有甲木疏土，庚金方显，故以甲木为用，丁火为佐，甲木亦必出干，方能得疏土之用。

或柱见多金，有二丁出制，异途显达非常，一丁出制，刀笔之吏。

重言用丁。书云：重官不贵，然未可一例而论。六月进气之庚，柱见比肩，非得二丁出制，不能取贵，虽非正途，亦能显达。一丁力薄，刀笔扬名，亦异途也。

总之六月庚金，专用丁火，甲木为佐。

总结上文。

**丙辰，乙未，庚申，癸未。**

用未中二丁，为役起家，早岁发达无比。

**丙辰，乙未，庚申，丁亥。**

丁透甲藏，早年得志，一榜，巨富，少兄弟。

按：上两造，相差一时。丁亥时，丁透甲藏，故有乡举之贵。癸未时专用未中二丁，故仅衣禄充足而不贵也。

**丙午，乙未，庚寅，壬午。**

壬透制火，县令，大有才干。

按：此造壬水制煞为用，身弱喜金水运。

**辛亥，乙未，庚子，己卯。**

秀才，捐监，官至州同。

按：此造甲藏亥宫，丁火不透，且为支水所伤，幸己土出干，制癸，甲木破未出丁，杂职小官，无异商人，最难辨别。

**癸巳，己未，庚子，甲申。**

此伤官格，制煞太过，入木火运，才旺生杀，举人。

按：子申会局而透癸水，伤官格也。未中丁火，压伏在下，行才运化伤生官破印，乃有生发之机。

以上《造化元钥》。

**戊申，己未，庚午，丙戌。**

道光廿八年六月廿八日戌时。

赵舒翘命，地支午未申戌夹酉刃，庚金暗旺，丙火出干，行北方水运，翰林出身，官至尚书，丑运辛丑年，合起阳刃，以附和拳匪伏法。

**庚午，癸未，庚申，丁亥。**

同治九年六月廿五日亥时。

熊希龄命，丁透甲藏，专用丁火，癸水伤丁为病，至戊运去伤，位至总揆，有名流之举。

## 七月庚金

七月庚金司令，刚锐已极，专用丁火煅炼，次取甲木丁光。书曰：秋金锐锐最为奇，壬癸相逢总不宜，如逢水火来成局，试看福寿与山齐。

七月庚金秉令，刚锐已极，《明理赋》云：强金得水，方挫其锋，似宜水以泄之，不知庚金之性质，必须煅炼方成大器，以用丁火为贵，甲木生寅，宜泄不宜克，庚金生申，宜克不宜泄，五行各有所宜，而兼有气候之关系，此理仅本书有此发明。① 煅炼庚金，丁火为上，而丁火必藉甲木为引，方能炉火常红，故以甲为佐，《滴天髓》云：如有嫡母，可秋可冬，丁火不离甲木，秋冬尤甚。

如得丁甲两透，权重百僚；有丁无甲，秀士；有甲无丁，常人；丁甲两无，下格；无丁，则姑用丙。

庚金得丁甲，抑旺金使之就范，必主威权。无甲，丁火必薄，煅庚不能成器，仅为秀士。有甲无丁，同庚神生才格，木值休囚，财星不旺，衣禄平人。无丁用丙，亦可取富贵惟较逊耳。

或支成水局，柱中即有丙丁，不见甲木为根，必主愚懦，何也？孟秋金旺生水，困丙丁火，岂能出人头地？见甲出引丁，贡监生员。甲藏不过一方能士，稍有衣禄。

支成水局，不见丙丁，天干三庚并透，名井栏义格，取对冲丙丁虚神为用，更宜甲乙寅卯运为引，见丙丁则用实不用虚，水旺火衰，食伤制官煞太过，非用才生不可。次申述其理，七月壬水长生，再成水局，水旺极矣，虽在地支，丙丁之气自慑，何能煅庚成器？非见甲木泄水生火，焉能显其用乎？有甲木出干，不失为贡监生员。甲藏无力，仅为衣禄能士，难冀显达也。

或支成土局，先甲后丁，大富之人。

支成土局，疏土为要，破土则金显，引丁则地位高，用财为主，为大富也。

支成火局，富贵中人。

支成火局，无须再见甲木为引，盖寅中自有甲木也。

金刚木明，行商坐贾之人。金备申酉戌之地，富贵无疑。金神入火乡，逢羊刃，富贵荣华。

上三句为本书抄本所删，兹据《穷通宝鉴》录附于末。金刚木明，专用财星，乃商贾之人。金备申酉戌西方，有火用官煞，无火为从革格，故富贵无疑。庚金见酉为阳刃，时值三秋，庚金当旺，得火煅炼，更行南方

---

① 月令建禄，以才官为正用，初春甲木喜丙乃例外，仲春即宜才官。

运，名金神入火乡，盖强金入范，自有一种威武不屈之精神。七八九月同论，观此自明。

**戊申，庚申，庚申，丙子。**

井栏叉格，元帅。

按：此造身强煞浅，假煞为公，专到时上偏官为用，子申水局，有戊土制之，丙不受困，总握兵符。

**癸巳，庚申，庚申，丁亥。**

一榜，府尹。

**乙未，甲申，庚戌，丁亥。**

先贫后富，子肖。

按：以上两造，皆用丁火，甚明显。

**辛酉，丙申，庚子，丙戌。**

咸丰十一年七月十四日戌时。

王士珍命，支备申酉戌西方，子戌拱亥，丙辛合去一煞，专用时上丙火，金神入火乡，富贵荣华，为北洋军阀领袖。

## 八月庚金

八月庚金，刚锐未退，仍用丁甲，以丙佐之，丙火不可少也。

八月庚金，月垣阳刃秉令，金气最为刚锐，秋气渐深，寒威日重，故须丙丁并用，以丁煅冶庚金，更以丙火解除寒气。此官煞并用之法，从经验而来，官煞非特不忌其混，且必须并见，方能取贵也。心煞刃格，月令煞当旺则宜用印助刃，刃当旺则宜用才生煞，此五行之所同也。

丁甲两透，又见一丙，科甲显官，且月见一阳刃，不冲。支藏一点丙杀，名阳刃架杀，主出将入相，耿介忠庚。如不验，风土之薄也。

此言丁丙并用之法，月令阳刃秉令，官煞必居绝胎之位，力量微薄，宜财以生之，故言丁甲两透也。阳刃忌冲，非令终之兆，故以不冲为完美。丁透丙藏，官煞混而不混，《金声玉振赋》云：从革复出乎三奇，血食迄千秋而未艾。三奇者，乙丙丁。① 庚金临酉刃，复遇三奇，必主出将入相，耿介忠良，如若不贵必别有破败，宜细推之。

或丙火重重，一丁出干，支下藏甲，亦主科甲仕宦。丙出丁藏，异途显职。

承上文，论煞刃均停，贵为王侯，此言煞旺刃轻，亦主科甲仕宦。煞刃多主武贵，故言异途职。

或丙丁在支，甲透而水不透者，清高到底，衣衿能士。

承上文，阳刃架煞格局，只要无水困水，虽丙丁藏支，亦为清贵之士，以上论官煞并用。

或干无丁火，叠见丙出，此假煞重重，有刃不能作从煞论，常人而已；即有一丙透，秀而不富。

此论专用丙火。庚金须见丁火煅炼，方成大器，无丁见丙，一富而已。盖月令阳刃秉令，即使丙火重叠，支会火局，气成偏旺，亦不能从煞，无取贵之法也。

或丙丁甲乙全无，支会金局，有水出干以泄金气，尽行西北运，不见火乡，此名从革，为人清雅，富中有贵，但常招凶事。若运入火乡破格，死不能延。或柱中有火破格，飘流孤苦，为僧作道。运入木乡，衣食稍丰，然总是近于九流技艺之士。

此言从革格。四柱无木火，而支成金局，或支全西方，金气纯粹，偏旺一方，从革成格。强金得水，方挫其锋，专到水以泄金气，名金水同心。四柱见火则破格，行运亦不能入火乡，然流年焉能全行西北，故常招凶事；若大运至南方，命决难延。次论有火破格之局，原命有水出干困火，不能取煞刃格，更行西北，官煞愈困，势必飘流孤苦；行东方木运，泄水生火，比较可行木，财运也。故衣食稍丰，然格局混杂，故为必流技艺之士也。

或支见重重甲乙，无用人也。金旺木衰，非火莫制，不见丙

---

① 或卯巳午。

丁，必作艺术之流。

八月庚金秉令，首论用火制刃，为煞刃格。次论用水泄金，为从革格。此言用财，金旺木衰，得火则同煞刃，得水为食伤生财，从革不成，商贾艺术之流亚也。旺金无用印之理，置之不论。

**甲辰，癸酉，庚申，辛巳。**

知州。

按：专用巳宫丙火，癸水在干，更得甲木引化，丙火无伤，所以取贵。

**乙巳，乙酉，庚午，丁亥。**

才旺生官，举人，官至粮道。

按：此造丁火出干，得禄于午，亥宫藏甲，故较上造为胜，位亦较高。

**丙子，丁酉，庚子，丙子。**

身旺任杀，丞相。

此明代乔行简尚书命，干透两丙一丁，癸水在支，不伤丙丁干火，贵至极品。

**丁未，己酉，庚辰，乙酉。**

中命。

**丁丑，己酉，庚辰，辛巳。**

举人，知府。

按：上造丁透无丙，下造透丁藏丙，一字之差，贵有差等。

**己亥，癸酉，庚申，戊寅。**

阳刃架煞格，丞相。

按：寅中丙火制刃，寅亥皆藏甲，引生丙煞，天干癸水有戊土克制，暗化助煞，大运逆行南方，贵居极品。

**癸丑，辛酉，庚子，丁亥。**

刑克孤贫。

按：癸水伤丁，无土为救故也。

以上《造化元钥》。

**辛卯，丁酉，庚午，丙子。**

康熙五十年八月十三日子时。

清高宗乾隆命，书云：子午卯酉，入格为四极，不入格者为四冲。此造煞刃通根并透，乃煞刃格，不以冲论，更有丁火出干，六十年太平天子，威加四海，非寻常所能及也。寿八十九。

**庚午，乙酉，庚子，壬子。**

乾隆十五年九月初一日午时。

权臣和坤命，年月午酉相破，官星带刃，理同煞刃，无如日主庚金合乙，恋财而不顾官星，贪财忘官，包藏祸心，权奸有异志者，大都类此。日时子午相冲，故晚局不终也。

**戊申，辛酉，庚申，辛巳。**

道光廿八年八月十九日巳时。

孙诒让命，官至主事，金多火熄，著述传世。

**丁巳，己酉，庚子，丁亥。**

朱古微祖谋命造，两丁出干，丙甲藏支，位至侍郎，屡掌文衡。

**甲申，癸酉，庚辰，丁亥。**

光绪十年八月初九日亥时。

王树常命，丁甲出干，惜支无丙火，总领师旅。

**癸巳，辛酉，庚申，丙戌。**

光绪十九年八月十一日戌时。

石友三命，支备申酉戌西方，丙火出干，得禄于巳，假煞为权，柱无丁火，总领师干，贵为省主席。

## 九月庚金

九月戊土司令，大惧土厚埋金，先用甲疏，次用壬洗，金自出矣，忌见己土浊壬。

九月庚金在霜降之前，与八月同论。土旺用事之后，无形之中，充塞宇宙，大惧戊土出干，土厚埋金，必以甲木为先，更取壬水冲刷土层，庚金之用自显。金水宜其清澄，见戊土则阴壬之流，见己土则浊壬之气，故戊己二者，皆以出干为忌也。

甲壬两透，科甲有准，忌见戊土己土。或甲透壬藏，乡绅不少；甲藏壬透，廪贡堪谋；有甲无壬，多能之士，犹有学问；有壬无甲，平常之人，莫问衣衿；壬甲两无，僧道无能之人。

九月戊土，旺于无形，得甲疏土，得壬洗金，自然显达。如见戊己出干，则一甲力有不足，须得两甲，方能制旺土，参阅九月辛金节。甲疏土，显庚金之用，主声望地位。壬洗金泄庚之秀，主学识才能，故藏透轻重之间，其征验有不同也。

或支成火局，功名魁士，压服一方；不见癸水，一榜可期。

承上文，九月建戌，见寅午会戊火局，不能再用甲木，见甲反助火旺也，当以壬水为救。戊土当旺之时，支成火局，见癸必合戊化火，正如滴水入于洪炉，反增其焰也。

或四柱戊多生金，全无甲壬者，混浊朴拙，即有衣禄，不能长久。或只一庚，戊多无甲壬者，愚蠢下贱，必遭埋没。

补述土厚埋金之意。戊多生金者，有比肩出干，土多金亦多，见丁火官星，亦可为用。然金气无泄，故混浊；金实无声，故朴拙，即有衣禄，不能久享。若一庚而见戊多，则必被埋没，故为愚蠢下格也。

**丁未，庚戌，庚子，丁丑。**

两榜。

按：此造土不出，仍用丁火，子水润土生金，三秋庚金之正也。

**庚寅，丙戌，庚戌，辛巳。**

方伯。

按：九月辛金余气犹旺，见辛金透，即是阳刃，取丙火七煞制刃为用，位至方伯，职兼文武，正煞刃格之见征也。

**辛酉，戊戌，庚申，甲申。**

尚书。

按：此造戊土出干，而支全申酉戌，用甲破土，运行南方，位至尚书。

**辛酉，戊戌，庚申，辛巳。**

从革格，太尉。

按：支全申酉戌西方，辛金阳刃出干，宜取巳宫丙火为用，喜其运行南方，七煞得地而贵，煞刃主威权，位至太尉，职掌兵柄，似不能以从革成格论也。又明王东台少卿造：辛未，戊戌，庚申，辛巳，相差一字，或为传抄之误，亦未可知。

**壬申，庚戌，庚戌，戊寅。**

粮道。

按：此造戊土出干，取寅中甲木疏土，壬水洗庚，惜甲藏戊透，贵居中等。

**乙亥，丙戌，庚寅，己卯。**

女命，用木疏土，得一品封诰。

按：此造己土出干，用甲木疏土，壬水制煞为用。

以上《造化元钥》。

**甲申，甲戌，庚辰，壬午。**

道光四年八月廿日午时。

曾忠襄公国荃命，甲木破土，壬水润土生金，而用午宫丁火，故贵不由科甲。地支辰午申戌，连珠夹拱，位至封疆，封子爵。

**庚申，丙戌，庚戌，壬午。**

咸丰十年九月二十日午时。

王丹揆命，庚金得禄于申，支成火局，功名魁士。丑运庚寅年，以进士分部，一任浙江财政监理官，太湖水利局督办。

**癸亥，壬戌，庚申，庚辰。**

同治二年九月十六日辰时。

陶炯照命，专用壬水泄秀，拔贡，举经济特科，历署名县，位至汝阳道尹。以甲木藏亥，疏土无力，故贵不过中等也。

## 十月庚金

十月水冷金寒，非丁不能造，非丙不能暖。十壬水秉令，庚金气泄而寒，庚性坚刚，非丁不能锻炼；寒气渐增，非丙不能解寒。故官煞，必以并见为美。用丁不离甲木，丁为主，丙甲为佐。丙丁两透，支无子水通流，一榜有之；又见寅巳蓄丙，两榜有准，或支中二子，得己出制，秀才贡士，且有能力。

亥宫为庚金病地，更见子字，水成方局。庚金之气，愈见泄弱，所喜在丙丁，水盛则火之气慑，故以支无子水通流为贵。丙丁同以寅巳为根，支无子水而见寅巳，引通丙丁之气，科甲有准。或支见二子而得己土出制者，亦有功名，何也？己土混壬，能生甲木，木得生扶，丙丁即有恃而无恐，此用反生之理，故不仅寻常儒林之秀。三冬庚金，水旺秉令，乃金水真伤官，金寒水冷，非丙丁不暖。庚金气泄，原命身弱者，宜行比劫运，所谓伤官最喜劫才乡是也。不能用印，金水喜清，见土则混浊，赋云：金水固聪明，有土反成顽懦是也。

若丙甲透而无丁者，常人，决无显达；丙透丁藏，异途武职。以上俱不能合，庸俗常人。

丙甲透而无丁，不能铸庚成器，故无显达之望。总之镕铸庚金，专赖丁火；解寒除冻，则恃丙火。此言取用之法，身强者喜丙丁运，身弱者喜比劫运，是又不可不知也。

或无丁，有丙透者，大富。

承上文，无丁有丙甲出干，庚金虽不成器，而水暖金温，必为富格。

如金水混杂，全无丙丁者，下格。或支成金局，无火者，僧道孤贫之命也。书曰：水冷金寒爱丙丁。

总结上文，十月庚金，水冷金寒，非见丙丁，不能取贵，除非合于外格耳。

**丁亥，辛亥，庚子，壬午。**

甲丁俱全，二丁得所，廉访。

**壬辰，辛亥，庚辰，丙子。**

女命，金清水秀，夫荣子贵，美而且贤。

**庚辰，丁亥，庚子，庚辰。**

嘉庆廿五年十月十七日辰时。

张凯嵩命，丁火煅金，位至巡抚。

**庚寅，丁亥，庚寅，乙酉。**

道光十年十月初六日酉时。

潘祖荫命，丁透丙藏，官至尚书。

**壬午，辛亥，庚辰，丙子。**

光绪八年十月廿七日子时。

朱耀东命，丙透丁甲并藏，惜丁火藏午，力有不足，旧家中富，位至财政部盐务署长。

**癸未，癸亥，庚午，戊寅。**

光绪九年十月廿三日寅时。

潘复命，寅午会局，丙丁甲均藏，好在戊癸相合，未亥会局，暗助火旺，位至财政部长，进总揆，卒于午运丙子年。

**戊子，癸亥，庚寅，戊寅。**

光绪十四年十月十二日寅时。

冼冠生命，丙甲藏寅，惜有丙无丁，富而不贵，为有名实业家。

**甲午，乙亥，庚辰，己卯。**

光绪廿年十一月初八日卯时。

宋子文命，甲木出干，丁火得位，财旺生官，乙合于庚，亥卯会局引生丁火，妙在庚辰日元不弱，宜乎大富贵，位至行政院长，总握财枢。

## 十一月庚金

十一月天气严寒，仍先取丙照。

三冬庚金，同为金水真伤官，与十月一理共推，专取丙丁为用，甲木为佐。此言先取丙照者，天气严寒，丙之为用，重于丁甲也。

丁甲两透，丙在支中，科甲有准；即无丙火，亦有贡监生员。有丁无甲，丁火无根，假贵真富，白手成家。有甲无丁，寻常人物；丙透丁藏，异途显达；丁藏有甲，武学可许。

金水伤官喜见官，以丁甲丙俱全为上格，同上十月。原命身旺，行才官运发，原命身弱，行比劫运发。庚金至亥子月，病死之地，水旺泄气，见戊己印则金水失其清，故专取比劫。金水寒冷，为调候起见，不能无丙丁，否则不足以言富贵。原命有丙丁，且看庚金强弱而论运程之宜忌也。一造：乙丑，丁亥，庚子，壬午，有丁无甲，富真贵假，庚金气弱，行申酉运，显达异途，其理至验。有甲无丙丁，专用甲木才星，泄食伤之气，商贾贸易之流，不足以取贵也。

或丙透癸出，多作常人，有能。或重见丙透，可许一富，但多劳碌鄙俗。或丙坐支寅，见有一二，富真贵假。见癸出干，一介寒儒。不见丁甲丙下格。

丙透癸出，名冻云蔽日，用神有损，故多作常人；力用虽减，犹有余光，故多能。重见丙透，虽有癸水出干，可许一富，但多劳碌鄙俗耳。丙藏支中寅巳，得解寒之用，同十月。无丁有丙，格成巨富。见癸水出干，丙丁压没在下，见丙丁运，又被癸水回克，终为寒儒耳。

或支成水局，不见丙丁者，此乃伤官格，聪明清雅，衣禄常盈，小富，但子息艰难；若戊透者大贵。

此名金水润下，盖庚金生仲冬，气泄于水，见支成水局。从全局论之，格局变为润下，与甲木生午月，支成火局，格局变为木火炎上，同一理也。见戊土透出以土为官，以丙丁为财，二旺生官，格局取贵，① 与壬水生十一月同论，此言戊透不言丙，略也。见下曹锟命。

或丙丁太多，名官煞混杂，书曰：官煞混杂最无良，又怕身轻有损伤，如遇东南二运地，焉能挨得过时光。过于清冷，似有凄凉。柱中一派金水，不入火土之乡，主一生孤贫浪荡，难望有成也。

此节《造化元钥》抄本删除，盖杂乱之局，无佳造也。冬令金水伤官，丙丁，为不可缺，而丙丁太多，又为喧宾夺主。金至仲冬，已嫌泄气，更见丙丁太多，岂非克泄交集。行东南既怕克身，北地又嫌泄气，惟西方比劫之乡为最佳耳。

**甲子，丙子，庚午，壬午。**

---

① 参阅辛金十一月节。

武举。

**乙卯，戊子，庚寅，戊寅。**

用丙得位，富真贵假。

**己未，丙子，庚子，丙子。**

无丁用丙，只作偏妃。

**辛亥，庚子，庚辰，癸未。**

丁甲在支，富贵俱小，子息至难。

**甲子，丙子，庚申，庚辰。**

井栏叉格，尚书。

按：此造井栏叉格，行东南木火运，大贵。

以上《造化元钥》。

**甲寅，丙子，庚申，辛巳。**

咸丰四年十月廿五日辰时。

张勋命，甲丙出干，通根寅巳，运行庚辰辛巳，比劫之乡，盛极一时，位至巡阅使。

**壬戌，壬子，庚子，丙子。**

同治元年十月廿一日子时。

曹锟命，飞天禄马格，丙火出干，戌宫戊土得位，金水润下，专用丙戊，运至丁巳为全盛时代，位至总统。一云戊寅时，未知孰是。

**己卯，丙子，庚寅，辛巳。**

光绪五年十一月廿一日巳时。

史量才命，庚金子月，死地也，好在庚寅煞印相生，引至时上长生，丙火己土并透，丙火独煞为权，故权重一时，为报界之王。丙火得长生禄旺之气，庚金衰退，运行金水之乡，盛极一时，所重在印，土得水润，乃能生金，至未运甲戌年，破己土印，被刺殒命。

**壬午，壬子，庚辰，甲申。**

光绪八年十月廿七日申时。

邵力子命，生于大雪后两时，专用午宫丁火，好在甲木出干引丁，位至部长。

## 十二月庚金

十二月寒气太重，丑为湿泥，愈冻愈寒，先用丙火解冻，次取丁火煅金，甲木亦不可少。

三冬庚金，不离丙丁。丑月虽土旺用事，然丑为湿泥，冰结池塘，非用丙火，不能解冻，次用丁甲，与十一月之理同。

丙丁两透，再加甲木，大富大贵。有丙无丁甲，富大贵小；有丁甲无丙者，有能秀才，不富自贵。癸透便是常人，但有衣禄耳。有丙丁无甲者，白手成家，异途显职，刀笔达时。

丙火调候，所以取富；丁火煅庚，所以取贵。三冬庚金，一理共推，以丙甲丁全为上格。癸水出干，困丙损用，与无丙不同，无丙者清贫，有丙而为癸所困，不失衣禄。同上十一月，宜参阅之。

或支成金局，无火，僧道贫贱之人。盖巳中丙火会丑成金，故为下格。如丁甲丙俱无，即支成金局，亦无用之人。

支成金局，更不能无丙丁为用。巳酉丑会成金局，三支之中，金气会同，分外专一，巳中丙火，依然存在，非不可用，①但丙火仅为调候。支成金局，庚金转弱为强，须用丁火煅金，仅巳宫一点丙火，力量微薄，虽有如无。若有丁火出干，巳即为根，运行南方，巳中一点丙火，即是元机暗藏，不可以其无而忽之。

**己亥，丁丑，庚午，丙戌。**

女命煞旺身轻，虽生官家，早夭。

按：此造月令正印出干，幼享荫庇之福，午戌结局，丙丁并透，金被火熔，早夭宜矣。

**庚辰，己丑，庚戌，癸未。**

女命，一夫到老，五子俱贵，大富家。

按：此造支全四库，己土出干，喜有庚金比肩并透，土虽旺，生金而

---

① 参阅癸水四月节。

不埋金，荫庇甚优。癸水在时，泄金之气，子星亦秀，天干土金水同出丑宫，福泽厚矣。

**乙巳，己丑，庚子，壬午。**

金水太旺，丁火无根，残废之人。

按：病在子午一冲，午中丁火被损也。

**己巳，丁丑，庚子，甲申。**

**己巳，丁丑，庚子，乙酉。**

上两造兄弟孪生，兄举人，弟生员。大抵以后落地为弟，占乙酉时，失甲无以引丁，丁虽出干无根，故贵有大小耳。

**癸丑，乙丑，庚辰，戊寅。**

咸丰三年十二月十日寅时。

严几道命，好在戊寅时，寅宫暗藏丙甲，文名播于四海，得天爵之贵。

**辛未，辛丑，庚辰，丁丑。**

同治十年十二月廿五日丑时。

李开侁命，支聚四库，土旺生金，丁火出干，煅庚为贵，拔贡出身，位至广东巡按使。

**癸酉，乙丑，庚寅，丙子。**

同治十二年十二月十六日子时。

张载阳命，丙火通根于寅，乙木化癸，不致困丙，历任镇守使，位至浙江省长。

**辛巳，辛丑，庚申，辛巳。**

光绪七年十二月初二日巳时。

李国杰命，从革格失令，运行西北富贵至乙未运，气转南方，己卯年正月，突遭暗杀毙命，年五十九。亡劫带合，非令终命也。

**乙未，己丑，庚午，丙戌。**

光绪廿一年十二月初四日戌时。

友人顾蔚文命。

# 命理秘本穷通宝鉴卷八

## 正月辛金

正月阳气舒升，寒气犹有未除，然丁月建寅，寅中有长生之丙，可解寒气。但忌甲木司权，辛金失令。性爱湿泥滋养，先取己土为生身之本，次用壬水淘洗，方能显辛金之用。

正月辛金，寅宫自有丙火，无须另取调候之神。辛金本是衰竭之金，又值休囚之际，非用己土生金，不足以固其根本；非用壬水冲刷，不足以显其功用，故正月辛金，不离己壬为用。但忌甲木司权，泄壬破己为病，失令之金，不能制甲也。或谓正月庚金，喜丙解寒，忌土压没，何以辛金相反？不知庚金刚锐，其性自寒，故喜丙火出干解冻。辛金温润，其气轻清，有寅宫丙火，阳回大地，金气自温。若丙火出干，丙辛相合，不能不用官星，辛金太弱，不能任才官，必反为所困也。正月之金，不能无土，特土多有埋金之忧，庚金生旺，见戊土多，喜甲木疏泄，辛金衰竭，用己土忌甲木破印也。庚金以克为功，辛金以泄为美，其性质殊也。

己壬两透，支有庚金制甲，不伤己土，科甲显宦。己出天干，甲藏寅支，不科甲，亦主异路恩荣。或午中藏己，申中藏壬，不止贡监生员，异途更显。或己壬缺一，名群臣失势，富贵难全，虽聪明过人，正途难发达。或用丙火，不学武，刀笔更利。或见壬，无己庚者，贫贱。

己壬两透者，己土出干为透，见丑未地支亦为透，取其能生辛金也。支有庚金制甲者，见申支也。寅申喜其相冲，庚能制甲，壬能润土，辛金得申，不旺自旺，此以相制为用也。如甲木藏寅，己土出干，则支木难克干土，寅中又有丙火化之，虽配合稍逊，亦主异途显达。午中丁己，得申宫壬水去丁润己土，辛金得印劫之助，壬水淘洗，己壬虽不出干，亦主显达，惟异途耳。正月辛金以己为君，壬寅为辅，己壬缺一，君臣失势，富贵不全。或有己庚印劫，而无壬，则用甲丙才官，非武职，必为刀笔异途。若见壬而无己庚，弱极之金，何堪泄气？必为贫贱之命也。

或支成火局，即有壬水己土，不能承受，盖火克辛金太过，己虽生之无益，常人而已。若庚壬两透，壬以破火，庚发水源，定主富贵显达。

辛金软弱，又生于休囚之月，支见寅午戌成局，非得壬水为救，金必被伤。但春水气亦衰竭，须有庚金生之，方能戍制火存金之功；否则，虽有己土，火旺土燥，不能生金，亦无益也。

或支成水局，不见丙火，金弱沉寒，寻常人物，且早年困苦。书曰：金水性寒寒到底，凄凉难免少年忧。如丙透为暖，便主富贵。

支成水局，衰金泄气，寅宫丙火为申子所制，故为寻常人物。正月丙辛无化水之理，专此调候，必须出干，方显其用。言主富贵者，辛金如有印劫之助，得丙火调候，便是富贵之格，身弱得此，亦可免于困穷也。

总之正月辛金，先己后壬，取庚救己为佐，丙火酌用。用己火妻土子，用壬金妻水子。总结上文，正月辛金，不离己壬为用，因寅宫甲木司权，有破己土之权，故取庚金制甲为救。如辛金弱中转旺，金水气强，则用丙火，须斟酌强弱定之。

辛为衰竭之金，不宜克制，故忌见火。生于寅月，气值休囚，忌见午戌会成火局，故云最怕洪炉也。朝阳以六辛日见子时为成格，正以忌火而用水为救也。诀云：辛日子时，忌行火地，西北行则吉，东南忧凶，金水涵秀，又兼为救，故成贵格。此数语并非指正月辛金，为《造化元钥》抄本所删，附录之以备参考。

**丙辰，庚寅，辛酉，己丑。**

有能秀才，多兄弟，少子，有己土无壬故也。

按：此造己土相生，丙火照暖，庚金制甲，格局颇全，惟缺少壬水，辛秀气不流通，仅一秀士而已。

以上《造化元钥》。

**乙酉，戊寅，辛卯，壬辰。**

光绪十年十二月廿一日辰时。

熊炳琦命，生于立春后一日，寅宫丙火解寒，专用壬水，虽无己土而有辰酉六合之金，足为生身之本也。

**辛卯，庚寅，辛亥，壬辰。**

道光十年十二月廿七日辰时。

杜瑞麟命，专用壬水，翰林出身，位至巡抚。

# 二月辛金

二月辛金，阳气发于外，壬水为尊，见戊己便为辛病。有甲木制之，辛金不致埋没，壬水不致混浊，用神之清，如病得奇药。合此清高雅秀，翰林相位可期。

辛金气本衰竭，生正二月，时值休囚，见土多则埋，身虽弱不能用印，柔弱之质，最怕洪炉。辛虽多不能用官煞，惟有庚金劫助，壬水泄之，最为上格。金水戊格，最忌戊己，《金声玉振赋》云：金水固聪明，有土反成顽懦，盖以土能埋金浊壬故也。得甲木为去病之药，便成贵格。

或壬戊出干，不见甲出，此为病不遇药，常人而已。乙透破戊，虚名声，假富贵，虽主衣衿，亦奸诈刻薄，外盈内虚耳。

承上用甲破戊以救辛壬之意。乙木阴柔，有克土之名而无其实，故名利俱假。乙在二月旺极之时，木气虽竭，余勇可贾，故尚能主衣衿，但不足以破戊土，故有外盈内虚之象。此十二宫盈虚消息，逐渐转移，见之于征象，亦不微细辨别也。

或一派壬水，名金水汪洋，淘洗太过，不得中和，作事不能用力，万事不能承受。合此，男女俱不吉。或支成木局，泄壬之乞，又无庚金助壬制木，定主常人。庚透主有富贵或见壬水，重重戊制，反吉。

辛金休囚，更见壬水汪洋，泄弱辛金之气，必致懦弱无能。虽从儿成格，更见才星，不足为贵，非见庚金不可，所谓子旺母衰，宜助其母也。用神多者宜泄不宜克，① 若见支成木局，虽能泄壬之气，但春辛太弱，无庚金劫助，不能任才，平常人物；见庚便为富贵之格，无庚不得已用戊。言戊制反吉者，不致夭折残疾，土重埋金，不免压没在地下也。

或支成火局，名火土势杂，官印相争，金水两伤，贫贱下格。得二壬出制，富贵反奇。

二月辛金，见支成火局，火旺金镕，残疾夭折之命。有戊己出干，火旺土燥，金水两伤，亦是贫贱下格。必得庚壬两透以为救，② 或得两壬出制，均为病重得药，反主富贵。

总之二月辛金，柱不成局。壬甲两透者，科甲富贵无碍。或壬藏亥支，不见戊土出干，有能有富秀才。得申中之壬者，异途名望。或支有壬，又甲壬出干，富中取贵；无壬者，下格。或见火多无壬而用癸，常人。其生克之理，与正月辛金皆同。

总结上文，柱不成局者，不成木局火局及水局，申中有庚，故壬藏亥支，富重贵轻。藏申支，虽异途而有相当之地位声望也。见火克制，必须壬水为救，无壬用癸，力有不足，更须不见戊己，方可为用，然亦常人而已。

辛金生于春季，一派壬水，而无丙火，即能显达，家无宿春，得壬丙齐透，方许大富大贵。

此数语意义矛盾，盖变格也。辛金见一派壬水，气势尽泄，即作壬水论。见丙为才，壬丙辅映，富与贵兼。③《造化元钥》抄本删除，录附于此，以备参考。

乙卯，己卯，辛酉，甲午。

---

① 见甲木节。
② 见上正月。
③ 参阅三冬金水伤官变格节。

用胎元庚金破木，位至太守，欠壬水，故无嗣。

乙卯，己卯，辛酉，壬辰。

都堂。

乙酉，己卯，辛卯，丙申。

用庚不用壬，木多故也，虽官至侍郎，七妻，无子。

按：以上三造，皆藉胎元庚金为助，二月辛金太弱，见戊己又惧埋金，如无庚助，即壬水淘洗，亦力有不生也。

己未，丁卯，辛卯，己亥。

专用丁火，贡士，文盖世，为人亦温雅清俊，但有兄弟，妻子无力。

按：支成木局，己土又浊亥中壬水，气势尽泄，只能用相火泄木气以生土，己土出干，不能以从才论，辛金太弱，所谓万事不能承受是也。

己未，丁卯，辛丑，戊子。

柱欠壬水，故为奴仆。

按：不特柱欠壬水，缺乏秀气也。子丑一合，湿土互凝，戊己出干，土重埋金，无甲木为救，宜其压没在下也。春夏辛金，衰弱而不能用印，最难取用。

甲午，丁卯，辛未，己亥。才旺生官，状元。

按：丁己同宫于午，得甲木在年生丁火，不伤己土，支成木局，才旺生官，辛金有己土印相生，便成贵格。

辛卯，辛卯，辛卯，戊子。

孤寡。

壬子，癸卯，辛卯，壬辰。

女命，金水汪洋，加以运行西北，主少年淫贱，晚年孤寡。

以上《造化元钥》。

戊申，乙卯，辛亥，戊子。

道光廿八年二月初七日子时。

朱葆三命，六阴朝阳，喜申宫庚金泄戊土，身旺任才，富中取贵，金水运得意。

庚午，己卯，辛亥，己丑。

同治九年二月十五日丑时。

227

陈宦命，庚金出干，泄己助辛，用午中丁火，亥卯会局，才旺生官，官至四川督办。

**丙子，辛卯，辛丑，己亥。**

光绪二年三月初九日亥时。

洪兆麟命，才旺生官，总领师旅，惜丙子辛卯，刑合为病耳。

**丁丑，癸卯，辛卯，戊戌。**

光绪三年二月初五日戌时。

蓝天蔚命，戊制癸存丁，才旺生官，总领师旅。

**甲申，丁卯，辛酉，庚寅。**

光绪十年二月十五日寅时。

鹿钟麟命，庚金出干助辛，身旺任官，丁火官星，丽于甲木，位至方面。

# 三月辛金

三月戊土司令，辛承正气，母旺子相。

三月辛金，与二月同。壬水为尊，月垣正印秉令，湿土相生，辛金气势亦不弱。辰为东方之土，木之衰位，见寅卯全，木聚成方，则以木论；无寅卯，则为土旺之地，不论其木也。

所忌者，丙出贪合也。如月时见二丙出干，名为争合，虽人物寻常，亦喜清雅，好交游。如年干见癸破丙，可许衣衿，但日用有缺。或支坐亥子丑，癸水通源，可以破丙解合，便用庚中壬水，虽不由科甲，却不失禄位。若戊出干破水局，无甲破戊，才学富足，但为寒羡之士。

三月辛金，虽值印旺秉令，究是休囚之地，喜壬水为用，见丙火出干，有贪合不顾用神之嫌，日主之情向于官星，故虽寻常人物，而喜清雅好交游。年干见癸，[①] 支不通根，破丙力薄，虽儒秀而清贫，必须见壬，

---

[①] 丙辰月属戊癸年。

方可言富贵。壬水藏于亥申，三月土旺用事，亥宫之壬，有甲为辅，故不失禄位。无亥而见申宫之壬，虽亦可用，究嫌无甲破戊，故见申辰会水局，而无水出干者，才学虽富，终为寒蹇也。辰月土旺之时，无戊出干，犹有埋金塞水之嫌，若明见戊土破水局，而无甲木为救，则才高命蹇，终于埋没耳。所以三月辛金，不离壬甲相辅为用也。

或支见四库，名土厚埋金。不见甲制，愚顽之辈。

承上文，三月辛金，壬水为用，土重为病，支见四库，干透戊己，为土厚埋金，不见甲制，病不遇药，愚贱之命，终于埋没也。

总之三月辛金，先壬后甲。壬甲两透，富贵必然；壬透甲藏，禀贡不失；甲透壬藏，富而且贵，异途更显；壬甲皆无，平常之格。

总结上文，三月辛金，壬水为用，防土晦塞，以甲为辅。壬甲两透，必然富贵之命，壬透甲藏，虽被破土之力不足，不失廪贡之贵。甲透而壬藏申亥，则与壬甲两透无异。无壬甲，贫贱之格也。

或四柱多火，无一壬字，名火土杂乱，虽有甲亦不妙，定为僧道孤贫。见癸可解其凶，三月辛金之需用壬水，正以阳气舒伸，辛金在胎养之位，气势微弱故也。若四柱多火而无壬水，虽见甲木，不能破土，反助火旺；见癸破丙，可许衣衿，[①]惟清贫耳。或比劫重重，壬癸浅弱，主夭。有甲出干则贵，然无庚制方妙。

此数句意义甚晦，《造化元钥》抄本删除，附录于末。比劫重重，正宜用水泄秀，而壬癸浅弱主夭者，月令辰土当旺，无形之中破贱弱之水也。有甲出干制土则贵，见庚破甲，与无甲同，故以无庚制为妙。

**癸丑，丙辰，辛亥，戊子。**

乾隆五十八年三月十八日子时。

骆秉章命，丙火出干，喜有癸水破丙解合，支坐亥子丑地，癸水有力。亥中有甲破戊，惟其非化气，故戊土不为破格也。运行北方，历任两

---

① 见上文。

湖四川总督，一代名臣。

**辛巳，壬辰，辛卯，庚寅。**

光绪七年三月廿九日寅时。

胡笔江命，支全寅卯辰东方，伤官生财，财旺成方，身弱反以辰土正印为用，运行戊子己丑，湿土生金，由钱业而银行，为金融界领袖人物，民国戊寅年孟秋，乘飞机，遭袭击，死于非命，时逢丙火长生，才旺生官，子女八人。某律师命，年月日皆同，生己丑时，己土出干，印旺用才。两造皆以壬水出干，故均有声于社会。丙火至丑为养位，衰绝，一子晚得。

**癸巳，丙辰，辛卯，癸巳。**

武庭麟命，两癸出干破丙，总领师干。

## 四月辛金

四月时逢首夏，忌丙之烁，乐水之湿。

三夏月令皆有土，见水润土，功成反生，辛金自旺。无水，火旺土燥，体质脆弱，盖火隔于土，火旺虽不镕金，土燥亦不生金也。忌丙之烁无论矣。乐水之湿者，制火润土，乃能存金也。更宜支成金局，或生旺之庚金助之见下，故四月辛金，必喜庚壬为用，甲木为去病之药也。

得支见金局，壬水出干，又甲出破戊，名一清澈底，科甲富贵无疑。癸透壬藏，富真贵假；壬癸皆藏，戊己亦藏，略富，若壬癸俱无，但见烈烈火攻，僧道贫贱；甲出制戊，可主衣禄。

四月辛金，与庚金略同，虽值长生之地，为火所逼，体质脆弱。见火为病，见土亦为病，最好支见酉丑会成金局，[①] 辛金即转弱为强。[②] 辛金喜壬水为用，与庚金不同，见壬水出干，更有甲制戊，俾金水一清澈底，自是富贵之命。癸透壬藏，俱承上支成金局论之。辛金柔弱，生于四月，惟支成金局，亦不可无水也。如壬癸水俱无，但见烈烈火攻，金被火镕，贫

---

[①] 见丑湿土生金尤妙。
[②] 参阅四月庚金节。

贱残疾之命。木火炼金者阳金，非辛金也。甲出制戊，承上金局而言。甲木为财，故云可主衣禄，无水总非佳造，盖甲木无水，未能制戊，反而生火也。详下。

或支成火局木局，俱为下格，有制者吉，无制者凶。凡火旺无水，取土泄之。

已宫丙戊同宫，支成火局木局，生而不生，从而不从，惟有取庚壬为救，故云：有制者吉，无制者凶。火旺无水，而不得已用土泄火之气，所谓用神多者宜泄之是也，庶免夭折孤贫，亦非上命。参阅"五月庚金"节。

或壬水藏亥支，不见戊出，衣衿显达，见戊常人；有一甲透，衣禄可求；无戊，壬癸出干，主富，异途堪图。或有甲无壬癸者，则富不成实，贵不成名。壬癸甲俱无，斯为下品。

此言支无金局也。四月辛金，不能无水，壬癸出干，主异途富贵；壬藏亥申，主衣衿显达。但忌戊出制水，见戊出干，必须甲木为救，方可求衣禄，甲木亦藉壬癸破火，方能制戊土；否则，反助火旺而已，虽见财官两旺，而富贵俱空，徒有羊质虎皮之诮也。四月辛金，从煞亦非吉，因月令戊土，正印当旺，庚金长生，无根而有根，不能弃命相从。见下五月。

**甲午，己巳，辛未，庚寅。**

孤贫。

按：此造有庚金出干为助，己土生之，但火旺无水，无可生发，下格。

**乙未，辛巳，辛亥，乙未。**

两间不杂，但非时耳，茂才。

按：此造取亥宫壬水，所谓衣衿显达也。

**癸卯，丁巳，辛酉，戊子。**

光绪廿九年五月初七日子时。

汤文藻命，辛酉专禄，巳酉会局，加以六阴朝阳，癸水得禄，润土生金，辛金反弱为旺，用丁火偏官，卯木生之，才滋七煞，故贵就武，乙卯甲寅运，任运输司令，陆军少将。

231

**丙戌，癸巳，辛巳，庚寅。**

光绪十二年四月十八日寅时。

褚玉璞命，丙火太旺，专用癸水破丙，喜得庚金生助，运至申酉，起自草莽，贵为专阃，戊运去癸，死于非命。

## 五月辛金

五月丁火司权，辛金失令，阴柔之极，不宜煅炼，须己壬兼用，何也？己为泥沙，壬为湖海，己无壬不湿，辛无己不生，故壬己并用。无壬，癸亦可用，但癸力小。

辛金柔弱，不能无印。三四月戊土当旺，惧土重埋金，故以为忌。五月己土则非忌，然仲夏火旺之时，土燥不能生金，必须兼用壬水。用壬润土，所以成反生之功，非以泄辛金之秀，故壬己不兼用也。① 无壬用癸，但力弱耳。

若变成火局，虽三癸出干，难救车薪之火，即居廊庙之上，死不成名。如壬出兼癸破火，虽贡监生员，有大才略。无壬破火，癸水出干，见戊合，虽午中有己，名燥泥成灰，辛金亦必煅镕，定为僧道丐仆。有一二重比肩，不致孤独。

承上癸水力小而言，会局以子午卯酉为中心，五月建午，见寅戌即变火局，虽癸水重出，配合得好，贵居廊庙，亦庸懦之才，不足为贵。得壬为救，虽配合有缺，仅一贡监，亦有才略，极言支成火局，非壬水不能为救也。庚金火旺无水，取土泄之，辛金脆弱，虽午宫有己土，亦必被镕，非残疾夭折，即僧道丐仆，乃火旺金镕之征象也。有一二重比劫，亦是生而不生，不过免于孤独耳。

总之，五月辛金，壬癸己三者并用，不可缺一。壬己丙透，支藏子癸，不冲，科甲，且主权高贵显；即壬藏癸透者，贡监生员不少。或无壬而有己癸，主异途功名。或癸见庚金，食禄皇

---

① 取金水气清者，忌己土混浊，取反生者，利用其混浊。

家，虽异途亦显。若土多见水，用甲则吉。

五月辛金，以壬己并透，支藏癸水，最为上格。午宫自有己土，见壬癸均不少功名，癸水虽嫌力薄，如得庚金生助，涓涓不绝，力用自增，亦必显于异途。若土必须见水，方可用甲破土，无水则木助火旺，不能制土，反生土矣，此必须注意者也。

庚辛生于夏月，要壬癸得地，若木多火多，不见金水，逢金水运必败。

总论庚辛生夏月之理，《造化元钥》抄本删除，特附录之。得地者，临亥子丑地也。夏月水亦休囚，不得地必被熬干，不能用也。[①] 木多火多，不见金水，似可从煞，不知午宫己土得禄，虽燥土不生，而有相生之意，从格运值见根，不过蹇晦，而夏月辛金从煞，运难作从论，运行金水，水火相激，必起不测之祸。一造：丁未，丙午，辛卯，甲午，癸运壬申年遭二二八沪战之难，大致见金犹可，见水为尤忌也。

**丙子，甲午，辛亥，壬辰。**

用午宫己土，又透壬甲，郎中。

**壬午，丙午，辛酉，戊戌。**

壬水出干，又被戊土破去，支中火局煎燥，故为人仆，且孤。

以上《造化元钥》。

## 六月辛金

六月己土当权，滋扶太过，恐污金不耀，专用壬水为妙，次取庚金佐之。

六月辛金，上下半月不同，与庚金同论。己土乘权，不旺不弱，取壬水冲刷，佐以庚金则显。己土戊旺，土重有埋金之惧。污金不耀者，金气无光也。详下。

壬庚两透，科甲贵显，即两藏得地逢生，亦主大富贵，即不

---

[①] 水以金为根，以申为源，以亥子丑北方为得地。

由科甲，恩封有之。但忌戊己出干，得甲隔位制之，亦主富贵；甲不隔，反与己贪合化土，为土埋污金，混塞壬水，定主贫贱。固贵甲出制戊，又虑庚出制甲，亦主贫贱。

　　壬庚两藏，得地逢生者，支见申亥也。未为燥土，壬水不仅泄金显金，且有润生金之益，辛金生未月，非旺非弱，见壬庚则辛金显其灵秀，故不论藏透，皆主富贵。戊己宜藏不宜透，透则有埋金塞壬之惧。戊己两字，更宜分别论之，戊出见甲，即可为救；己出见甲，必须隔位，否则，甲木贪合，不能克己，反从己化土，无益反害矣。用甲制土，又忌庚金克甲，亦为丁格。总之，六月辛金，以不透戊己，专用壬庚为贵；有戊己出干，则须转辗救护，禁忌多端，配合难得适宜也。

　　或只有未中一己，见了壬水，便为湿泥，不可见甲，甲出反作平人。总以一壬一己，见庚无甲，方妙，与五月用己壬同。

　　承上文戊己出干，须甲为救而言。辛金脆弱，原不能无己相生，若仅未中一己，不必克制。五六月辛金，本一理共推也。

　　或四柱丁己出干，有申中壬水，未中巳土，又干透庚，科甲显宦，无壬便假。

　　三夏辛金，本以壬癸为关键，丁己出干，燥泥成灰，更不能无壬，故云：无壬便假。

　　或支成木局，独壬不贵，须得庚金发壬水之源，乃主贵中取富，富中取贵。

　　支成木局，财旺成方局为富格，但四柱须有庚金比助，有水润土生金身旺能任财，方可言富。透壬庚而无戊己，则富中取贵，未为木墓，见亥卯会局，亥中自有壬水，故云：独壬不贵须有庚金生之。辛金柔弱，得庚为助，力能任财，生壬制木帮身，一得三用，自然取贵。

　　总之，用甲制土，忌合忌庚，用己壬两字，见庚又忌火破庚，忌甲制己，须细推之。

　　总结上文。

　　**壬辰，丁未，辛丑，甲午。**

　　丁壬两透，大贵之命。

按：此造妙在辛金坐丑不弱，丁壬相合，专用午宫丁火，某郎中命造。

**甲寅，辛未，辛未，丁酉。**

欠水，故孤苦。

按：此造虽时逢归禄，而无水润土，偏枯之命也。

**壬申，丁未，辛巳，戊子。**

同治十一年六月廿八日子时。

清德宗光绪命，相传为同治十年辛未六月廿八日子时，嗣承拂日楼主人见告，实生于十一年六月廿八日子时，以其属猴，恐人诮其沐猴而冠，特增一岁，月日时未改。此造得壬水出干制丁，喜神在年，为上承祖荫之征；戊土出干，埋金破壬，而救护丁火忌神，为受慈禧压迫，庇护庆荣之征；丁壬一合，喜忌纠结不解，亦自上荫来，与其境遇相合，自是真确之造。忌印而不能不用印，运至亥运殂，年三十七，在位三十四年。

**辛卯，乙未，辛酉，庚寅。**

光绪十七年六月廿九日寅时。

张锡璐命，上文支成木局独壬不贵，须得庚金，此造独庚无壬，亦不取贵所谓无壬便假也。身旺任才，故为巨富，金木对峙，藉水通关，生于六月，更不能无水也。

**癸卯，己未，辛亥，戊子。**

光绪廿九年闰五月廿八日子时。

支成木局，癸透壬藏，惜戊己并透而无庚金，故仅为一银行家之命，富而不贵也。

## 七月辛金

七月辛金，值庚秉令，不旺自旺，且申中有自然壬水，四柱不见戊土透，胎元亦无戊制，惟申中一戊，为壬堤岸。合此清贵显达，但为清廉，贵而不富，切勿作癸为用。

申宫庚金长生，辛虽衰弱，气转生旺，与藤萝系甲意同，故云不旺自旺。又申为壬水生地，自然泄金之秀，金水伤官取其清，忌见戊土，月垣申宫之戊，气泄于庚，不透出干，不足以阻水，合此自然显达。古法以年命之天干地支及纳音为三命，干为禄，支为命，纳音为身，胎月日时为四柱，详见李虚中命书。后人以年月日时为四柱，而不重胎元，盖父母怀胎月份，每不自知，普通照十个月推算，或验或不验，只能供参考之用，而不能与月日时并论吉凶矣。此云胎元亦无戊制，可见所关之重，不可忽也。切勿作癸为用者，申宫壬水长生，见癸水亦当作壬水看，不作癸水用也。总之阴干至阳干临官之地，气转为阳，不作阴干论，其中同而不同，不同而同之理，宜细辨之。

或有土出干，无甲，为有病无药，寻常人物；有戊又有甲，必主衣禄。

七月金水势力并行，但辛金用壬，取其泄秀而已，故水宜少不宜多。若只有申宫壬水，则不宜见戊土制之，有戊须有甲为救，无甲为有病无药也。以上言用申宫壬水，壬不出干，不宜透戊土也。

或四柱得庚，庚又得地，急宜壬泄之。

申宫为庚金临官，故言庚又得地，若柱见庚金，急宜壬水出干以泄之，藏于申宫不足以言泄。所谓强金，得水，方挫其锋也。庚金生七月，喜丁火煅炼，辛金生七月，虽有庚金为助，仍宜泄不宜克，此阴阳干性质之殊也。

或一派金水，得一位戊土，主有富贵，但不宜甲制之。或一派壬庚癸辛，无戊出干，常人。或壬癸多见，干支亦三重戊土，逢生坐实，富贵之人。

辛金柔弱，如支成水局，壬癸多见，为金水伤官之变局。得一位戊土，如壬水汪洋，用才官也。逢生者，支见寅字也。戊土附火生寅，附水出申，申宫之戊，水多土荡，不能为用。坐实者，支见戌未，或巳午也。土得火而实，方能制汪洋之水。

总之七月辛金，壬少为富，书曰，水浅金多，号曰体全之象。壬水为尊，戊甲酌用，丙丁总不宜作用神。

总结上文，七月辛金用壬水，宜少不宜多。戊甲为应病之药，水多用戊，水少见戊，取甲为制，皆不得已之用法也。

**戊午，庚申，辛卯，戊子。**

秀才，位至总兵。

**戊午，庚申，辛卯，己亥。**

用戊生身，运遇财地，贪财坏印而死。

按：此两造水少见戊，皆非佳命。次造亥卯会局，财星本旺，更行财地，则破印矣。

**甲寅，壬申，辛卯，壬辰。**

生员。

**甲午，壬申，辛卯，癸巳。**

壬甲两透，词林。

按：此两造，皆无庚透壬。次造喜时逢癸巳，戊土坐实，暗制壬水，不遭甲克，故入词林。

## 八月辛金

八月辛金，当权，得令，旺之极矣，专用壬水淘之泄之为贵，故云金见水以流通。

七八两月，同为金气极旺之时。申如午前，气势有增无减，故为庚金正位。酉如午后，有盛极难为继之势，外象峥嵘，内气已竭，为辛金之正位。故虽得时秉令，仍宜用壬水淘之泄之，使金气流通，不宜克制，以抑其清轻之气也。

如见戊己生旺，埋辛金，混塞壬水，则须甲木制之，无甲便是有疾无药。果壬透甲透，不见戊己透出，科甲显宦，且有经天纬地之才略；如无戊亦不必用甲，盖有病方须用药也。或支藏戊，又藏甲，衣衿廪贡。

酉月辛金极旺之时，何劳戊己相生？金水取其流通，见戊土则阻塞，见己土则混浊。辛金虽旺而气已竭，戊己透则掩金光，故以见戊己为病，必须甲木出救，八月辛金，壬为正用，甲木为应病之药。言壬透甲透，不见戊己透出者，支有戊己，故须甲木为制，无戊亦不必用甲也。

或四柱辛金一点，壬水亦一点，但见甲木泄壬，此为用神无力，常人，且奸诈百出，笑里藏刀，虽有余积，亦为富不仁。得庚制者，反主仁义，或一二点辛金，一位壬水，多见甲木。得庚壬透者，大富贵，但不宜见丁，或见丁在支，不过清高风雅，衣食饶裕，卑无远志。或三四辛金，一壬一甲，不见庚金，受禄万钟，即风土不及，贡监生员不少，异途亦可出仕。

八月辛金，月令建禄，见壬伤官，则有用才用劫之不同。伤官生才，才旺宜用比劫，一辛一壬而多见甲木，辛金当旺，而壬水之气尽泄于木，故云用神无力。二三辛金，一位壬水，而多见甲木，必须见庚金制甲，方许富贵，盖辛金无制甲之力，必以庚金为救，此言才多宜用劫也。若三四辛金一壬一甲，则不必庚助，见庚反嫌其夺才，专用伤官生才可也。不宜见丁者，丁与壬合，暗化为财，用神羁绊，水失流通，《气象篇》云：过于有情，志无远达，故云卑无远志也。

或一派辛金，一位壬水，无庚杂乱，又主富中取贵，白手成家。

一派辛金，一位壬水，水浅金多，体全之象也。专用伤官，名一神一用，无庚杂乱，取其清也。若辛少壬多，又喜庚金为助矣。

或辛金二三，壬水一位，多见戊土，制壬埋金，此人愚懦，虽有妻子，不能为其父夫。见一甲破戊，便可白手成家，为创立之人。或一派壬水泄金，无戊出制，名沙水同流，主贫苦奔波到老，但好学不失儒业。或支中藏戊止流，其人颇有才略，主有艺术动人，家招仕宦。

此言用财破印也。八月辛金当令，何劳印生？况二三辛金，正赖壬水泄其秀，如见戊土出干伤用，而无甲木为救，必为愚懦之人。《金声玉振赋》云：金水固聪明，有土反成愚懦是也。若一派壬水太旺，又宜戊土提防。"无戊出制"句下，恐漏"而有己土"四字，盖己为泥沙，随水同流，不能止壬水，徒然混浊，故主贫苦；水性泛滥而无提防，故主奔波；金水伤官，人必聪明，故好学不失儒业也。支藏一戊止流，则可为救。总之金水伤官，不宜佩印。用戊土者，必因壬水过多，格局转变，犹如壬水之喜用才官也。①

或干透二辛，支成金局，金性刚锐，无壬水淘泄，乃刚强取败之流，作浊艺，好清高。金无秀气，须用丁火制之，无火，必作不良。或为僧道，凶危可免，亦善恶无凭。得一壬透，淘泄群金，名一清到底，宜文宜武，邦家之才。

辛金不宜用官煞，干透比肩，支成金局，辛金太旺，无壬水，不得已用丁火制之。如见壬透泄金之秀，则宜文宜武，邦家之才，非丁壬并透也。此言辛金用官煞，总非上格。

或支成金局，戊己透干，壬透无火，名白虎格。运行西北，不入东南，富贵非常，子星不多，遇火运孤贫。或时逢丙火，虽有壬出，亦属平常，盖丙辛化合不逢时故也。或丁透破局，无癸出制，贫贱非常；癸透制丁，先贫后富。

此言格之变。酉月为辛金秉令之时，加以支成金局，戊己出干，虽有壬透，亦为土制，格成专旺，名曰白虎格，即从革格也。见火则破格，运宜西北，忌东南。或见丙火，丙辛相合，格成化气，亦格之变也。虽有壬出者，时逢壬辰也。化气见辰则化真，但不逢时，亦平常人也。专旺化气两格，见丁火皆为破格，须癸水为救，有救则吉，无救必凶。

或一二辛金，一派己土，污没无名，僧道。有壬有甲，不贱不贵，稍有能力。或多见己土，支见一甲，一生厚重，衣禄不亏。或支藏庚丁，主纳粟奏名。

旺金不劳印生，见戊土厚重，则埋没无光；见己土湿泥，则污金不显，皆非所宜。有甲制土不贱，有己浊壬不贵，有壬水泄金，故稍有能力也。总之土多必以甲为救，支见一甲，即衣禄无亏；如无壬甲，不得已用庚丁，配合得好，可于异途得名，《滴天髓》所谓：用假终为碌碌人也。

或一派乙木，无甲无壬，才多身弱，终难发达。见庚制乙，

---

① 参阅七月"一派金水"节。

可主小富贵，但多奸诈。如比劫太多，亦属贫贱。

补述用才看法。上言多泄壬者，伤官生才也。此言专用才星，乙虽为衰竭之木，而辛亦衰竭之金，虽在酉月当旺之时，外强中乾，不足以相克，终为多才身弱，非得庚金为助，不能制乙。但乙庚相合，比劫恋财，故主奸诈。此言才多以劫分才为用，若比劫太多，分夺财星，亦属贫贱。

总之八月辛金太旺，专用壬水，次取甲木破土，水得流通为妙。

总结上文。

金生秋月，土重，贫无寸铁，六辛日逢戊子时，运喜西方，阴若朝阳，切忌丙丁离位，庚辛局全巳酉丑，位重权高。

土重即土厚埋金也，已见上文。六辛日逢戊子时，朝阳格也，忌官煞破格，见正月辛金节，子水得用，可成贵格。干聚庚辛，支全巳酉丑，从革格也。金已成器，不宜见火，必须壬水以泄之，与白虎格同，见上文。以上三句，义皆重复，不成片段，为《造化元钥》抄本所删。

**戊辰，辛酉，辛酉，戊子。**

抚院。

**戊辰，辛酉，辛丑，戊子。**

以上两造，俱六阴朝阳，见丑杂气，故职小。

按：上造天干戊土，不伤支下子水，金水气清，故贵。下造病在子丑一合，用神受伤，故职小。

**己酉，癸酉，辛未，己亥。**

二人同命，一文举家贫，一武举家贫。

按：此造己癸并透，正是湿泥污金，惜壬甲皆藏，所谓不贵不贱，稍有能力是也。

**丁酉，己酉，辛酉，丙申。**

身强煞浅，官印相生，知府。

按：此造丙丁官煞生印，申藏庚壬，殆纳粟奏名者欤？

**丁卯，己酉，辛亥，壬辰。**

丁壬两透，经魁。

按：此造年月煞印相生，时上壬水高透，己不浊壬，壬不合丁，故有经魁之贵。

**癸巳，辛酉，辛酉，戊子。**

全无木气疏土，孤贫。

按：此造亦是六辛朝阳格，巳宫丙戊得禄，戊土太重，癸水出干被伤，反致孤贫，参阅上戊辰两造。

以上《造化元钥》。

**庚午，乙酉，辛亥，戊戌。**

同治九年八月十七日戌时。

高凌蔚命，庚金破乙，亥宫藏甲木破戊，支见壬水，由异途居显职。

**丁丑，己酉，辛丑，丁酉。**

光绪三年八月十九日酉时。

姚慕莲命，支成金局，无壬用丁，真金火炼，富裕。

**丙戌，丁酉，辛未，己亥。**

光绪十二年八月十一日亥时。

丁桂樵命，丙丁官煞生印，喜亥宫壬甲得用，取壬制火，取甲破土，位至道尹。

## 九月辛金

九月戊土司令，母旺子相之时，喜甲疏季土，壬泄旺金，先壬次甲。

九月辛金余气犹盛，戊土正印秉令，为母旺子相。土重有埋金之忧，不可无甲。土燥有脆金之惧，不可无壬。壬甲二者，交相为用，与三月略同。特辰土湿润，戊土燥亢，其需要水木之情，亦更为迫切也。

壬甲两透，支成水局，科甲富贵无疑。若一壬透，无甲，见二戊藏支，常人。或支中有甲制戊，贡监生员。或一甲出干，壬水在支，柱中多戊，异途显达。若二甲出干以制多戊，富大贵小，刀笔更利。

季月土旺之时，即无戊己出干，亦有尘土之障，故不可无甲，甲透则用显，甲藏则用晦。金水以气清取贵，生于季月，戊土暗旺，无甲不足以去浊留清，故无甲为常人，藏甲即有衣衿。甲之用为财破印，用在财星，故贵必兼富，显达亦在异途也。

或辛日甲月，年时两透壬水，支又见庚，发水之源，即有四戊藏支，亦能去浊留清，可许一榜。若见戊戌月，即有甲藏支，不能成名，且损祖业。

承上文甲戊藏透，力用迥殊。甲戌月即使支有四戊，亦能破之，戊戌月虽有甲木藏支，不能破戊，凡戊月，均可以此例推之。① 辛金柔弱，畏土之多，清辅之气，易遭埋没无光，故不能成名也。

总之令土至有四五，即一甲出干，难为克制，必为厚土埋金，愚懦奔流。若壬水出干，洗土生甲，虽不云贵，终能劳碌致富，但为守钱奴耳。

总结用壬不可无甲为佐之意。令土者当令之土，九月辛金，壬甲交互为用。盖戌为火墓，如柱见一火，即可引化甲木，反生戊土，且戊为燥土，秋木枯槁，即使无火，亦有土多木折之虑。得水则可制火生木，取壬水者，壬有冲奔之性，冲刷层严。辛金自显矣。

无甲，得时月有贴身丙出化水，稍富。加辰字在支<small>壬辰</small>，斯为真化水，大富大贵。

此言格之变，霜降后水旺进气，故丙辛相合，有化水之可能。辰字在支者，时值壬辰也。化气方真，戌宫戊土为化水之障碍，见甲去戊，岂非更美？不知丙见甲，有相生之情，即不能从辛而化矣。复次九月土旺秉令，逆水之气，此言化水者，必支全申酉戌西方也。倘非成方，即得壬辰，亦不能化，阅下列癸亥造自明，学者幸注意。

或木多土少，但有戌中一戊，又无一水者，常人。

申述壬甲并用意。九月戊土秉令，土多水少为常，木多土少为变。戌宫燥土，非见水润土，不能生金。才旺破印，身弱难任其才，如身旺才

---

① 见上节。

多，亦须有食伤为转枢，故无水决为常人。

或癸多出干，虽无淘洗之功，亦有清金之用，主有艰难富贵。

此言无壬用癸也。壬水奔放，故有冲刷之功；癸水澄泓，仅有润泽之用。然亦须甲木出干，无戊土并透，方有富贵，否则，癸为戊合去，不能清金也。

或己透，无壬有癸，亦能滋生辛金，稍有富贵；但多己便止一浊富而已，不知清雅之趣。

承上文，癸透见戊，则失其用，无戊见己，得癸润泽，小富小贵可许。

己多浊水污金，虽有壬水，亦不能言贵也。

总之九月辛金，火土为病，水木为药，专壬为用，佐以甲木，丙火酌用。

总结上文。

**丙戌，戊戌，辛未，壬辰。**

壬透天干，位至尚书，因乏甲，无子。

按：此造火土金水顺序相生，土重有埋金之惧，最喜才乡，运行壬寅癸卯，甲辰东方水木之地，宜其大贵，终以戊土克壬，无甲为救，乏嗣。

**丙戌，戊戌，辛未，己丑。**

用癸滋金，用丙暖土，举人，教谕。

按：土重埋金，喜丑宫土金水生生不息，气局皆小，时归墓，终难显达也。

**戊戌，壬戌，辛酉，甲午。**

去浊留清，主大富贵，行午运，零落而死。

按：甲木出干破戊护壬，故云去浊留清，惜时上午破酉，辛禄被伤，更行午运，宜其零勤落而死。盖财官食印六神，为以干加干之变化，会合刑冲，为以支之变化，皆神煞也，论干不论支，则不能尽其变。

**己亥，甲戌，辛亥，戊戌。**

合去甲木，壬水混塞，故作常人。

按：甲被己合，不能破土，壬被土困，不能泄金，支无庚金，故不能成名也。

**辛亥，戊戌，辛亥，戊戌。**

清浊各半，两干不杂，略有富贵。

按：此亦土重埋金之局，喜两干不杂，辛金犹能自显其用，故略有富贵。

**癸亥，壬戌，辛酉，丙申。**

壬丙两透全，八座。

按：此造丙辛化水，喜支全申酉戌西方，金气偏旺，戊土后退，更得亥宫甲木破土，壬癸出干，金水又逢进气，丙火无根，从辛而化，大富贵之格也。

以上《造化元钥》。

**壬子，庚戌，辛巳，壬辰。**

康熙十一年九月初九日辰时。

张廷玉命，壬水高透，庚发水源，戌子夹亥，壬甲暗藏，四支聚乾巽两宫，富贵寿考，为有清一代名臣也。

**甲辰，甲戌，辛卯，辛卯。**

道光廿四年九月廿七日卯时。

胡学震命，两甲破土，科甲出身，位至河南臬司。

**戊子，壬戌，辛未，癸巳。**

光绪十四年九月廿三日巳时。

王钝根命，壬癸出干，戊土并透，无甲木为救，有病无药，壬癸泄秀，聪明有余，文学名家，戊土出干无制，故埋没在下也。

**癸巳，壬戌，辛卯，辛卯。**

光绪十九年九月十二日卯时。

徐谟命，壬透，支有木气破土，位至财部次长。

## 十月辛金

　　十月时值小阳，阳气初潜，寒气未盛，先用壬水，次用丙火暖壬温辛。

　　辛金喜壬水淘洗，生于十月，必兼取丙火者，因寒气渐增故也。得丙火为水暖金温，得壬水为金白水清，故用神不离壬丙。书云金水伤官，正指冬令言也。

　　壬丙两透，金榜题名，何也？盖辛金有壬水丙火，名金白水清，又在亥月，用故科甲富贵无疑。丙透壬藏，贡监乡绅，异途犹可，出仕驰名。丙藏壬透，富大贵小；壬丙两藏，不过秀士。

　　十月辛金，壬丙并用，亥宫壬水司权，用神当旺，故科甲富贵无碍，丙火须通根不合方妙。

　　无丙有壬戌，主富。或四柱多壬无戌，名金水汪洋，定主贫贱。或戊土出干，以制当权壬水，科甲无疑。或戊藏寅巳，秀才贡士。

　　金水伤官喜其清，忌见戊土。此言用戊者，壬水太多，水旺金沉，为金水伤官之变局，必以戊土为救。戊土须丙火为暖，方能制当权之水，故戊透通根寅巳，必然贵显，无丙仅主富也。金水同心，从全局观之，与壬水有印而用才官同论，与上文壬丙不同，参阅十一月节。

　　或甲多戊少，因艺术致富。或己多有壬戊，壬水被困，辛金被埋，亦主困薄，定作艺术终身，而一生厚重。如见甲不合，便作富翁。

　　承上无丙有壬戊意。见甲多，戊土不能止水，只能专用财星，盖取金水伤官者，忌戊己阻塞混浊，若不取伤官，则不忌。辛金休囚，土薄则生金，土重则埋金，辛得生扶，便可用才，故可致富，土掩金光，终于艺术。己多者，支见丑未也。戊土有丑未为根，便能塞壬埋辛，故主困薄厚重。见甲不合，财旺破印，便是富格。

或壬癸太多，不见戊土制水，丙火温金，奔流劳苦之人。

总结壬癸多必须用丙戊意。无丙用甲木财星，富而不贵。

总之十月辛金，先壬后丙，又或先丙次己，须酌用之。

总结上文，先壬后丙为正用。先丙次己者，壬水太旺，辛金泄弱故也。

**壬辰，辛亥，辛亥，丙申。**

清太宗命，丙壬并透，金白水清，胎元寅宫，引生丙火之气，金温水暖，创业帝王之命，① 然亥宫甲木长生，木火气动。书云：有用只论用，无用方论格，格者局之变也，此造有丙可用，自以用丙为是。

**辛巳，己亥，辛巳，己亥。**

康熙四十年十月廿八日亥时。

尹文端公命，此造用丙己，妙在四柱皆上下相合，精神团结，己土混壬生甲，引生丙火，亦奇格也。两干不杂，蝴蝶双飞，为取贵附格，运行南方，位极人臣，位至两江总督。

**戊午，癸亥，辛酉，庚寅。**

咸丰八年十月十九日寅时。

田文烈命，癸被戊合，专用亥宫壬水，喜得辛酉专禄，庚劫助之，寅宫有丙火暖金，位至湖南省长，内务部总长。

**乙丑，丁亥，丁酉，壬寅。**

同治四年十月初六日寅时。

孙总理中山命，日贵更逢月贵，古今命造，向所罕见，惜立命癸卯，与日元丁酉，天克地冲，故生平事业，历经险阻艰难而后成也。

**丁丑，辛亥，辛亥，丁酉。**

光绪三年十月三十日酉时。

徐国梁命，用壬无丙，取丁火温金暖水，贵而就武，统领师干。

**甲申，乙亥，辛巳，戊子。**

光绪十年十月初十日子时。

---

① 此造亦可作化气论。

张志潭命，甲木出干破戊，专用亥宫壬水，已宫丙戊，位至财长。

**乙酉，丁亥，辛卯，戊子。**

光绪十一年十月廿六日子时。

马占山命，用壬水，取丁火温金暖水，贵而就武，总领师旅，昔年在东北抗战得名。

## 十一月辛金

十一月子中癸水得令，为寒冬雨露，最忌癸水出干，冻金而困丙火。

寒冬雨露者，霜雪也。司令之神，即气候也。辛金不离壬丙为用，而仲冬金水，尤以丙火调候为先，丙火须通根得所，不宜合于辛。凡论命以神当旺为贵，[①] 而仲冬辛金，所以司令之神出干为忌，是则气候之关系重矣。

得丙壬两透，不见戊出，科甲显宦；即壬水藏支，有丙透温金而暖水，定许一榜。

金水伤官，喜丙火调候，不宜见戊土止水之流。故壬丙两透，不见戊土为贵，所重在丙火，得丙透壬藏亦贵，理同十月，可参阅之。

或壬多有戊，丙甲出干，配得中和，不止贡监衣衿。或壬多，无戊无丙，泄金太过，定作寒儒，用甲泄之方妙。或壬多，甲乙亦多，不见丙火，乃寒儒秀士。

壬多泄辛太过，金水汪洋，从全局论之，以壬水为主，不以辛金为主，故以戊土为重要之用。丙火为调候之神，无戊提防，只能用甲木泄壬之气，所谓用神多者宜泄也。时值严寒，丙火调候不可缺，故无丙终为寒士。

或支成水局，加以丙透，有二戊出干，主大富贵。无戊出制，贫苦常人。

---

[①] 司令之神为用。

承上文，支成水局，汪洋之势更甚，只以壬水为主，水旺金沉，故论壬不论辛，不作金水伤官，参照十一月壬水看法。专用丙戊，格局之变也。① 或又亥子丑水润下通源，加干出庚辛，不见戊土，名润下格，富贵非常，运喜西北，忌东南地。

**或无庚辛出干，而干见乙己，又无丙戊，必为僧道。**

承上文，支成方局，干出庚辛，而无丙戊，从全局论之，格同润下，是又变之变也。甲乙木生于四五月，火成方局，木火伤官变为炎上。庚辛生于冬月，水成方局，金水伤官变为润下。其理固一贯相通，不见戊土为润下成格之主要条件，有丙戊同上壬多支成水局节。凡专旺格取运，须看原局纯粹与否而有分别，如原局纯粹，则宜行泄秀之运，②《滴天髓》所谓独象喜行化神要昌是也。原局不纯粹，则宜行助旺之运，如从化格局，宜行印劫之地，其理相同。此言喜西北忌东南者，正以辛金变为润下，防其不纯粹也。若无丙戊而见乙已，变格不成，又无用可取，辛金泄弱，斯为下格。

**或支成金局，丁透定主科甲，然必须甲引丁，方可许此。**

支成金局透丁，伤官用官，支水不伤干火，更得甲木化伤生官，可许科甲。甲木不离丁火，寒金须要火温，才官相生，富贵无碍。

此节疑在十二月节，特三冬辛金，可通用耳。

**总之冬月辛金，须丙温暖为妙。**

冬月辛金，须丙温暖，因气候太寒故也。除变格外，不能离丙，观上文自明。

**丁亥，壬子，辛丑，丁酉。**

进士，未尝出仕。

按：此造支成金局，用丁，惜甲不透，虽有亥宫甲木，而湿木无焰，科甲不仕。

**己亥，丙子，辛卯，辛卯。**

刑夫，无子，家贫。

---

① 参阅下命造例证。
② 润下格喜东方忌南方。

按：两辛争合一丙，丙从辛合，夫有如无，赋云：丙辛子卯相刑，荒淫滚浪，此之谓欤？

**甲寅，丙子，辛巳，甲午。**

有夫无子一女，带疾，欠壬故也。

按：丙火得地，甲木相生，才官太旺，不但欠壬为病，并缺印绶，辛金无根，生于仲冬，火不镕金，不致夭折，其带疾宜矣。

以上《造化元钥》。

**丁巳，壬子，辛巳，丁酉。**

嘉庆二年十一月十六日酉时。

熊学鹏命，支成金局，壬水出干，专用巳宫丙戊，科甲出身。位至封疆。

**壬申，壬子，辛亥，癸巳。**

同治十一年十二月初一日巳时。

傅宗耀命，支成水局，两壬出干，以旺水泄衰金，水旺金沉，金水汪洋，融成一片。格局转变，玄武当权，非用戊土，不能提防；非用丙火，不能调候，与十一月壬水，得辛金滋扶，而取丙戊为用，同一看法。如为壬辰时，即是润下格。今癸巳时，丙戊得地，故专取丙戊为用，盖不以日干为主，而以全局为主也。① 书云：金水固聪明，有土反成顽懦。倘作金水伤官论，当用丙火，或取比劫，无用戊土之法也。此造如丙戊出干主大富贵，惜巳亥一冲，用神动摇，终受其损，然亡神劫煞又喜冲忌合，冲则气散而不为祸，未运庚辰年，辰亥合解冲，九月变起肘腋，被害殒命，运亦至未而止。

**壬申，壬子，辛亥，甲午。**

同治十一年十二月初一日午时。

李安如命，与傅造相差一时，壬多无戊无丙，用甲木泄壬水之气，午宫丁己不透，又为亥宫壬甲所制，故用甲木不用丁己，终为金融界巨擘，而不贵也。与壬水用甲同论，不作金水伤官看，傅造戊土制壬，又无甲木，不伤官星，故一尝政界风味也。

---

① 亦不以年干为主。

**癸酉，甲子，辛亥，丁酉。**

同治十二年十一月初六日酉时。

严家炽命，年时二酉，义同金局，原名丁甲并透，甲引丁，可许科甲，见上支成金局节。水旺秉令，金临死绝，气衰宜助，即以归禄为用，运行庚申，位至财政厅长。

**乙亥，戊子，辛未，戊戌。**

光绪元年十二月初八日戌时。

郑洪年命，此造土重埋金，恐有误，姑志之。

# 十二月辛金

十二月气寒水冻，先丙次壬，非丙不能解冻，解冻水不成冰，方可用壬淘洗。

三冬辛金，不离壬丙，与十一月略同，气候太寒，故先丙，丙辛不合，方有解冻之用也。

丙壬两透，清雅富贵廊庙之材；或壬丙一透一藏，贡监衣衿不少；或有丙无壬，富真贵假；有壬无丙，僧道孤贫；或丙多无壬有癸，有能常人，市中贸易之流。

十二月辛金，调候为急，丙为主要之用，壬为时令之气，可以缺壬，不可无丙，藏透之间，富贵地位可知。有丙气暖，故富真，无壬，辛金不秀，故贵假。有壬无丙，寒酷无生机，无可取矣。丙多，无壬有癸，须注意丙多通根，癸虽困丙，气候不寒，以有丙火，故有能，以癸困丙，故埋没于市井。

或火重逢，须以癸己为君，丙丁为臣，亦主衣禄丰裕，一生安乐。

丑宫所藏为己癸辛三神，调候为急，故先丙火。若火土重逢，无须调候，宜己癸出干，食神佩印，同宫聚气。但亦不可无丙丁，见十二月"癸水雪夜灯光"节。

故十二月辛金，俱先丙次壬，戊己又次之。

总结上文。

**甲申，丁丑，辛卯，己亥。**

才旺生杀，制军。

按：此造丑宫己辛并透，好在甲己不合，亥卯会局，财星有气，甲木引丁时值严寒，丁火得用，故可以才煞取贵也。

**己丑，丁丑，辛丑，戊子。**

侍郎。

按：己辛出干，与子中癸水，气聚月垣丑宫，见一丁火调候，即雪夜灯光之意，亦奇格也。

**乙丑，己丑，辛卯，庚寅。**

侍郎。

按：此造专用寅宫丙火，喜己辛并透，故可取贵。

**乙卯，己丑，辛未，丁酉。**

先贫后富且寿。

按：此造支成金局木局，己辛出干而缺癸水，辛金不秀，故不贵，丁火为用，先贫后富，木火运助之也。

**癸丑，乙丑，辛卯，戊子。**

用戊土制多癸，官按察，无子。

按：此造用胎元丙火丙辰，时上枭印夺食，故无子。

以上《造化元钥》。

**乙未，己丑，辛亥，丙申。**

明万历廿四年。

冯铨命，丙辛不能化水，专用丙火，并取亥宫壬水泄秀，甲木破土，科甲出身，谄附魏阉，入清仕至侍郎。

**壬辰，癸丑，辛丑，甲午。**

道光十二年十一月廿九日午时。

王湘绮命，壬水高透，时逢甲午，取甲木引丁，科甲出身，不仕，为文学大家。

**甲子，丁丑，辛丑，己丑。**

同治四年正月初五日丑时。

一寒儒命，甲木引丁，已辛并透，惜丁甲皆不通根，冻木无焰，无子，一女终老。

**丁丑，癸丑，辛卯，癸巳。**

光绪三年十二月十一日巳时。

陈炯明命，辛癸出干，巳宫藏丙，专用丙火，年干丁火，为癸所伤，不足用也，位至都督。

**戊子，乙丑，辛丑，壬辰。**

光绪十四年十二月廿四日辰时。

郑正秋命，四柱无火，不足以言富贵，壬水泄秀，故聪明有余，为一新剧家。

# 命理秘本穷通宝鉴卷九

## 正月壬水

正月壬水，汪洋之象，渊渊不息，既失其令，亦无泛滥之虞，盖水性秉弱故也。先用庚金发水之源，次取丙火以除寒气，又次取戊土以止其流，不致汪洋无度。

壬水在生旺之时，则有冲奔之性，时至孟春，气已衰退，故有散漫之象。夫壬水不离丙戊为用，然在春夏，如无庚金发其源，则有涸竭之虞，故必先以庚金为用，有金相生，方取丙火以除寒气，壬水重叠，则用戊土以止其流。虽云庚丙戊并用，序有先后也。

得庚丙戊三者齐透天干，凤池桃浪之客。或庚戊透，丙生在寅，亦主富贵恩荣。即一庚透无破，贡监衣衿不少。

言庚丙戊齐透者，壬水有庚金相生，而用丙戊也。① 寅宫甲丙相生，戊土则为甲木所制，故庚戊透，丙藏寅支，其用与庚丙戊各透无殊。三春壬水，以庚金为主要用神，非金水太旺，丙戊亦不可用，故有庚金透出，无丁火破庚，贡监衣衿不少。

凡壬日无比肩羊刃，不必用戊，专以庚金为尊，丙火为佐。或见比劫庚辛，是弱极复生之象，当以戊土为制。戊透科甲，戊藏秀才，异途更显，且事理通达，但无祖业，俱属自创。此格须

---

① 丙戊旺则用庚金。

两透方合。

申述上文，以庚为主而用丙戊之意，寅月为壬水病地，用戊土七煞，必因比肩阳刃帮身，弱极复强之故。否则，只能用印，不能用煞；即使庚丙戊三者齐透，其用亦在煞印戊庚，不在才煞也丙戊。丙火不论用印用煞，皆不可缺，用煞不用印，故业由自创。两透者，谓壬水比肩与戊土七煞并透也，即有比肩刃用戊土之意。

或戊多有透有藏，得一甲出干，名一将当关，群邪自伏，光辉难掩，权位非轻。

此言其变，壬水弱极复强，戊土又多，身强煞旺，须食神制之，为食神制煞格。甲戊皆月令当旺之神，相制为用，故权位非轻。若身弱见煞多，只能取庚印化煞，不能用甲食制煞，即非此论。

或支成火局，水火既济。但两不逢时，名利皆虚，好谈无心，轻诺寡信。

支成火局，身旺财旺，寅月甲木秉令，水火通关，故云既济，虽社会上声誉扬溢，地位甚高，终究名利皆虚，则以水火两不逢时故也。壬水无根，泄于旺木，木又生火，格成从财，亦非上格，失时故也。

用庚者，土妻金子。用丙者，木妻火子，妻贤子肖。用戊者，火妻土子，妻贤子肖，百事百成。

正月壬水不离庚丙戊为用，而用丙戊妻贤子肖者，壬水转弱为强，财妻官子，合于需要故也。

**壬寅，壬寅，壬辰，壬寅。**

富翁，当令之食神生财，故成富翁。每一比肩，下坐寅木，比劫被泄，转而生财，故财旺也。

按：壬水临辰，通根身库，专用寅宫丙火财星，所谓壬骑龙背是也。

**壬寅，壬寅，壬寅，壬寅。**

六寅赵艮，御史。

按：六壬趋艮，以寅暗合亥，壬水得禄，取禄虚神为用。此造与下傅恒造同，而仅为御史，则以傅为旗人，生于北方，更有分野增其贵也。

**壬戌，壬寅，壬子，己酉。**

常人。

按：日坐阳刃，壬水汪洋，而戊土为甲木所制，宜为寻常人矣。

**己巳，丙寅，壬辰，庚子。**

惜戊不出干，富而不贵。

按：己土浊壬，无甲不清，丙才逢生得禄，故富。

**壬寅，壬寅，壬寅，壬寅。**

康熙六十一年正月十六日寅时。

傅恒命，六壬趋艮格，寅暗合亥，取亥宫虚禄帮身，生于北方，水旺得地，运行财官旺地，为格局之特殊者。定金川，征缅甸，剿准葛尔，积功官至大学士，封忠勇公，卒谥文忠。

**甲申，丙寅，壬申，庚子。**

乾隆廿九年正月廿日子时。

阮元命，丙庚出干，子申会局，专用食神生财，名重儒林，官至太傅，卒谥文达。

**辛卯，庚寅，壬申，戊申。**

道光十一年正月十八日申时。

陈宝箴命，壬水通根于申，庚辛并透，金水汪洋，喜用戊土，丙火为佐，翰林，后至巡抚。又马丕瑶命，年月日时皆同，进士出身，位至巡抚。两造相同。

**甲寅，丙寅，壬子，癸卯。**

咸丰四年五月十四日卯时。

黄绍箕命，用食神生财，官至提学使。

**戊辰，甲寅，壬戌，壬寅。**

同治七年正月十三日寅时。

倪嗣冲命，此亦变格，壬水虽比肩出干，通根辰库，不得为旺，然壬戌壬寅中夹亥子丑，气全北方，壬得虚神之助，自有汪洋之象，故取甲木制煞为用，掌握兵柄，位至安徽都督。

**戊辰，甲寅，壬戌，丙午。**

同治七年正月十三日午时。

施再村命，支成火局，柱无比印，从财失令，为富翁而不终，名利皆虚。

**乙亥，戊寅，壬寅，辛亥。**

光绪元年正月初四日亥时。

蒋雁行命，戊透甲藏，乙木不能制煞，运行西北，甲戊均不得地，有可为之机，而富贵不能尽其量，则大运不助故也。

**丙子，庚寅，壬寅，辛亥。**

光绪二年正月初十日亥时。

马福祥命，时上归禄，专用丙火财星，《金声玉振赋》云：禄逢财印，青年及第登科是也，位至都督。

**壬午，壬寅，壬寅，庚戌。**

光绪八年正月十五日戌时。

张宗昌命，六壬趋艮，寅午又会局，财星暗旺，比重见财，财如流水，位至都督，有兵多、财多、内嬖多之誉。或云戊甲时，又云己酉时，又云壬寅时，博闻异词，据本人云：亦不自知其时，但知为华灯初上之时，当以戌时为是。

**壬午，壬寅，壬辰，癸卯。**

光绪八年正月初五日卯时。

蔡锷命，支聚寅卯辰东方，见午夹巳贵，为凤凰拱贵格，水木清华，惜木盛秉令，泄壬水之气，位至都督，夭寿，年仅三十五。

**甲申，丙寅，壬辰，壬寅。**

光绪十年正月十六日寅时。

周作民命，甲丙并透，壬水通根申辰，又有得禄之庚生之，身旺任财，寅辰两夹卯贵食神成方以生财，巨富之格，为大银行家。

**甲申，丙寅，壬子，庚戌。**

光绪十年二月初六日戌时。

蒋作宾命，甲丙并透，庚金出干，贵为陆军部长。

**戊子，甲寅，壬子，辛亥。**

光绪十三年十二月三十日亥时。

李择一命，寅宫甲戊并透，食神制煞为用，生于立春后七日，木旺土崩，宜行扶煞之乡。

戊戌，甲寅，壬寅，己酉。

光绪廿四年正月十八日酉时。

张孝若命，甲木出干，制住戊己官煞，专取时支酉金正印为用，享上荫之福，巳运乙亥年被刺遇害，寅午戌年见巳为亡神，亥为劫最忌合，巳酉寅亥皆合，岁运复冲，不得令终命也。

丙午，庚寅，壬午，壬寅。

光绪三十二年正月十四日寅时。

清逊帝宣统命，丙庚壬比并透，不能从财，比印又俱无根，此所谓类化气而不成局，类印绶而不成印，煎熬太过，倚托别房父母之力，入赘过房命也。支成火局，水火失时，名利皆虚。

## 二月壬水

　　二月寒气悉除，清流湛深，不可用火，专取戊土为堤岸，辛发其源。

仲春为壬水死地，木神当旺，泄弱壬水之气，不能无庚辛为用。身弱不能任财，加以春江水暖，无调候之需要，故不用丙火。若比肩多，春水散漫，则用戊土。言专取戊土辛发其源者，用印化煞也。

戊辛两透，科甲有准。或戊土出干，辛藏于酉，恩封可期，不止贡监衣衿。或戊辛两藏，无甲丁透干，定主秀才。

二月壬水，以戊辛为正用，忌甲破戊，忌丁克辛，故无甲丁出干者，不失衣衿之秀。

或无戊辛有庚，富贵庚透大富，庚藏小富。

此言无辛用庚。二月水木伤官，木旺水衰，不能无印，无辛用庚，其理相同。单见庚金，取富为多，有戊，则兼取贵矣。

或支成木局，庚金透干，科甲名显，庚藏异途。

此所谓有病为贵也。支成木局，泄气太重，得庚金制伤生壬水，病重药重，科甲之贵。庚藏于支，亦不乏异途显达，以其需要之殷也。

或支有木生多火，为木盛火炎，宜取比肩帮身，一滴可润万里，富贵无疑。或一派木多，独日干一壬，又无庚金发源，壬水泄弱，虽儒士亦傍人度日。无火用壬，衣禄常人。

木盛宜用庚金，木旺生火，宜兼取比肩，病重得药，富贵无疑。一派木多，独日干一壬，无比印为用，壬水泄弱，怯懦无能，伤官秀气，不失为儒士。日主无力，故无作为，依人度日也。木盛有火，宜以壬水为主，庚辛为佐，无火专用庚辛。若木多无火而用壬水，无病安用药为？碌碌庸人，平常衣禄而已。

或比肩重重，又须戊土，书曰：土止流水福寿全。若戊不见，名水泛木浮，一生辛苦，再行水运，为水身亡。或甲乙重重无比肩者，此依人度日，全无作为，若见庚辛，饥寒可免。

此节《造化元钥》抄本删除，疑在十月壬水节下，姑志之参考。

总之水盛不可无戊，木盛不可无庚，火盛不可无壬，与其需要以定取用。甲乙重无比肩，当是无庚辛之误。若见庚辛，当是若见比肩之误。

凡二月壬水，先戊次辛，又次取庚金。

总结上文。

**戊午，乙卯，壬子，庚子。**

咸丰八年二月初六日子时。

康有为命，水旺透庚，水木伤官佩印，两子冲午，子卯相刑，卯午又破，冲激动荡，出于天性，戊土止水，福寿两全，水木清华，科甲之贵。未运戊戌年，酿维新政变，酉运戊午年，又酿复辟之祸，壬运丁卯年卒，寿七十。

**庚午，己卯，壬寅，庚戌。**

同治九年二月初六日戌时。

李厚基命，两庚出干，寅午戌成局，财旺生官，官印相生，惜无壬水比肩，然已富贵兼全矣，位至福建都督。

**癸酉，乙卯，壬戌，乙巳。**

同治十二年二月十三日巳时。

吴董卿命，二月壬水泄弱，专用酉金，水木清华，当为文学词臣，逆行运颇佳。

**庚辰，己卯，壬寅，辛丑。**

光绪六年二月初四月丑时。

蒋邦彦命，寅卯辰气全东方，木盛用庚，时逢辛丑，劫印帮身，水有余气，伤官旺，自能生财。运行南方壬午癸运，位至山东省银行经理，积资累千万，未运会卯冲丑，被张宗昌派人暗杀，资产为某国人收没。

**庚辰，己卯，壬寅，丁未。**

光绪六年二月初四日未时。

王来命，与蒋造一时之差，富贵俱小，则以丁火伤庚故也，位至财政部参事。

**乙酉，己卯，壬午，庚戌。**

光绪十一年二月十二日戌时。

李景林命，财旺生官，所恃在年支酉印，祖荫厚矣，其一生事业，由上荫来，位至都督。或云庚子时，未知孰是。

# 三月壬水

三月戊土司权，恐有塞河壅海之患，先用甲疏季土，次取庚发水源。

辰月为水之墓地，戊土乘旺，不必干透戊土也。无形之中，自有壅塞之患，故必先用甲疏，次取庚金发壬水之源，庚甲以地位相隔，不相克制，各得其用方妙。

甲庚俱透，科甲显宦；甲透庚藏，亦是秀才品格，名位不少；甲藏寅亥，有庚定主衣衿，如癸出滋甲，异途职高。独甲藏支，不过一富；独庚藏支，不过常人。无甲刚暴，无庚固执。

甲庚相济为用，不可缺一。有癸滋甲者，言甲癸并透也。戊土七煞，暗旺而不出干，故甲藏支亦有疏土之功。如戊土出干，则非甲透，不能克制，同下支成四库节。三月壬水临于墓地，气势衰竭，无甲，则壬水有混浊壅塞之患，性必刚暴；无庚，壬水有停滞涸竭之虞，性必固执，此皆见之于秉赋也。墓库之水非旺，故以甲庚并用为原则，若支见子申，会辰成局，弱转为旺，反用财煞者，又当别论。

或时出丁火，化壬为木，次用庚辛，有火无水，常人。

三月木有余气，丁壬相合，月垣逢辰，有化木之可能。凡化格以生我化神为用，化木当以水为用，今言用庚辛者，原命有水，而辰月水临墓地，用庚辛发水源也。故云有火无水常人，此与身弱财多，取印劫帮身，看法无异，不必以化格论也。盖三月火气向旺，壬水衰竭，丁壬之合，助火而不助水，非用庚辛生助，不能任财，即以化木论，亦最忌火耗窃木气，故有火无水，决为寻常人物也。

或支成四库，无甲透克制，名杀重身轻，终身有损；得二甲透干，不见己土，定主富贵。

壬水以流通为贵，支成四库，重重阻塞，乏甲疏通，岂能无害？时值土旺，见己土出干，防甲从己而化，失制煞之用，戊己并透而甲从己合，亦同此论。土旺司权，故以得二甲为富贵。

凡木旺用金，终身有用之命。水旺多见庚金者，乃无用之人，须丙制之方妙。

总结上文，支见寅卯辰成方，须庚金制之。申子辰成局，无再用庚金之理，须取戊土制之，如见庚金出干，更宜得丙火制金。上言三月壬水，不离甲庚，防初学拘执，更申述之。

**壬辰，甲辰，壬辰，甲辰。**

食神制煞格，枢密之命。

按：此造两干不杂，支聚四辰，以甲木疏土为用，食神制煞格也。

**庚子，庚辰，壬申，辛亥。**

润下格，学道之命。

按：润下失时，运行南方，故为学道之命。

以上《造化元钥》。

**庚午，庚辰，壬申，己酉。**

同治九年三月初六日酉时。

顾馨一命，三月戊土暗旺，用庚金泄土生水为用，支见三刑，戊寅年五月廿七日遭暗杀，在戌运中寿六十九。

**丙子，壬辰，壬申，乙巳。**

光绪二年四月十一日巳时。

王克敏命，支聚水局，生于立夏前一日，丙火进气，时值巳宫，丙火得禄，气接四月，① 为伤官生财格局，位至财政部长。又罗君纬命：丙申，壬辰，壬子，乙巳，生于立夏前七日，正值戊土旺时，富而不贵，盖土旺无甲，不能取贵，不比四月丙火司权，专用壬水，见申子辰成局为大贵也。

**乙酉，庚辰，壬寅，己酉。**

光绪十一年三月初三日酉时。

孙传芳命，乙庚辰酉皆合，水浅金多，体全之象，寅宫藏甲破戊，丙制庚金，位至五省联军总司令，终以己土泄丙生金，又混浊壬水，仅得丙运五年，昙花一现耳。

**癸巳，丙辰，壬申，癸卯。**

光绪十九年二月十日卯时。

杨杏佛命，水多见庚，专用丙火，惜财劫并露，取卯木泄癸生丙为救，运行北方劫地，子运癸酉年，被刺殒命。

## 四月壬水

四月巳宫，丙火司权，壬为火土所燥，专取壬水，为比助身强，次取辛金发水源，忌与丙火合化，又以庚金为佐。

春夏壬癸，气值休囚，然春水宜用庚金，夏水宜用比助。三春木旺，泄气太重，用印制食以扶身；三夏火盛，财旺身弱，用比劫分财以帮身，

---

① 参看四月壬水。

司令之气不同故也。次取辛金发水源，忌丙合化者，四月火旺，丙辛决不能化水，见丙合去用神，失发源之用，故又以庚金为佐也。若辛透丙藏，各得其用，即不必佐以庚金矣。

壬辛两透，科甲有准。或去比留劫，癸辛出干，加以甲透，定主廪贡衣衿。无甲者富贵门下间人，百事不能承受。

四月火旺秉令，以比印两用为原则，如丁火出干，合去壬水比肩，则宜用癸水。总之四月壬水，不能专用印，火旺金镕，须以比劫为助，水绝无源，须有印绶相生，互相救助，方为上格。用癸辛者，更须有甲，丙能合辛，以癸为救，巳宫戊土临官，防其合癸，更须有甲为救也。无甲者，戊癸相合，反化为财，时值火旺，必然化火，辛金又为丙火所制，财旺身弱，依人度日，为富贵门下间人，自己不能承受也。

如火多水少者，作弃命从财论，因妻致富，癸透无壬，主有残疾。

承上癸辛出干，无甲制戊，为财多身弱意。若火多水少，无庚辛印相生，水临绝地，作弃命从财论。若地支见一丑字，巳丑会局，庚金即有生机，壬癸有源，不作从论。此与亥月见未会局，木有生机，同一理也，务须注意。癸透无壬，滴水熬干，残疾夭折之命也。

或四柱多金，逢生坐实，壬水变弱为强，用巳中戊土制之，科甲异途俱显。若见一甲藏寅，与巳相刑，名土木交锋，小儿疾积，大人暗病，虽多金亦畏火矣，名利皆虚，终无创立。

逢生坐实者，支见申子，壬水长生，庚金得禄也。如支见巳酉丑金局，亦为坐实。四月火旺水衰，用辛壬，为格之正，四柱金水重叠，壬水变弱为强，用巳宫丙戊，为格之变，同劫印化晋格，详四月癸水节，极贵之造，所重在戊土止水之流。如见寅字，甲木得禄，克制戊土，寅巳申三刑并见，名为土木交锋，用神被伤，时逢火旺秉令，金虽多，受制于火，不能制甲为救，故云虽多金亦畏火也，主名利皆虚。

或多甲乙，宜用庚金，庚透者贵，庚藏者常人。

木多泄水之气，须以庚金为救，然用庚不能无壬癸比劫，否则，庚被火刑，不能破甲乙，文字简略，学者宜会其意。

或四柱全无丁火，多见壬癸，聪明显达；支成水局者，大贵。

四月火旺水绝，专用比印，见丁火合壬助火，见戊土合癸破壬，皆忌也。无丁而多见壬癸，虽无庚辛金，亦是聪明显达之人。支成水局，壬水变弱为强，专用当旺之丙戊，同上逢生坐实，大贵之格。

有庚无壬癸，奔流下贱，无壬水辛金者，贫贱鄙夫，惟合外格取贵。

总括上文，四月壬水，以印比相互救济为用。有印无比劫，火旺金镕；印绶比劫俱无，偏枯之局，惟合于从财等外格取贵耳。

**壬午，乙巳，壬申，己酉。**

财旺生官，尚书。

按：壬水临申，自坐长生，又有巳酉会局，庚金相生，用巳宫戊土，格取财官，运宜金水，因年支逢午，乙己出干，同劫印化晋格而不纯粹也。

**壬寅，乙巳，壬午，乙巳。**

总督。

按：此造取胎元丙申，壬水通根，财官秉令，运行金水，贵为总督，寅巳申三刑，申宫庚壬得力，寅巳宫丙戊当旺，书云：三刑得用，威镇边疆，此之谓也。

**甲子，己巳，壬申，戊申。**

武状元。

按：此造支申子半水局，戊土出干，取食神制煞为用，己土合甲为病，喜壬申癸酉之运助之，故贵而就武。

**癸卯，丁巳，壬寅，壬寅。**

主簿。

**丙辰，癸巳，壬辰，壬寅。**

土木交锋，孤贫一世。

按：两造有壬癸而无庚辛，比印不全，不足取也。

以上《造化元钥》。

**癸酉，丁巳，壬午，丙午。**

同治十二年五月初五日午时。

何丰林命，巳酉会局，癸水出干，专用癸辛，位至淞沪护军使。

**辛丑，癸巳，壬子，庚子。**

光绪廿七年四月十七日子时。

张学良命，劫印化晋格，晋化土也。四月火土当旺，而金水反弱为强，格局之奇，同于永乐，一生事业，出于荫庇，① 火土为当旺之神，变忌为喜，大贵奚疑，惜运行北方，火土不得地，不免数奇之叹也。②

## 五月壬水

五月丁旺壬弱，取庚为君，癸为臣，无庚不能蓄源，无癸不能伤丁。

四五月壬水，一理同推。四月丙戊临官，故以壬辛为主；五月丁巳当旺，故以癸庚为主。总之财星秉令，以比劫分财为主要之用，印绶相生为辅佐之神。四月防戊合癸，故先壬；五月防丁合壬，故先癸，其理一也。不被化合，皆可参用。

庚癸两透，科甲有准；庚壬两透，有才略，有权位；有庚无癸常人。

庚癸或庚壬并透，同一取贵。有庚无癸，有辅佐而缺主要之用，火旺金熔，庚不能自存，其理与四月相同。

或支成火局，全无金水，不作从财论，名财多身弱，富屋贫人。或木多有火无水，僧道之命。

五月丁火秉令，壬水阳干，阳刚之性，不能从阴，乃财多身弱也。但此说不可拘泥，如壬午日元，丁火出干，化木从火，八法关键化象节云：

---

① 见四月癸水节。
② 此造一云己酉时，据接近张氏者谈，曾面询之，确是庚子时。

壬生五月水无根，乃弃命从午中丁火，丁与壬合如夫妇，此伏象也，可见非不可从；但阳从阴为格非纯，不作上命论耳。木多泄弱壬水，又非从格，僧道之命。

总之辛金为用最清，庚金次之。

总结上文，辛金为用最清，而上言取庚为君者，惧丁火伤辛也。总之庚辛壬癸互相参用，合化则伤用神，其理与四月同。

**庚午，壬午，壬寅，癸卯。**

庚壬两透，财旺生官，尚书。

**丁酉，丙午，壬寅，甲辰。**

太守。

按：上两造皆是财旺生官用印，非财官格也。

以上《造化元钥》。

**辛未，甲午，壬辰，丙午。**

同治十年五月初三日午时。

陈锦涛命，专用辛金，辰午夹巳，壬贵财禄同位，位至财政总长，总以壬癸不透，格局不全，财多身弱，不免为财所困，己卯年遭狙击殒命，寿六十九。

**丁亥，丙午，壬寅，己酉。**

光绪十三年病闰四月十五日酉时。

伍朝枢命，专用比印，年逢亥禄，上承父荫，时逢酉金，地位自高，寅午会局，财旺生官，位至外交部长。

**戊戌，戊午，壬寅，庚子。**

光绪廿四年四月廿日子时。

刘屯恩命，用在庚癸，寅午戌成局，两戊出干，财生煞旺，贵而就武。此造好处即在癸水藏子，不为戊土所合耳。

## 六月壬水

六月己土当权，壬水怯弱，先用辛金蓄源，次用甲木制己。

六月壬水，上下半月不同。大暑之前，与五月同论，必须印劫为助。大暑之后，金水进气，时值己土当权，有浊壬之患，故次用甲木，然甲木无癸滋润，其用不显，与三月用甲庚意同。

辛甲两透，科甲富贵；或甲藏辛透，衣衿廪贡；辛藏甲透，异途显达。

六月己土秉令，混浊壬水，如见己土出干，必须以甲木为救应，次取辛金发水源，地支更宜藏一二点比劫，否则，土燥木枯，不能尽其用也。

或庚壬两透无伤，才高位显，即壬出庚藏无伤，有能秀才，见火破之，虽清高亦主困穷。

上言己土出干，此言己土不透，只未中一点己土，则不必用甲。专用庚壬无伤者，无丙丁伤庚，戊己伤壬也，庚壬有伤，虽清高亦主困穷。

或一派己土，名假煞，笑里藏刀，日夜害人，仍乏衣食。用甲乙出干制之，有衣食而无奸诈。

克我者为煞，名假煞者，官多化煞，非真煞也。己土浊壬而不能止水，壬水清澄主智，杂泥沙故秉性奸诈，须得甲乙为救，仍看有无庚壬配合，以定禄食之丰啬。

凡土坐生旺之位，虽用甲乙制之，却是金妻水子。或支成木局，泄水太过，当用金水为贵，金为妻，水为子。

承上文，一派己土，须甲乙为救。用甲乙者，例以木为子，水为妻。然六月壬水，虽取木制土为救，其用仍在金水，因壬水弱极故也。支成木局，泄水太过，不能无金为救，其用仍在金水不仅六月如是，各种格局皆然。一为救应之神，一为需用之物，凡看妻子，当明此理也。

总之辛甲为尊，庚金次之。

总结上文。

**壬子，丁未，壬子，辛亥。**

秀才，早年多困，盖壬本忌合，若行金运解合，可中。

按：丁壬一合，羁绊用神，所谓"过于有情，志无远达"是也。

以上《造化元钥》。

**甲申，辛未，壬戌，戊申。**

光绪十年闰五月十九日申时。

尹昌衡命，辛甲两透，甲木破戊己之土，未申戌联珠夹酉，生于小暑后三日，丁火犹在，酉运中岁值壬子癸丑，一鸣惊人，起自田间，一跃而为都督，昙花一现，旋即下台。

**戊子，己未，壬午，壬寅。**

光绪十四年六月初二日寅时。

阚朝玺命，戊己官煞混杂，柱无甲木，寅宫甲木泄于火，惟取胎元庚戌，生助比劫为用。此造确否待考。

# 七月壬水

七月壬水，倚母当令，变弱为强，专用戊土，次取丁制庚佐之；但宜用辰戌之土，不可用申中受病之土。

申宫庚金临官，庚为壬之母，故云倚母当令。壬水长生于申，母旺子相，势力并行，与寅中丙火相似，壬水以申为发源地，一泻千里，专取戊土为堤岸，戊土虽寄生于寅申两宫，然土必须见火，其用方显。申宫水旺土荡，岂能用作堤防？辰戌皆当旺之戊土，戌宫之戊，高亢厚重，自可纳水于正轨，辰见申会成水局，水之气旺，土之用弱，宜酌之。月令庚金太旺，泄弱戊土之气，无丁制庚，戊不能用，故以丁为佐；但丁以合壬为病，须相隔方妙。

戊透，加丁透年干，科甲显宦，或戊透天干，丁藏午戌，廪贡恩封可期，但忌见癸水，斯成化合。或支见寅戌，年干丁火无伤，可许衣衿。或丙戊两藏，富中取贵。

戊丁并透，为七月壬水之正用，丁透年干者，丁年戊申月也。支见午戌会局以实戊土，自有恩封可期，见癸伤丁合戊，失堤防之用，故以为忌，不论其化与否也。支见寅戌，干透丁火，虽会火局，戌宫之戊，仍不失其用。丙戊两藏者，支见寅巳也。富中取贵。

或四柱多壬，戊又透干，名假杀化权。或多戊出干，得一甲透制之，略有富贵无甲，到老困穷。

此言用戊土偏官，分两节，首言壬多戊少。假煞化权者，煞少为偏官，较之用正官更有权威，但四柱不可无财以生之火。有庚居申句，申述藏甲不忌之意，庚禄在申，能制甲木，少固非忌，甲多而透，则申中之庚，不足以制。戊土用神被伤，不能制水之流，改用甲木食神，虽衣禄无亏，常人而已。次言戊多出干，身旺煞强，须甲木制之，为食神制煞格也。

或一派甲木，又见比多，无庚出干，离乡别井，衣禄随缘，申中庚金，虽有难救。

此言食神生财格。一派甲木，食神太多，泄弱壬水之气，必须佩印，见庚印出干制甲，方有富贵。申中之庚，难制天干之甲，且气泄于壬，受制于火，难为救应，必为离乡背井，衣禄随缘之人也。

七月壬水，专用戊土，丁火为佐。

总结上文。

**戊寅，庚申，壬辰，壬寅。**

用戊丙，抚院。

按：财滋弱煞格，取年上戊寅，财藏煞透，引归时上长生，宜其贵也。

**丁亥，戊申，壬申，庚戌。**

此身旺任才，丁戊俱透，尚书。

按：此造亦是财滋弱煞，喜丁壬之间，隔以戊土，不合，而戊土通根于戌土厚而实，故可用也。与上造略同。

**辛酉，丙申，壬申，庚戌。**

侍郎。

按：此造用戌宫戊土，官拜侍郎。

**辛丑，丙申，壬申，辛亥。**

翰林。

按：此造无戊土止水，专用丙火，喜大运逆行南方，金水气清而暖，故有词林之贵，丙辛一合，不免羁绊用神也。

**癸酉，庚申，壬辰，辛亥。**

秀才，用辰中戊土，依人而富。

按：此造润下格失时，火运逆行，所谓北入运在南方，贸易获其厚利是也。

**乙亥，甲申，壬申，壬寅。**

孤人。

按：木多无庚出干，难取食伤生财，衣禄随缘。

以上《造化元钥》。

**丁丑，戊申，壬戌，丙午。**

光绪三年七月初九日午时。

王承斌命，丁戊并透，午戌会局，财旺生煞，位至湖北都督，财煞太旺，喜运行西北身旺之地。

**壬午，戊申，壬寅，壬寅。**

光绪八年七月十八日寅时。

张继命，用财生煞，喜寅午会火局，生戊土，位至众议院议长。

## 八月壬水

八月辛金司权，金白水清之时，忌戊己为病，专取甲木。

七月壬水，有庚禄相生，具冲奔之性，故取戊土。八月壬水败地，非旺非弱，但取其澄澈。月令辛金司权，金水相生，名金白水清，忌戊土阻塞，己土混浊，故以甲木取贵。若壬水通根申亥，不用月令印绶，不作金

## 白水清论①

甲透，壬性澈底澄清，科甲显宦。或见戊，有甲透多，去浊留清，沙水有交欢之象，金自白而水自清，科甲无疑。得甲透时干名文星，堪入翰林。见庚在支破，常人。即有甲藏支，支中无庚，亦主衣衿。

八月壬水，月令正印，壬水不患无源，去病为贵，故以甲木为正用。戊己土为四时间杂之气，无时无刻不流行于天地之间，但不旺耳，防其无形混浊。见甲木则水自澄清，格局自贵，四柱见戊，则须甲木多透，方能去之。"甲透时干名文星"句，承上壬水澈底澄清而言，天干透甲，名为文星，言时干者，时为归宿之地，文星在时干，则一身之结局定矣。喜用在甲，不可见庚破之，虽庚金在支，亦忌见也。如壬弱无根，则以印为正用，甲木为辅佐，见下例证。

或壬多透干，支有申亥，此不用甲而用戊，盖亥中虽有甲破戊，申中又有庚破甲，此亦主衣衿，且有富足才能。或无戊多壬，人清才浊，终主困穷。

支有申亥，壬水具冲奔之性，故不用甲而用戊，用戊则忌见甲木伤用矣。但用戊土不能无火为佐，为财官格，金水气清而流动，无戊止水，终主困穷。

无甲，用金发水之源，名独水三犯庚辛，号曰体全之象。

书云：水浅金多，号曰体全之象，乃破格也。母旺子孤，当助其子，以全局为主，而以日元为用。如孔祥熙院长命：庚辰，乙酉，癸卯，庚申是也。此格须满盘庚辛，若水见二三，不作此论，壬不在多，见七月辛金节。

总之八月壬水，专用甲木。用甲者，水妻木子。

八月壬水，以用甲木为正，体全格为变，用戊土为应病与药，平常格局也。

**癸未，辛酉，壬申，戊申。**

---

① 见下壬多透干节。

布政。

按：此造专用戊土，要运行南方，用神得地而贵。

**庚午，乙酉，壬子，甲辰。**

庚甲两透，词林。

按：甲以乙妹妻庚，不透甲，专用甲木文星，故有词林秀。

**辛酉，丁酉，壬辰，壬寅。**

龙虎拱天门，又曰壬趋艮格，探花。

辰龙寅虎拱卯，两酉暗冲卯宫，卯为日月出入之门，故曰天门。兰台妙选有酉生入对冲为卯，则卯为之门，不见卯而见寅辰，为龙虎拱门。寅中甲木无伤，运行甲午，鼎甲宜也。壬趋艮格，须支见寅字多，详五月壬水，此造非是。

**壬子，己酉，壬子，庚戌。**

印旺身强，富大贵小。

按：此造壬水两造，专用戌宫戊土，看法同七月。己土出干，混浊壬水，难以取贵子戌夹亥，壬水得禄，时上财星归库，身旺任财，富格可知。

**丙子，丁酉，壬子，己酉。**

身旺无依，一生贫苦。

按：财露无根，支多劫刃，己土不足以止水，徒然浊壬，若见一甲木，即为衣禄常人，不致贫苦无依。见上七月四柱多壬节。

以上《造化元钥》。

**乙酉，乙酉，壬午，甲辰。**

光绪十一年八月十六日辰时。

张麟书命，壬生八月，得甲木出干制土，金白水清，午宫丁火财星得禄，泄甲木之气，故供职交通银行三十年，不出金融界，辰运戊寅年五月，惨遭暗杀殒命，不得令终，以满盘自刑故也。

**甲午，癸酉，壬戌，壬寅。**

光绪二十年八月十八日寅时。

张乃燕命，金白水清，专用比印，甲木出干为文星，历任大学校长，学部大臣。

## 九月壬水

九月亥水进气，其势将旺，见一派壬水，得一甲以破戊戌，又见一戊出干，斯用丙火，合此富贵清雅之品，正谓"一将当关，群邪自伏"。见丙，便主衣禄，略可处世。

亥水，壬水也。长生于申，至戌为冠带位，其势将旺而未旺，月垣戊土，为乘权秉令之神，壬水虽多，无泛滥之患，故必以甲木制煞为用。若月垣为戊戌，更须甲木出干，方能制之。此九月壬水，所以专用甲木也。若壬水多，支临阳刃，见一戊出干，煞刃相制，为煞刃格。壬水多，戊土亦多，身强煞旺，取甲木为制，为食神制煞格。壬水进气，秋土虚寒，冻土寒水，堤高流急，虽清而无情，得甲木泄水，丙火暖土，则局势灵活。此节词句简略，意义甚晦，其势将旺下，疑有漏句，当细味之。

或一派戊土，无一己一庚杂乱，独有甲透时干，定主玉堂清贵，即甲透月干，定主科甲。若支藏己土，亦可一榜，虽风土不及，亦主廪贡。或庚透无丁，便作贫贱；或丁透见甲，略有富贵。

申述用甲之法，戊土为秉令之神，壬水虽将旺，总属浅水，故必须甲木为制。忌己合甲，忌庚破甲，故用甲，以无己庚杂为清贵也。甲透时干者，甲辰时也。食神制煞格以煞前食后为贵，甲透月干者，甲戌月也。煞藏食透，制煞得力，己土藏支者，丑未年时也。有甲木出干，亦足以破土。庚透无丁者，用在食神，见枭神夺食，不可无丁为救，故丁透略有富贵，无丁贫贱。

或无丙用戊，常人。用土者，金妻水子。

秋土气寒，用戊土者，须以丙火为佐，不论食神制煞或财资煞也。九月壬水不外乎用甲，用戊。用甲者水妻木子，[①] 凡土居生旺之地，虽用甲

---

[①] 已见八月。

乙制土，却是金妻水子，见六月壬水节。九月土旺秉令，一理共推。

总之九月壬水，专用甲木，次看丙火，戊土须酌用之。

总结上文，土旺秉令之时，以甲木破土为正用，壬水汪洋，取一戊制群水，为一将当关，群邪自伏。次看丙火者，土寒水冷故也。

**丙寅，戊戌，壬戌，辛丑。**

身旺官旺，又得丙透，参政按丙辛遥隔不合，取寅宫甲木破戊，辛金滋壬，喜运行东北水木之地也。

**丙子，戊戌，壬申，甲辰。**

进士，官至太守。

按：甲丙两透，煞前食后，格局完备，太平时代一太守，木透可至道尹，乱世可至省长，时代有不同也。

**戊寅，壬戌，壬子，甲辰。**

童年翰林，官拜副都御史。

按：甲透丙藏，煞前食后，与上造同，虽官职有内外，品位一也。

**辛丑，戊戌，壬戌，甲辰。**

支成四库，一甲透时，太史。

按：此造支聚四库，用甲破土，用辛滋壬，喜壬水进气，故有词林之贵。

以上《造化元钥》。

**己巳，甲戌，壬辰，庚子。**

同治八年九月廿四日子时。

段芝贵命，甲己相合，又有庚金遥逼，必然化土，不能用癸，月令煞旺，而时逢子水阳刃，煞刃成格，贵必就武，位至督抚。

**丙子，戊戌，壬子，庚子。**

光绪二年八月廿四日子时。

友人某君命，支逢三刃，秋水汪洋，专取戊土，煞刃相制成格，虽有丙火，而落日余晖，力量不足，四柱无甲木泄水生丙，煞刃无情，虽有才能，难展骥足。一生以寅运为最得意，曾任朝鲜领事外交部主事，至甲运，破了戊土，惨遭非命，在戊寅年，甲木得禄而土崩也，年六十三。

**己卯，甲戌，壬辰，丁未。**

光绪五年九月廿二日未时。

朱深命，甲木出干破土，惟丁壬相合，日元向财，甲己相合，破土无力，不见佳处。此命造确否待考。

**壬午，庚戌，壬寅，庚子。**

光绪八年九月十九日子时。

蒋百器命，支聚寅午戌火局，财旺生煞，时逢阳刃，煞刃成格，煞旺刃轻，用宜助刃。早年行北方运，出任浙江都督，不数月去位，是其福命不足以当之也。然有寅宫甲丙，水木火土相制有情，气势游戏通，即是贵格。参阅丙子造。

**辛卯，戊戌，壬申，庚子。**

光绪十七年九月十一日子时。

朱绍良命，七煞出干，时逢子刃，煞刃成格，贵必就武，喜运行南方也。

## 十月壬水

十月亥水当令，用戊为尊。

十月壬水临官，有冲奔之势，故戊土为尊，丙火为佐。

若壬辰日，又见辰时，壬有浩瀚之势，须戊透天干，庚制甲，不伤戊土；戊庚两透，科甲显宦。或甲出制戊，不见庚救，反致困穷；戊藏无制，主生员。或有戊庚无甲，不但富贵且多福寿。

壬辰日纳音水，又见辰时，勿以墓库忽之，月令建禄，水势浩瀚，须戊土出干，方能制之，辰中戊土，不能用也。亥宫甲木长生，见土制水，木得培植而旺，反伤戊土，故须有庚制甲，方许富贵也。十月壬水，专用财滋弱煞，不用食神制煞，如见食神，必须以枭印为救。书云：土止流水福寿全，用财滋煞者，福寿富贵之命，①兼取庚透者，防亥宫甲木长生之

---

① 见二月。

气也。

或支成木局，又甲透，有庚制者，富贵；无庚，常人。

十月壬癸，最忌亥卯未会成木局，泄散元神，伤官旺而失令，故宜以枭印为用，制伤扶身，得双方兼顾之益。

或支成水局，不见戊己，名润下格，运入西北大富贵，入东南者，贫贱萧条。

专旺成格，以顺其气势为用，如炎上喜行东南，润下喜行西北，为理之常，《滴天髓》云：独象喜行化地，而化神要富，化者引化，即食伤也。大致格有纯杂，格纯者宜食伤之地，格杂者宜西北之方。润下更有气候关系，冻水不流，言宜西北者，就大概论也。据理推之，东方可行，南方必忌。

或见丙戊两出，运行火土，名利双全。有丙无戊常人，有戊无丙，衣禄无余，但常遭跌失，不能聚财。

承首节用戊为尊句，得丙戊两出，甲木虽有生气，亦生丙而不破戊，无须再用庚金制甲矣。十月壬水，以丙戊为正用，有丙无戊，财旺而不聚，虽有衣禄，常人而已；有戊无丙，寒土冻水，有谋为而难成，① 丙戊二者缺一，皆有常遭跌失，不能聚财之病也。

总之十月壬水，专用戊丙，庚金次之。

总结上文，用戊丙为正，庚金为应病与药之用也。

丁丑，辛亥，壬子，癸卯。

贫苦。

按：财露见劫，财又不旺，宜乎贫苦。

己亥，乙亥，壬辰，辛亥。

两榜。

按：此造得胎元丙寅之助。

乙巳，丁亥，壬午，庚戌。

僧道。

---

① 详十一月节。

按：此造巳庚一冲，胎元又见戊寅，火旺成局，反宜金水为助，亦变格也。

**庚子，丁亥，壬戌，庚戌。**

得庚制甲，会元。

按：此造专取戌中戊土制水，庚金制甲。

**壬申，辛亥，壬子，辛亥。**

支见亥子，四柱无戊，名旺盛无依，为僧。

按：润下成格，惜胎元壬寅，格局不纯，火运行东南逆水之性，反为贫苦之命也。

以上《造化元钥》。

**辛亥，己亥，壬午，辛亥。**

咸丰元年九月三十日亥时。

张退厂命，取午中丁火生助己土官星，丁己同得禄于午，但十月壬水用丁己，不如丙戊，望重乡闾，寿八十八，卒于戊寅年。

**己巳，乙亥，壬子，乙巳。**

同治八年十月十四日巳时。

周自齐命，专用巳宫丙戊，更有庚金制甲，运行南方，位至财政总长。

**辛未，己亥，壬申，戊申。**

同治十年十月十五日申时。

简照南命，戊土出干无丙，喜胎元庚寅，暗藏丙火，生于南洋，火土气旺，大富而不贵，为南洋兄弟烟草公司创办人。又此造疑是丁未时。

**辛巳，己亥，壬戌，甲辰。**

光绪七年十月初三日辰时。

叶公绰命，专用巳宫丙戊，己合甲，不破戊，亦格之奇也，[①] 位至交通总长。

**癸未，癸亥，壬申，庚戌。**

光绪九年十月廿五日戌时。

---

① 参阅十一月节。

李烈钧命，专取戌宫戊土止水，惜无丙火，民国初年，为江西都督，起伏无常，名利难全。

## 十一月壬水

十一月壬水，阳刃帮身，较前更旺，先取戊土，次用丙火。

十一月壬水，与十月同论。阳刃秉令，气候更寒，非戊丙并透，不足以救。书云：建禄生提月，财官喜透天。阳干用财官者，乃是偏财偏官，非正财正官也。

丙戊两透，科甲富贵，且才能德业无双。或有戊无丙，不过处世有道，名利难全。有丙无戊，好谋无实之。

十一月专用丙戊，不取庚金者，月令无木气故也。调候需丙，止水须戊，二者必须兼用，不可缺一。

或支成水局，不见丙火，即有戊土而不得所，常人而已。或丙戊藏支，解冻止流，功名显达非常，但须运好，运左便非。

支成水局，以戊土为主，丙火为佐，戊土如不得所，虽有丙火，无益于事。得所者谓得禄逢旺，支见巳戌是也。丙戊藏支者，柱有巳戌，而丙戊不出干也。支为根，干为苗，干透不如支藏，但须运程得地，否则，地位虽高而不显。

或支成火局，一富而已。

此言用财，支成火局，身旺财旺，大富之格。

或比见月时，丁出年干，常人。或支见四库，又主富贵。

或壬日见二丁出年月时干者，名为争合，主名利难成。

壬月或壬时年见丁火比肩争财，庸碌常人。支见四库，止水之流，便主富贵，以戊财库为妙。若丙丁争合一壬，无土止水，又不能作化论，寻常下格，难言名利也。

或壬午日丁未时，虽非科甲，亦主权重位高，何也？盖用子中癸水，名用神得地，与戊丙并用。

此言壬水反强为弱，用子中癸水阳刃，名用神得地，为变格也。① 四库之中，惟戌未为燥土。戌，戊土也；未，己土也。若壬午日丁未时，支见未相合，丁火出干，虽是丁己，与丙戊用同。月令阳刃秉令，官刃或煞刃成格，皆必贵也。

**丁卯，壬子，壬寅，戊申。**

方伯。

按：戊透丙藏，为仲冬壬水之正用也。

**壬寅，壬子，壬寅，壬寅。**

天元一气，煞旺得地，侍郎。

按：专用寅中丙戊，为财煞得地。

**壬子，壬子，壬子，甲辰。**

飞天禄马格，尚书。

按：飞天禄马者，水木伤官之变，专取甲木为用，运喜东方，与润下格纯粹者理同，所谓独象喜行化地是也。

**壬寅，壬子，壬子，辛亥。**

富格。

按：寅宫丙戊太弱，寅亥合木，转而生财，故为富格。

以上《造化元钥》。

**癸丑，甲子，壬午，甲辰。**

康熙十二年十一月十七日辰时。

沈德潜命，己未年成进士，年已六十七，高宗称为老名士，官至礼部侍郎，卒年九十七，谥文悫。此造专用午宫丁己，无如两甲盖头，己土被制，直待交进丁丙财运而显，不以官刃论，木火通明，故为文学侍从之臣也。

**丙午，庚子，壬午，庚子。**

道光廿六年十一月初一日子时。

樊樊山命，天地中分，不以冲论，用午中丁己财官，科甲出身，晚年

---

① 非取丁壬化合。

运行南方，大贵。

**丁卯，壬子，壬申，甲辰。**

同治六年十一月廿三日辰时。

葛稚威命，飞天禄马见丁破格，乃润下格之不纯粹者。运行土金，安富尊荣，一乡之望，一至南方，资财萧条，以比肩争合故也。

**壬辰，壬子，壬辰，乙巳。**

光绪十八年十一月初八日巳时。

蔡廷锴命，专用巳宫丙戊解冻止流，位至军长，福建省主席。

**戊戌，甲子，壬戌，壬寅。**

光绪廿四十二月十三日寅时。

江一平命，专用甲木食神制煞，喜时上甲木得禄，财星有气，为名律师，戊土制比，可以护财，今被甲木制住，财来便劫，故旺而不留也。

## 十二月壬水

十二月壬水旺极复衰，何也？上半月癸辛主事，壬水稍旺，专用丙火解冻；下半月己土主事，故丙火为先，徐用甲木为佐。术士不察，例作旺推，殊不知上半月壬癸只旺十二日，下半月土，则有十八日也。俱作旺推，安能有验？故有丙，名利两全。

十二月壬水，上半月癸辛主事，与十一月同，专用丙火，如比劫出干，酌用戊土，总以丙火解冻为主。下半月己土当旺，木火进气，壬水不作旺论。用丙火解冻，兼取甲木者，防己土浊壬也。但不论上下半月，丙火总为主要之用，故云：有丙，名利两全。

丙辛俱透，科甲富贵，无丙定作单寒。丙透甲出，科甲之贵，然四柱无壬，方妙。或四柱有壬，丙藏常人。见戊制土，可许衣衿，且有禄寿。

以下专论下半月看法。用丙解冻，用辛化己土，生壬水，或用甲木制己土，皆为科甲之贵。但以丙辛甲己不合，无壬伤丙，方可言富贵。若四柱有壬，丙火为壬水之气所逼，虽藏支不克，亦是常人，须戊土为救，辗转救护，格非上乘，衣衿禄寿，庸中佼佼而已。

或支成金局，不见丙丁，名金水沉寒寒到底，一世孤贫，见火解寒方可。

支成金局，母旺子衰。十二月金寒水冷，非见丙丁，无可取用。

腊月壬水，用丙火，或甲木为佐，用火者木妻火子，用戊者不可无丙，总结上文。书云：水冷金寒爱丙丁，以丙火为主。下半月土旺用事，甲木为佐，金旺，即丙透遇辛，亦不为妙，见丁颇吉。

以下三节，述用丁之理，为《造化元钥》抄本所删，据《穷通宝鉴》本补录，可资参考。丙辛俱透，已见上文，但丙辛在冬月，容易化合，即使合而不化，亦不免羁绊用神，减损解冻之力。有丁破辛，则丙火可以保持其温度，故云见丁颇吉。

或丁出时干，化合成木，月支又见丁火，无癸破格，亦富贵。

此言以丁火为用。十一月丁出年干，支见四库，又主富贵。十二月令见丑，水不冲奔，惟气候太寒，须丙丁而无癸制，方可为用，仍宜甲木为引，通根支下方妙。参阅十一月丁火节。

水旺居垣须有智，水土混杂必愚顽。壬癸路经南域，主健，富贵堪图。

又云：惟有水木伤官格，财官两见始为欢。

统论三冬壬水。居垣，谓月令水当旺也。水清主智，己土混杂，反主愚顽。路经南域，谓运行巳午未南方也。日主健旺，主富，《消息赋》云：北人运在南方，贸易获其厚利是也。冬水以丙戊为主要用神，财官是也，并不限于水木伤官。

**甲寅，丁丑，壬寅，壬寅。**

用丙，贡士。

**甲午，丁丑，壬辰，乙巳。**

有丙，富翁。

**甲午，丁丑，壬辰，甲辰。**

欠丙，贫苦。

按：十二月壬水，不可无丙，丁甲力薄，有丙富贵，无丙贫苦，显然可见。

**乙未，己丑，壬午，辛亥。**

生员。

**庚子，己丑，壬寅，辛亥。**

发甲。

**庚午，己丑，壬辰，壬寅。**

秀才。

按：以上三造丑宫土金水出干，然有丙贵巨，无丙贵小，亦显然可见。

**辛亥，辛丑，壬戌，庚子。**

用戌止水，生员。

按：此造亥子丑成方，壬水甚旺，故用戌止水，日坐财库，金水亦温，所谓清气还嫌官不起也。

**丙寅，辛丑，壬寅，辛丑。**

用丙，主簿。

按：丙辛并透，羁合用神，喜用寅宫丙火，故有小功名。

以上《造化元钥》。

**己丑，丁丑，壬午，辛亥。**

道光九年十二月廿二日亥时。

刘坤一命，丑宫土金水同宫并透，用丁火，夜生者贵，参阅十二月癸水雪夜灯光格，位至两江总督。

**戊午，乙丑，壬申，乙巳。**

咸丰九年正月初一日巳时。

赵秉钧命，丙戊得禄于巳，运行南方，位至首揆。

**甲戌，丁丑，壬申，辛亥。**

同治十三年十二月初三日亥时。

杨度命，用戌宫戊土止水，甲丁并透，无丙虚而不实。

**戊寅，乙丑，壬申，戊申。**

光绪四年十一月廿七日申时。

袁克定命，戊透丙藏，皆在年上，专受上荫，其为贵介公子可知。

**癸未，乙丑，壬戌，庚子。**

光绪九年十二月十六日子时。

朱瑞命，支聚四库，而无甲丙，然时逢庚子阳刃，喜用戊土七煞为制，三刑得用，运至戌，贵为都督，然昙花一现，仅五年耳。

**己丑，丁丑，壬午，辛亥。**

光绪十五年十二月十一日亥时。

杨杰命，丑宫土金水并透，用丁，位至军长。同上刘坤一命。

**庚寅，己丑，壬辰，辛亥。**

光绪十六年十一月廿六日亥时。

戴季陶命，丙戊结藏寅宫，位至考试院长。

# 命理秘本穷通宝鉴卷十

## 正月癸水

正月癸水，值三阳之候，为雨露之精。雨露之性至弱，专取辛金发源，次取丙火照暖，名阴阳和合，万物发生。

癸为衰竭之水，时至寅月病位，本性既弱，又值休囚，故先取辛金发源，次取丙火调候。看法与正月壬水相同，而辛与隔位不合，各得其用为美。

得辛丙两透，科甲富贵非常，盖癸为雨露，能成亥子江河也。

癸水如雨露，亥子如江湖，有辛金发其源，涓涓不绝，乃成江河，勿以质柔气弱而忽之。丙为寅宫长生之火，值三阳开泰之候，配合得当，阴阳和谐，真神得用，故富贵非常也。①

或支成火局，辛金受困，有壬寅贵，无壬贫贱。或丙透天干，辛藏酉丑，亦主贡监生员，辛丙俱无，定主贫贱。或辛透丙藏，恩封显职；丙辛皆藏，富中取贵。

承上丙辛为用也。支成火局，以壬为救，丙辛或透或藏，用有显晦，富贵亦有差别。

或月透戊土，得丙辰时，年干透丙丁，不透比劫，真从化格，富贵无两。见刑冲，常人。

癸水至弱，见戊必合。生于寅月，逢生得气，见丙辰为化气元神透出。无印劫生助癸水，必然从化。年干丙丁者，谓年上生助化神也。非必

---

① 合于需要为真神，时值当旺为司令，即合需要，又值当旺，必然富贵。

丙丁年句有语病，当会其意，见申亥刑冲破格。

或支成水局，丙透无壬，衣禄常人。见丙火重重，不由科甲，亦主廪贡名士，此火妻土子也。

支成水局，丙透无壬，身旺任财，子无比劫争财，定作富推。古人重贵轻富，商贾浊富之命，故云常人。支成水局，而丙火重重，寅宫戊土长生，财旺暗生官，虽非科甲，亦主贵气。火妻土子者，言以土为用也。癸水无壬，不能用戊，支成水局，癸水反弱为强。寅宫戊土，有甲木为制，须丙火重，化木生土，以取相制之意而已。

总之正月癸水，辛金为主，庚金次之，丙亦不可少。无庚辛，虽有丙丁，亦无用之人。若火土多，定主残疾。

总结上文，正月癸水，气势休囚，辛金为主，无辛用庚，癸水有源，方可用丙丁，化合及支成水局为例外。可知火多土多而无印劫为救，又不能从化，癸水熬干，残疾夭折之命。

用辛者，土妻金子。

正月癸水，以丙辛为正用，有辛方能用丙，故土妻金子。

**壬寅，壬寅，癸卯，丁巳。**

孤贫，损目。

按：干见两壬，不能言从，木旺火多，癸水气泄熬干，孤贫，残疾。

**壬子，壬寅，癸卯，丙辰。**

有妻无子，兄弟相残，常人。

按：寅卯辰成方，食伤太旺，非见庚辛，不能制木生癸以取贵，与二月同论。丙火偏财出干，而比劫争财，此兄弟相残之征。四柱无金，时归墓库，无子之征。

以上《造化元钥》。

**庚寅，戊寅，癸亥，辛酉。**

光绪十六年正月廿二日酉时。

陆连奎命，正月木旺，癸水泄弱，不能不用印，戊癸一合，日元向官，寅亥合起劫煞，不得善终，未运戊寅年，遭狙击毙命，年四十九。

## 二月癸水

二月癸水，不刚不柔，但因乙木司令，泄弱无神，专用庚金为妙，辛金佐之。

癸水至二月死地，休囚之极，加以乙木司令，泄弱元神，故专用庚辛破木而发水源。庚辛并用者，恐乙庚相合，更佐之以辛也。

庚辛俱透，无丁出干者，科甲富贵，无庚辛贫贱常人。或庚透辛藏，异途位高；辛透庚藏，生员廪贡；庚辛两藏，富中取贵，异途显达，刀笔名高。

二月癸水，水木伤官为体，木神当旺，不能不佩印，无庚用辛，不必拘执。二月阳气舒伸，无形中自有丙丁，故不必明见丙丁，亦可取贵也。

或庚辛太多，得己丁两透，作大贵论。

此言体用之变。庚辛太多，癸水弱变为强，月令乙木被克无力，取财官相生为用，作大贵推。乙藏己透，偏官无伤，庚辛金多，不能无丁制之，癸水至弱，柱无壬劫出干，不能用戊土，故取丁己也。

或支成木局，时月又有木出干，此泄水太过，穷困多灾，即运入西方，亦不甚清泰，无用之人。

支成木局，不见庚辛，为顺局从儿。一女造：甲寅，丁卯，癸卯，乙卯，诰封一品，但为人怯懦无能，运入西方逝世。女造柔懦尚无害，若为男造，不免贫困多灾矣。

**甲申，丁卯，癸亥，癸亥。**

贡士，大富，盖用庚得禄地，有在才略，且多肖子。

按：此造癸水通根申亥，反弱为强，惜无己土，用食伤生财，故富。支见申庚，旺木有制，故用丁火，非用庚也。

**丙辰，辛卯，癸酉，癸亥。**

用辛金，飞天禄马格，尚书。

**丁未，癸卯，癸亥，癸丑。**

飞天禄马格，拜相。

飞天禄马格，以亥冲巳，酉丑合住巳字为要点，两造皆似是而非，特飞天禄马，本有伤官变格，谓为成格，亦无不可。总之木多水泄，不能无金，两造皆以辛金为用也。

**丁亥，癸卯，癸卯，癸丑。**

用丑中辛金，又丁火出干，侍郎。

按：与丁未造，大致相同。

**庚寅，己卯，癸亥，庚申。**

专用庚金，故佐君泽民，神钦鬼服。

按：此造喜寅中暗藏丙火，用庚金，有阴阳和谐之妙，胎元庚午，以丁己财官为用也。

**庚子，己卯，癸卯，辛酉。**

庚辛两透，位至阁老。

按：庚辛并见，而无丙丁，虽科甲正途，终嫌阴柔奸险，此明代严嵩命造也。支备子卯酉，加胎元庚午，成格而备四极，故其奸险之祸，亦加于四海，午宫己土得禄，财官相生为用，格虽大贵，究不足取。

**癸卯，乙卯，癸卯，己未。**

乙木重重，有克己之势，无克己之力，盖因未内藏丁，泄乙而生己也，故名列宫墙。

**癸卯，乙卯，癸巳，甲寅。**

宜用庚金，因巳中丙制庚，破去用神，故一生劳碌，不能处世。

按：以上两造，皆缘木旺无金，癸水元神泄弱，不足以任财官也。

以上《造化元钥》。

**丁酉，癸卯，癸卯，辛酉。**

此为明穆宗隆庆命，有印比生助，帝皇之位，专恃荫庇，胎元甲午，食神生财为用，运行西北，毫无作为，一生享荫庇福而已。

**辛巳，辛卯，癸丑，乙卯。**

光绪七年二月廿一日卯时。

章士钊命，丑宫己辛，煞印相生，辛透丙藏，位至教育总长。

**戊子，乙卯，癸未，庚申。**

光绪十四年二月初一日申时。

石某命，时逢庚申，癸水反弱为旺，月令乙卯，见庚输情相合，专用未中丁火，破庚金印，生己土煞，戊土虚浮，又为旺木所伤，用煞不用官，故为武贵，年时遥合，自幼游历欧美十七邦，归国授军少将。

## 三月癸水

三月癸水，要分清明谷雨。清明后火气未炽，专用丙火，名阴阳承蔼；谷雨后虽用丙火，还宜辛金佐之，富贵。次看何神高透无伤，便可定科甲大小，如辛卯、壬辰、癸未、丙辰，生上半月，专用丙，故作朝廷卿士；若生下半月，丙虽不可少，然必须庚金蓄源，又须无伤，方主富贵。上半月木妻火子。

凡生四季月，皆有上下半月之分，须察气之进退，以论休咎，三月癸水墓地，丙火进气，更为显著耳。上半月火气未炽，辰中癸水，回光反照，犹有余气，更见辛金生之，可用丙火，名阴阳和谐。下半月土旺秉令，虽见丙火，宜用庚金发水源。如辛卯一造，生上半月，用丙火，生下半月，须用辛金，此其例也。又防丙火伤辛，须壬水透干为救，否则，不能取贵。① 总之丙辛不可缺一，方为阴阳和谐，用丙用辛，则有上下半月之别也。

或支成水局，一己出干，有丙无甲，乃假煞为权，亦贵；有甲破己，常人。

此言财滋弱煞格，无丙火财星，则己土无力，有甲木伤官，则弱煞被制；故必须有丙无甲，方能假煞为权也。②

或支坐四库，又须甲透，方可许富贵，无甲者僧孤贫。

支坐四库为病，甲透为药，用神仍取辛金。凡土坐生旺地，虽取甲乙制之，仍取金水为用，见上六月壬水节。

或支成木局，无金气，乃伤官生财，主有智学财禄，且有衣

---

① 倘戊土透干，必须甲木出救。
② 癸水不能用戊土，水旺只能用己土，即财官格也。见下从化节。

衿，但早年多滞，而无实财耳。

下半月丙火进气，支成木局，食伤旺，暗生财，[①] 但癸水元神泄弱，无力负荷，有金则贵，无金徒聪慧而无实财。

下半月，土妻金子。

支成水局以下三节，皆指下半月言。有金，方能假煞为权，或用食神制煞，或用伤官生财也。故看妻子，均从土金取之。

总之，三月癸水专用丙辛，而己甲须酌用。

用己者，假煞为权也；用甲者，食伤制煞也。见上文。

三月癸水，从化者多，得化者荣禄，不化者平常。

生于三月，逢龙而化，丙火进气，更易化合，若化气不成，必是平常格局，不作富贵命看。戊土官星，不能无财星以生之，见丙火财星，则成化格矣。此节《造化元钥》抄本删除，附录之。

**丙寅，壬辰，癸巳，甲寅。**

此造二人同庚。一生上半月，年老，位至总督；一生下半月，年少，多困厄刑克，后中武举。

按：壬癸并透，与壬水同论。生上半月，水有墓库余气，巳宫丙戊，得禄逢贵，运至西方，制住甲木伤官，煞印相生，大贵奚疑。生下半月，土旺用事，水无余气，戊土暗旺，晦丙塞壬，交进西方，方免困厄，得中武举。《滴天髓》云：进兮退兮宜抑扬，二人不同之点，即在节气进退之间也。

**丙寅，壬辰，癸丑，丙辰。**

丙透，驸马。

按：辰丑皆湿土，丑宫土金，煞印相生，专用丙火财星，财不伤印，因妻致贵。

**丁卯，甲辰，癸亥，辛酉。**

无丙用辛而显达，盖辛金得禄，可以佐癸故也。

按：此造无丙用辛而显达，以其生下半月，丙火进气，支会亥卯，干

---

① 成方同论。

透甲丁，不能不用印也。

**戊午，丙辰，癸丑，辛酉。**

生下半月，将军。

按：生下半月，火土进气，专用辛金。

**己酉，戊辰，癸酉，丙辰。**

先贫后富，万金。

按：戊癸相合，时透丙辰，必然化火，支见辰酉合金，为化气之财，故富有万金，化神喜行旺地，惜原命火不生旺，运程又行北方，故富而非贵。

**戊辰，丙辰，癸丑，壬子。**

嘉庆十三年三月十七日子时。

刘琨命，财官两旺，喜时逢壬子，丑宫辛金，吉神暗藏，运至庚申辛酉，煞印相生，身旺能任财官，官至巡抚。

## 四月癸水

四月癸水，喜见辛母，无辛，庚亦可用，但不自然。

四月火土两旺，癸水临于绝地，非印劫生助，不足以自存，辛金，癸水之母也。庚辛之用相同，但阴生阴，阳生阳，为出于自然也。

如辛出干，四柱又无午丁，加以壬透，富贵极品。若有丁藏破格，贫苦常人，见壬贫不太甚。辛藏无丁，贡监衣衿。或见癸制丁，衣禄充足，但有刑妻之祸，择配须硬命者吉。

此言用辛金，忌丁火伤用。时值火旺，即使辛金出干，丁火藏午，亦被销熔，必以壬癸为救。但壬见丁相合，即使不化，总嫌有情，聊胜于无制，故云贫不太甚。见癸制丁，病药相当，但丁为财，妻财被劫，不免刑妻，择金水旺者相配为吉。

或一派火土无辛，即有己生庚，不能无水，又无比肩羊刃，名火土熬癸，非损目，便损精，有祸可无恶疾。

四月火土当旺，巳宫庚金，为火土所逼，不能生水，虽值长生，不能取以为用也。如干无庚辛，须见申酉丑，方为可用，无金又无亥子劫刃，名火土熬干癸水，癸为目，故主损目，又水为肾，故主损精。总之四月癸水，劫印不可缺一。以水制火存金，以金化土生水，交互为用。巳宫庚金长生，气极微弱，逼于火土，不能生水，见丑会局，庚金即转生旺，能生癸水，名湿土生金。此与亥月见未会局，木转生旺，能生丙火同一理也。丑宫土金水，煞印相生，在癸水为绝处逢生，大富贵无疑，亦奇格之一也，见下陈某龙造。

若庚壬两透，制火润土，有根源矣，名劫印化晋，大富大贵。见丁克庚合壬丧母，断作废人。

此言劫印化晋格。四月火土当旺，癸水弱极之时，得庚壬两透，绝处逢生，反弱为强，取巳宫丙戊为用，化忌为喜，此奇格也。劫印化晋者，劫印庚壬也。晋，卦名，易离上坤下，名火地晋，以喻火土也。须满盘劫印，方为成格，见下明永乐帝造。庚，癸之母也；壬，癸之兄也。见丁火克庚为丧母，合壬破格，断作废人。

或有庚无丁，即无壬，亦儒林秀士，但迂而不显。

承上克庚合壬意，时值火旺，无水破火，终嫌金气为火土所束缚，虽为儒林秀士，不免迂而不显。重申印劫，二者必须并用之意也。

凡无辛用庚，虽富不贵，必异途得官，故专用辛为尊。

总结上文，无辛用庚，虽能相生，非出于自然，故为异途，富中取贵。

**甲辰，己巳，癸酉，乙卯。**

用辛得地，八座。

**甲辰，己巳，癸酉，辛酉。**

辛透癸藏，身强煞旺，方伯。

**甲寅，己巳，癸巳，癸亥。**

财旺生官，行北方运，拜相封侯。

按：以上三造，胎元庚申，支见巳酉会局，亥宫壬水破丙，甲木破戊，虽是财旺生煞格局，所用全在印劫，倘无金水为助，不能任财煞，则财煞反为克身之物耳。

以上《造化元钥》。

**庚子，辛巳，癸酉，辛酉。**

明成祖[①]，劫印化晋格，庚辛并透，支会金局，癸水转弱为强，反用巳宫丙戊，交丙戌丁火土运，遂登帝位。

**丁巳，乙巳，癸丑，丙辰。**

咸丰七年五月初三日辰时。

陈夔龙命，巳丑会局，湿土润金，庚金有气，即可为癸水之源，此与己土混壬格相似，吉神暗藏坐下，癸水绝处逢生，运行金水，位至北洋总督，富贵福寿之命。

**甲申，己巳，癸亥，癸亥。**

光绪十年四月十九日亥时。

谢鸿勋命，庚壬俱藏而得地，运行西方，位至师长。

**庚寅，辛巳，癸丑，壬子。**

光绪十六年四月十四日子时。

邵元冲命，庚辛壬透，支聚子丑，惜年命逢寅，劫印化晋不纯，亦以巳宫丙戊为用，位至陕西省主席。

**戊申，丁巳，癸酉，甲寅。**

光绪三十四年四月十九日寅时。

张学铭命，支会金局，又庚金得禄，运行西方，必见出人头地。

## 五月癸水

五月癸水，至弱无根，本喜庚辛为生身之本，乃丁火司权，庚辛虽能滋癸，而不能与丁为敌，反怯丁也。须用比肩劫财，方得庚辛妙用。

五月火土当旺，癸水弱极，务须印劫并见，用水制火护金，用金化土生水，互相救护，方得其用，与四月同，需要迫切。庚辛无分先后，但辛

---

[①] 永乐。

壬出干，防丙丁化合为病耳。

如庚辛两透，壬癸出干，定主钟鼎名家，身伴君王。或金透，支成申子，廪贡衣衿。无水出干，惟支见一水，虽透庚辛，不过巨富。故曰：水源会夏天，贵轻富自然，又曰：金水会夏天，富贵自天来，运行火土地，名利总无边。

统论印劫并用之意。庚辛透干，又见壬癸，或金透而支会水局，皆金水两旺，反弱为强，月令财官秉令，真神得用，运行火土，富贵何疑？支藏一水，柱有庚辛，仍用劫印，不过一富之造。盖五月丁旺，用庚辛，必须比劫为护，无比劫，庚辛受伤，故不贵也。水源者，申也。更见子辰会局，身旺任财而财乘旺，故贵轻富重。金水会夏，谓金水会局，反弱为旺，以财官真神为用，即劫印化晋格之意也。

或支成火局，不名炎上，无壬，定作僧道独。若二壬一庚同透，永食天禄，衣锦腰金。

支成火局，最宜透戊土，格成从化，无戊，不能作从财格看。① 盖五月胎元在酉，癸水无根而有根，② 不名炎上者，言不能从丁火为用也。③，既不能从，则必须壬水为救，否则，火土熬癸，定主残疾夭折。见二壬一庚，必主享荫庇之福，盖财成方局，必大富，恃劫印，则贵亦由上荫而来也。

或一派己土，无水无甲出制，作从煞论，富贵非轻。凡从煞见刑冲破害，贫贱之格。

午宫丁己并旺，丁火之气泄于己土，不能从财。见一派己土，午破胎元之酉，己土制住癸水，故可从煞，但以无金水甲木为成格条件。凡从格是刑冲破害，皆为日主有根，如子冲午，丑害午，或午破酉，皆使癸水有根而破格也。

总之五月癸水，庚辛壬参酌并用可也。

总结上文。

---

① 见下刘命。
② 九月胎元不以此论。
③ 丁火无炎上，见丁火五月节。

**庚辰，壬午，癸丑，乙卯。**

嘉庆廿五年四月廿八日卯时。

丁葆桢命，日坐丑宫，煞印相生，胎元癸酉，更得庚壬出干，官至总督，卒谥文诚。

**癸巳，戊午，癸亥，丁巳。**

道光十三年四月廿三日巳时。

蒋益澧命，日坐亥宫，胎元己酉，专用印劫，位至巡抚。

**庚辰，壬午，癸巳，癸亥。**

光绪六年五月廿六日亥时。

倪道粮命，庚金壬癸出干，金水旺，用午宫丁己，惜巳午并见，官煞混杂，上承阀阅，位至省长。

**壬午，丙午，癸巳，甲寅。**

光绪八年五月初八日寅时。

刘翰怡命，癸水无根，一壬不足以为救，却喜癸巳壬午，天地相合，格成从化，甲木出干，制己泄壬而生丙火，从财格真，巨富之命。运行西方，财旺破印，安富尊荣，一至北方，叠遭横逆，损失至巨，其为从财确矣。按五月癸水，所以不易言从者，因胎元酉宫，暗生癸水，自然有根也，财为我克，故不易从，煞为克我，故能从。此造好在戊癸丁壬两合，化而兼从，否则，亦难作从论也。

**癸巳，戊午，癸巳，壬子。**

光绪十九年五月十二日子时。

常之英命，专用壬水为救，年月戊癸暗化为财，午宫丁己，巳宫丙戊，官煞混杂，虽有禄位而不清，财煞太旺，无印，只能取劫为用也。

**壬辰，丙午，癸巳，甲寅。**

光绪十八年六月初七日寅时。

刘峙命，胎元丁酉，干见壬辰，专取印劫为救，位至省主席。

一说，系六月初六日生，为壬辰，丙午，壬辰，壬寅，未知孰是。

# 六月癸水

六月癸水，作两节推，上半月庚辛无气，下半月庚辛有气。凡六癸日，人多推此月不验，何也？不知未中有乙，与己同宫，欲破不破，癸水不能从煞，专用庚辛为主。上半月虽有庚出干，却金畏火炎，须有比劫助金，方许科甲富贵，无比劫常人。至下半月，庚辛有气，即无比劫不忌。有丁见庚辛透者，便推富贵，然亦忌丁透与在未者，皆不秀也。

凡四季月，皆有上下半月之别。癸水生大暑前，看法与五月略同，其所以不能从煞者，因未中乙己同宫，己土为乙木所制故也，专用印劫。大暑后金进气，可以专用庚辛，不必比劫为助，然忌丁火，丁藏未中，庚辛出干，便推富贵，丁火出未为忌。

**乙酉，癸未，癸未，庚申。**

生上半月，庚金得所，丞相。

**乙未，癸未，癸卯，癸丑。**

生上半月，都司。

按：上造用在庚申，金水相生；此造用在癸丑，亦金水相生，惟格局有高低耳。

**己未，辛未，癸未，丙辰。**

生下半月，用辛，知州。

按：年月己辛，煞印相生，惜不通根，丙辛隔位不合，故有百里之尊。三造比较，格局高低自见。

以上《造化元钥》。

**丙子，乙未，癸卯，丁巳。**

光绪二年六月十四日巳时。

林长民命，癸水弱极，得年上子水为救，所恃者祖荫也。卯未会局透乙，伤官泄弱癸水之气，故绝顶聪明，文章名世，生在立秋前四日，金水进气，故有相当地位，至寅运，随郭松龄倒戈被杀。

## 七月癸水

七月癸水，正母旺子相之时，癸虽死申，然申中有庚，名绝处逢生，弱中变强；即如以癸作用，运行申酉地，不死，盖庚旺故也。庚金秉令刚顽，必取丁火为用，以制多金。

生旺死绝十二宫，专论五行，不论十干。木火，阳也；金水，阴也。故云：阴死阳生，阳死阴生，非所以论十干之阴阳也。水生于申，不论壬癸，以癸作用，运行申酉地不死，即其明证。①申宫水之生地，壬水长生，即是癸水长生，母旺子相，不旺自旺，水旺则不劳印生。月令庚金临官，刚锐之气，非取丁火制金不可，用丁火不能无甲为佐也。

或丁透带甲，名有焰之火，为人必光辉难掩，富贵非轻。或丁透无甲，又无壬癸出制，即有一二庚金在柱，贡监衣衿不少。得二丁制金更吉，若金多而无丁制贫贱。

七月癸水，以偏财破印为正用，丁火不离甲木，木火相生，名有焰之火。壬癸有甲引化，不能伤丁，故云光辉难掩。无甲须无壬癸出制，方可破印，二丁更吉，无丁贫贱，印旺而无用，故宜以丁破之也。

得一丁居禄于午，名独财得位，富中取贵。或丁居未戌无力，亦不过常人，稍有能力，逢冲岁运必发。或柱有戌未，或二戌二未，又甲出干，无水，又不作富贵推矣。或一丁藏库，干支见甲多，无水常人。

独财者，无甲木相生也。得位者，丁禄在午也。上言丁透，此言丁火不透，居于午宫，富中取贵。未戌中虽有丁火，压没于土之下，不足为用，逢冲岁运，财库冲开，必发，此言一戌或一未也。若柱多戌未，一辰丑冲之无力，不作此论。一丁藏戌，逢冲则发，甲多破土，不能引生丁火，虽干无比劫，亦是常人。

甲寅，壬申，癸未，庚申。

---

① 说详《子平粹言》。

假斯文。

按：此造即用未中一点丁火也。逢冲则发。

**乙未，甲申，癸未，丁巳。**

财多身弱，富屋贫人。

按：食伤太多，泄弱癸水之气，反以月令庚金为用，大运逆行南方，财多身弱矣。

**丁酉，戊申，癸卯，甲寅。**

伤官生财格，丁甲丙出，尚书。

按：甲木制戊，官星被伤，故用伤官生财。

**戊午，庚申，癸亥，乙卯。**

丁火得位，家富万金，寿九十，卯运死，终富而不贵，三子皆衣衿。

按：丁火得位，家富万金，论征验看法也，终以亥卯会局，透乙，泄弱癸水元神，加以戊土出干，不能不用印劫，大运至卯，金绝水死而命终，可以见矣。

**辛酉，丙申，癸酉，癸亥。**

丙被辛合化水，身旺无制，为僧。

按：丙火无根，合辛化水，惟润下失时，四柱无可取用，名身旺无依。

**壬申，戊申，癸亥，癸亥。**

身旺无依，不作润下，孤贫，百岁不死。

按：戊土出干，不作润下，纵然元气无伤，惟寿永耳。

**癸酉，庚申，癸酉，庚申。**

用庚金，大富。

按：此是从格，书云：独水三犯庚辛，号曰体全之象，金为体，水为用，从革之变也。

以上《造化元钥》。

**乙巳，甲申，癸酉，壬子。**

乾隆五十年七月廿六日子时。

林文忠命，专用巳宫丙火，或云壬戌时，待考。

## 八月癸水

八月酉辛虚灵，非顽金可比，正金白水清之时，取辛为用，丙火佐之，名水暖金温。

癸水清润，辛金虚灵，金白水清，相得益彰，丙火为佐，调候之意也。

如丙辛隔位同透，主科甲有准，即风土不及，亦不失异途封职。或丙透辛藏，不过贡监衣衿。

丙辛并用，最忌合化，两失其用，故透干必须隔位，或一透一藏，此为财印并用之要诀。

或柱中戊己太多，塞水埋金，定是平常人。

癸水见壬水同透，则用官煞，否则，无用戊己之法，清灵之气，不宜克抑。总之，食伤财重则用印，印重则用食伤与财，一定之法也。

**庚寅，乙酉，癸亥，丙辰。**

乙庚化金以助辛，太守。

**辛酉，丁酉，癸巳，癸亥。**

金水多，丁透丙藏，四柱不杂，福寿绵长。

**癸卯，辛酉，癸巳，丙辰。**

孙世忠，怀宁侯命造。

按：以上三造，皆是酉金为用，丙火为佐，金温水暖，以清灵取贵。

以上《造化元钥》。

**丁巳，己酉，癸卯，丁巳。**

咸丰七年七月廿四日巳时。

杨善德命；财官太旺，专用酉金，行辰癸运，位至浙江督军。

**庚申，乙酉，癸未，乙卯。**

咸丰十年八月廿二日卯时。

朱家宝命，乙庚合助酉，专用月令辛金，卯未会局，透乙木文星，科甲出身，位至安徽巡抚，① 癸酉，辛酉，癸巳，丙辰。

**同治十二年八月十七日辰时。**

陈光远命，生于寒露节前二时，专用巳宫丙火，位至江西督军。

**庚辰，乙酉，癸卯，庚申。**

光绪六年八月初七日申时。

孔祥熙命，水浅金多，号曰体全之象，喜乙庚卯申合，满盘皆金，金为体，水为用，位至行政院长。

**庚辰，乙酉，癸亥，癸丑。**

光绪六年八月廿七日丑时。

戴勘命，金多水旺，二人同心，运行北方，位至四川督军。

## 九月癸水

九月戊土司权，癸水失令无根，专用辛金，②，次用癸甲。③有辛，水乃得母；有癸，木乃有根。

癸水清润之体，不宜戊土克制，见戊，宜甲木为救；然九月戊土司权，癸水失令，甲木亦枯，用辛生癸，更须癸水滋甲，④，方能制戊之功。主要之用，在于辛金发水源，时值土旺，甲木为不可缺之辅佐也。

辛甲两透，支有子癸，科甲显宦；甲癸两透，富贵非轻；或有辛甲无癸，不止秀才；有甲癸无辛，富大贵小；有甲无辛癸，常人；三者俱无，贫贱之格。

此言辛甲癸之用。甲癸两透者，辛金藏支也。⑤ 总之九月戊土太旺，甲木乃去病之药，不可或缺；辛癸二者缺一，尚不失富贵也。

或甲透无癸，见壬，亦主秀才。或有甲癸，无火土者，皆主才学寿考。

---

① 此造或是丙辰时待考。
② 发水源。
③ 癸水滋甲制戊。
④ 比肩生伤官。
⑤ 酉丑。

九月癸水，以辛甲癸为正用，无辛癸代之以庚壬，亦有衣衿。以火土为病，无病皆主才学寿考。

总之九月癸水，要见辛方吉，癸辛有用方妙。

总结上文。有用者，以癸辛为用也。

**甲戌，甲戌，癸卯，甲寅。**

制伏得宜，侍郎。

按：此造地支两戌寅卯，时拱亥子丑北方，虚神得用，勿谓癸水无根，甲多破土，故云制伏得宜。

**辛丑，戊戌，癸亥，壬子。**

辛金出干，亥甲子癸得地，翰林。

按：此造壬水出干，癸水倚壬，柱见辛金亥子丑，弱中转旺，专用戊土，运行南方而贵，与李廷肃命参看。

**癸亥，壬戌，癸卯，甲寅。**

食神生才格，总督。

按：年命癸水，癸水通根，甲木出干，制戌宫戊土而生丙火，格局纯粹，亥戌寅卯，东西对峙，中夹子丑，可与下徐世昌命参看。

**壬辰，庚戌，癸丑，癸亥。**

甲申俱无，为人奴仆。

按：戌土之气，泄于庚金，壬水出干，而无戊制，身旺无依，且戌为财库，逢辰冲开，壬癸杂出，虽冲开亦被劫矣。

以上《造化元钥》。

**辛卯，戊戌，癸亥，癸亥。**

道光十一年九月十四日亥时。

李廷肃命，辛癸并透，亥宫甲木破戌，癸水临亥旺地，行南方火土之乡，由江宁知府存升甘肃巡抚，护理陕甘总督。

**戊申，壬戌，癸巳，甲寅。**

道光廿八年九月廿三日寅时。

陈宝琛命，癸水见壬并透，当以壬水论，长生于申，甲戊并透，七煞有制，喜行木火之乡，科甲出身，历任显职，以文学著，清亡，为宣统师傅。

**乙卯，丙戌，癸酉，丙辰。**

咸丰五年九月十三日辰时。

徐世昌命，食神生财格佩印，喜辰酉卯戌两合，卯辰东方，酉戌西方，东西对峙，为大方面夹拱，科甲出身，历任东省总督，内阁总理，位至总统，已卯年日犯岁君，卒于五月，寿八十五。

**庚辰，丙戌，癸未，丁巳。**

光绪六年九月十八日巳时。

陈其采命，巳未夹午，财旺成方，专用庚金，贵为财政部长。

**戊子，壬戌，癸丑，癸丑。**

光绪十四年九月初五日丑时。

邓如琢命，壬水出干，专用戊土七煞，生于寒露后一日，金有余气，位至江西军长。

## 十月癸水

十月癸水，最忌支成木局，泄散元神，故旺中有弱，专用庚辛生发。

亥月水旺秉令，气候转寒，专用丙火调候，与十一月一理共推。见壬水出干，宜兼用戊土，书云：建禄生提月，财官喜透天是也。但亥为甲木长生之地，如见卯未会局，便能泄水之气，旺转为弱，须用庚辛制木而发水源，此乃应病与药之用。譬如正月乙木，见寅午会局，泄散乙木之气，非取水为救，不能制火润木，同一理也。

庚辛两透，不见丁伤，科甲富贵。或干透丁火，支成木局，木旺火相，制住庚辛，不能生水，单寒之极。或无丁而见木局，主异途得职，入西方运能显。

承上文支成木局言之，用庚辛，不可见丁火伤用，故无丁富，有丁单寒。无丁而见木局，为有病无药，得运补救则显。以原命无金，虽得西方运补救，主异途功名，此《三命通会》所以论原有原无，原轻原重也。

若一派壬子，无戊，名冬水汪洋，奔波到老。或己透戊藏，与戊透制水者，清贵而富。

癸水见壬，阴转为阳，与壬水同论，专用财官，用戊更须丙火为佐也。己透戊藏，仍以戊土为用，己土混壬，反而生木，不足以止水也。

或四柱多火，名财多身弱，贫贱到老。

四柱火多，原局有印劫生助癸水者，大富之命，无印劫为财多身弱，虽有财而不能享受也。

或一派金，得丁出干，名利两全。无火，僧道孤贫。

上言庚辛不见丁伤为贵，若一派金，印多为病，以用财损印为贵，主名利两全。无火名为身旺无依，主贫薄，与七月癸水金多乏丁制一理。①

**壬寅，辛亥，癸亥，壬子。**

骨肉冷落，无丙丁故也。虽飞天禄马，仅利三考，若无丙，是下格。

按：喜寅宫丙火，运行东南为美。

**壬申，辛亥，癸亥，壬子。**

飞天禄马格，进士，官至郎中。

按：此造用胎元壬寅，喜东南运，同上造。明王守仁造：壬辰，辛亥，癸亥，癸亥。亦飞天禄马格，运行东南为贵。

**癸卯，癸亥，癸丑，癸亥。**

天元一气，生上半月小贵，骨肉冷淡，下半月大贵。

按：此造亥卯会局，胎元甲寅，水木纯粹为贵，生下半月水旺喜泄，故大贵也。

**辛酉，己亥，癸丑，癸亥。**

四柱纯阴，僧道。

按：此造己土出干，不足以止水，徒混浊耳。

以上《造化元钥》。

**庚子，丁亥，癸卯，癸亥。**

康熙五十九年十月初十日亥时。

---

① 此中有润下飞天禄马等格宜注意。

孙嘉淦命，亥卯会局，透丁火，专用庚金，喜癸水出干，制住丁火，不伤用神，官至大学士，卒谥文靖。

**己未，乙亥，癸亥，丙辰。**

咸丰九年十月廿七日辰时。

汪大燮命，亥未会局，透乙而见丙火，为食神生财格，运行西方生旺，位至外交部长。

**壬申，辛亥，癸亥，丙辰。**

同治十一年十月十二日辰时。

朱桂辛命，印透身旺而见财星，位至内政部长。

**己丑，乙亥，癸巳，庚申。**

光绪十五年十月廿一日申时。

张嘉璈命，丙火藏巳，时逢庚申，身旺贪得任财。位至铁道部长。

## 十一月癸水

十一月癸水，严寒冰冻，癸禄庚死，金水无交欢之象，专用丙火解冻，不致变雨为雪，结露为霜，方用辛金滋扶；然无丙火，辛亦不妙。如丙透辛透，金温水暖，两两相生，科甲显宦，此理至验。

癸水生十一月，严寒酷冻，以调和气候为急，专用丙火，官煞印绶皆作缓论。癸为衰竭之水，虽值禄旺，仍要辛金滋扶，取其有源而已。但宜藏支，不宜透干，如出干以遥隔不合为美。防合制丙火，羁绊用神，无丙火，则虽有辛金，亦为金寒水冻，清寒之象，用丙不宜见壬癸克制，为一定之法也。

或一派壬癸，无丙照暖，贫贱之士，如运行火地，主吉利。或一派水，无火出干，支亦多壬，孤贫下贱，虽见火运，不吉。如见二丙出干，当推富贵，但贵不及富耳。

一派壬癸，无丙照暖，过于寒冻，运行东南阳暖之地，主吉。若支亦多壬，虽行东南，亦难挽救。盖支多壬癸，必是亥申子辰木局，见巳午寅戌，多冲激也。须见丙出干，方能解冻除寒，但用在财星，富重贵轻耳。

或一派戊土，名煞重身轻，贫夭之人。

癸水至弱，性澄泓而不冲奔，柱无壬水，不可用戊土。月令建禄，又难从煞，故为煞重身轻也。

如辛年丙月癸日，有火者主恩荣宠锡，绕膝芝兰。无火者，损资得贵，位重当朝。

此节《造化元钥》抄本删除。辛年无丙子月，宜会其意。有火者，地支有巳午之火也，即首节丙透辛透，金温水暖之意。无火者，以外格取贵，故主异途。

用火者，木妻火子；用辛者，土妻金子。

十一月癸水，大都丙火为用，丙火太旺，则用辛金滋扶。

**丙子，庚子，癸未，壬子。**

武举人。

按：财露劫，透而无官，富贵均轻。

**庚戌，戊子，癸巳，癸亥。**

宰相。

**庚子，戊子，癸丑，丙辰。**

两榜，府尹。

**庚子，戊子，癸卯，丁巳。**

按：以上三造，喜原命有印，专用财官。

以上《造化元钥》。

**甲申，丙子，癸亥，壬戌。**

乾隆廿九年十一月十六日戌时。

邓文毅命，专用丙火，甲木为佐，喜原命金水相生，官至尚书。

**戊寅，甲子，癸丑，丁巳。**

嘉庆廿三年十一月十九日巳时。

刘长佑命，此造不用戊土，专取巳宫丙火解冻，官至巡抚。

**丙寅，庚子，癸未，癸丑。**

同治五年十一月廿八日丑时。

庄温宽命，专用丙火，通根寅支，位至肃政史。

**甲戌，丙子，癸卯，壬戌。**

同治十三年十一月初四日戌时。

杜锡琳命，专用丙火，甲木为佐，位至海军总长。

**庚辰，戊子，癸未，戊午。**

光绪六年十一月十九日午时。

金树仁命，支聚午未，两透戊土，癸水变旺为弱，专取庚金为用。

**甲申，丙子，癸丑，乙卯。**

光绪十年十一月十三日卯时。

俞飞鹏命，金水相生，专用丙火解冻，位至交通部长。

**丁酉，壬子，癸亥，壬子。**

光绪廿三年十二月初八日子时。

王大一命，子旺母衰，喜得丁壬一合，丁火不伤酉金为贵，运宜扶其母，此特殊格局，不以常理论。

## 十二月癸水

十二月癸水，落地成冰，万物不能舒泰，专用丙火解冻。

癸水性属寒湿，时值隆冬，层冰互冻，万物收藏，故以丙火为主要用神；无丙火调候，无论何物不能用也。

得二丙出干，支藏多壬，或时透壬水，不见月上丁火，名水辅阳光，科甲富贵极品。

或一丙一壬出干，贡监；或有丙无壬，不过灵变生员；有壬无丙，又见戊透，奔流之辈。

癸水见壬劫出干，其用同壬，水辅阳光，极贵之格。严寒之际，一丙犹嫌力薄，最宜丙火出干，支通寅巳，则丙火有根。言二丙者，即干透支藏之意也。忌丁透合壬，则失其用。有丙无壬，不过解冻。有壬无丙而见戊，崖高水急，冰块杂流，虽不泛滥，毫无生意。有官必须财星为辅，方足贵也。

或有丙透，支见子丑，又一癸出干，名云雾有根，遮蔽阳光，即有丙透，不能解冻，平常之人。或丙遭辛合，须见丁制，乃吉。

丙火阳之光，不忌壬水而忌癸水，正以冻云蔽日，不晴不雨故也。况在大寒前后，支合子丑，单见一丙，犹嫌力薄，又见癸出干，更失其用矣。月垣之丑，见子相合，冰结池塘，见亥酉亦为寒冰，丙火非得寅巳午为根，不能解冻除寒，无癸而见辛合丙，亦失解冻之用。丁火取其制辛，使丙火不受羁绊，用神非取丙火不可也。

或一派癸巳会党，年干透丁，名雪夜灯光，科甲无疑，但夜生者贵。无丁火，便是孤贫。

丑宫所藏为己辛癸三神，癸水日元，更见辛同透，此为日主与喜用同宫，生于十二月，非见丙丁不可。有己土同透，故丁火可用，但此为特殊格局，非可以五行常理论，见下谭何诸造。

或见水局，水寒不流，无丙，亦是常人。

支成水局，泛滥之象，无丙火为暖，虽有戊己官煞，不免四海为家，一生劳苦。

或支成火局，庚壬不透，无妻子，得一金一水透，主有衣禄。

支成火局，财旺，癸水反变为弱，见庚壬生助，方能负荷其财。财为妻，故无庚壬生助者，无妻子也。

或支成金局，丙透得地，名地温水暖，彼此相生，虽不发科甲，亦能拔萃超群。丙藏，才学虽富，终不成名，且无承受。

支成金局，癸水有源，丙火通根寅巳为得地，名金温水暖。丙火藏支，为寒气所束缚，力量减轻。无承受者，印多为病，财不能破，则上无荫庇也。

或见木局，泄水太过，以金为救，水木伤官失令，人虽聪明，不能成名。

仍以丙火调和气候为用。无丙，寒水冻木，虽有金制木，无所用之。

凡冬月用丙，须丙火得地方妙，不然，即重重丙火出干，安能轻许富贵哉？

总结上文，得地者，通根寅巳午是也。干为苗，支为根，干必须通根，方有力也。

**乙丑，己丑，癸丑，丙辰。**

侍郎。

按：丙火出干，故贵。

**乙巳，己丑，癸卯，壬子。**

教谕。

**乙酉，己丑，癸巳，庚申。**

生员，刑三妻，二子俱衣衿。

按：两造皆巳酉丑会局，丙火藏巳得地，惟不显耳，用神在财，又坐妻宫，见申宫壬水劫财，自多刑克矣。

**丁丑，癸丑，癸卯，壬戌。**

贡士，教官。

按：卯戌六合之火，略有暖气耳。

**戊寅，乙丑，癸巳，乙卯。**

布政。

按：支藏两丙，故贵。

**癸未，乙丑，癸卯，癸丑。**

残疾之人。

按：丑未一冲，又见癸水盖头，未中之火尽灭，虽胎元丙辰而时见癸水，乃冻云蔽日也。

以上《造化元钥》。

**壬辰，癸丑，癸巳，癸丑。**

道光十二年十一月廿一日丑时。

恭亲王奕䜣命，壬癸并透，专用丙戊财官，坐下巳官财官印俱备，道光殁后，秉国数十年，成清代中兴之治，光绪廿四年殁，寿六十七。

**戊戌，乙丑，癸未，乙卯。**

道光十八年十二月十六日卯时。

刘瑞棻命，雪夜灯光格，见下谭何命，位至巡抚。

**壬寅，癸丑，癸巳，戊午。**

道光廿二年十二月十九日午时。

陈启泰命，支全寅巳午，财旺生官，丑宫金水相生，壬水出干，身旺能任，位至巡抚。

**戊辰，乙丑，癸卯，庚申。**

同治七年十一月三十日申时。

章炳麟命，乙庚申卯相合义同金局，柱无丙火，幸得胎元丙辰，所谓虽不科甲拔萃超群是也。

**己巳，丁丑，癸丑，丙辰。**

同治八年十二月十六日辰时。

铁能训命，丙丁并透，通根于巳，又得丑宫己癸并透，科甲出身，位进总揆。

**己卯，丙子，癸巳，丁巳。**

光绪五年十一月廿四日巳时。

袁伯夔命，或云丁丑月，查是年廿五日，甲午卯初交小寒节，癸巳日，应作十一月丙子推之，确否待考。

**己卯，丁丑，癸丑，乙卯。**

光绪五年十二月十四日卯时。

谭延闿命，丑宫己癸同透，见丁火，大寒时节，日出辰初，生于卯时，天未明也，作夜生论，为雪夜灯光格，年月夹戊寅，日时夹甲寅，至申运暗冲寅丙，位至行政院长。

**己丑，丁丑，癸丑，辛酉。**

光绪十六年正月十二日酉时。

何民魂命，丑宫己辛癸同透，月干丁火，生于立春前三日，日没申正十二分，生于酉时，已在黄昏之后，合于夜生之说，为雪夜灯光格，位至南京市长。

## 原跋

　　以上十干，俱陈大略，或八字有不合者，须寻别路。至上格用神，合此则贵，不合则贱无疑，勿以推求失精，疑吾言之欺世也。命之不同，犹如面焉，须细参之。

# 附录：增补月谈赋

盖夫穷通造化，入圣超凡，命不易设，书当熟记。欲晓生平造化，当知二路推详。气有盈虚进退，格有清浊从违。格有可取不可取，用有当去不当去。财官弱而日主旺，须行财运之乡，方行合道。日主弱而财官旺，又临财官之地，为祸不轻。大抵财与官要旺，煞同伤宜静。重浊炎顽者贱，刑冲克害者孤。驳杂偏枯，先爵禄而后夭贫。中和纯粹，始贫贱而终富贵。

命主一世之悲欢，运察流年之否泰。年月见父母之优劣，日时识妻子之贤愚。以财为父，以印为母，财印两全，椿萱并茂。阴阳失位，父母俱亡。财源被劫，父命先亡。印绶被伤，母年早丧。财星得禄，父命长春。比肩扶身，兄弟洒乐。煞官混杂，棠棣飘零。

年旺文魁，父子官居台阁日。月生正贵，兄弟位列朝班。四柱逢官，定主田连阡陌。三官见官，须知子贵夫荣。男以旺财为妻，正官为子，财得禄而妻贤，官得禄而子贵，伤枭两备，子懦妻愚，财绝官囚，妻迟子晚，女命食旺官透，子秀夫荣。印旺官轻，坐堂招夫。男逢财多身弱，离祖求婚。偏财若见劫，定损妻和妾。正官若见伤，有子各离乡。官轻入墓内，只好作偏宫。煞旺库中藏，只好作偏房。官弱又值伤，一子终难到老。财轻再逢劫，三妻未许齐眉。财入库而妻离，官入库而子散。满眼儿孙，定是五宫见贵。百年夫妻，皆因七位逢生。财旺生官，夫唱妇随。马凶带禄，贯朽粟陈。正官弱而伤官旺，必主孙承后裔。正财阴而偏财透，终须妾夺妻权。父南子北，身居绝地。兄楚弟秦，命落空亡。官贵埋头，卖男粥女。财星带耗，弃子离妻。财旺生官，夫妇如漆如胶。比多煞备，兄弟如蝎如蛇。官被伤，财被劫，妻离子散。食逢枭，印逢财，家破人亡。日逢劫，时逢伤，妻亡产荡。岁逢煞，月逢伤，兄弟囹圄。财盛劫重，夺兄弟之妻为妾。伤官太旺，抱姊妹之子为儿。四柱逢官，三嫁焉能到老。满盘偏印，半子早年无亏。食神生旺，四五六男可许。官强化印，七八九子堪夸。财官印合，可羡妻妻妾妾。官食得禄，堪夸子子孙孙。妻丑无能，定主财临绝地。子愚不肖，皆因官入囚宫。

正财旺，偏财绝，戚氏遭逢吕后。正官弱，偏财旺，太公得遇文王。煞旺身强，始作终身发达。煞轻制重，为人到底遭屯。一宫显露，子论荆西五马。一食清高，子许河东三凤。财轻被劫，庄子鼓盆之歌。官居驾煞，颜路请子之车。七煞挂两头，东野到老无后。四柱见伤官，伯道至死无儿。满盘七煞，羔柴有泣血之忧。四柱伤官，子夏有丧明之痛。郭巨连埋其子，只为时逢七杀。吕公既丧多儿，皆因财命被伤。正官逢一位，荀氏产八龙。伤官立四支，颜路哭悲儿。

印旺食清，定论根基深厚。财藏官透，须知家业兴隆。印缓遭伤，祖业终是难守。财轻被劫，家园岂不凋零。年冲月令，破祖离乡之客。财轻劫耗，风流浪荡之人。印缓若逢官，定许入朝班。印绶若逢财，官非日日来。正官逢正印，名利自然顺。正官落囚刑，家业渐消停。一官一重伤，财轻破克退田庄，三官若无印，身柔家业消磨尽。正财若逢印，祖业根基盛。财多逢比劫，官旺人殷富。财轻逢劫比，家资盐落底。财轻若见劫，家务汤泼雪。伤官若逢财，富贵自天来。伤官若逢印，寿数绵绵定。伤官若逢官，灾殃自生端。伤官若值伤，晚景要离乡。食神若逢印，田产年年进。食神若逢枭，家资渐渐消。身旺财官旺，富贵压乡党。身弱财官绝。退散家休歇。五行得均平，富贵享遐龄。三奇格若全，福寿永绵绵。

伤入官途，君子休官罢职。财临绝地，庶人家破人亡。独印逢财，定断魂归狱地。一官遭破，当推命入黄泉。七位逢空，周帝有柴之立。五宫克陷，阳彪有舐犊之悲。偏枯多夭折，驳杂主孤贫。富贵不易测，生死安足论。损用者十死八九，冲提者五防三四。财轻逢劫死，刃重见财亡。身旺逢印死，身弱遇财凶。贪财破印天元尽，众劫分财气数终。用食逢枭灾莫测，用财见劫命难医。煞重身轻，杀挂根而寿夭。伤强主弱，伤入幕以身亡。五行格局皆伤，急急寻条归路。四柱财官俱败，忙忙打点前程。一印逢生，四柱有伤何害。满盘死绝，二星有救无忧。财被劫，当推强弱。官入库，须辩阴阳。食神入水，身投波涛，食神逢枭，尸逢道路。杀重劫多，父亡外土，伤枭两备，子丧他邦。比劫重重，马踏摧伤定论。纵横鬼杀，雷打虎伤无疑。财印交逢，身遭波涛而死。伏尸会刃，命随山野而亡。众杀随身，不投河而自刎。群凶入命，非产死以悬梁。七杀会命，徒流笞杖难逃。三刑遇劫，肩枷带锁之忧。水字逢刑，不缺唇而异齿。火罗带耗，非秃头而面巴。甲乙旺而戊己虚，面皮黄肿。壬癸旺而丙丁弱，眼目朦胧。金遇火罗，必主病连肺腑。火盛水字，多因命在膏肓。目暗耳聋，主弱又行杀地，腰驼背曲，身柔更入伤途，刃劫交加，命丧麻痘。阑干血刃，身生疥癞。

日日奉迎，盖身财并旺逢二德。年年官论，皆因天狱缠宫。病生于脐，只因金遭火克。呆卿割舌，皆因木被金伤，比干剖心，血盅临于命度。纪信刚烈，火罗纠于十宫。七杀无制，韩信功劳罔大。食神入水，屈原身死汨罗。禄破马倾，项羽乌江自刎。官囚印绝，虞姬九里身亡。杀重身轻，颜子难逃定数。身轻印重，彭祖困获长年。木向春生，处世安然有寿。水归冬旺，生平乐自无忧。

官印逢枭，曾参笃实。财官俱旺，子路刚方。金水辅阳，堪言貌胜潘安。印绶俱停，不减颜回之乐。财官旺相，必作陶朱之富。命坐强宫，定主田连阡陌。身临财地，定主银谷仓厢。禄荣贵显，金马玉堂之士。身囚印绝，贫居陋巷寒儒。勇敌千人，只因九强驾杀。心通万卷，皆因身旺逢官。得佐圣君，贵在冲官逢合。

凡人性情善恶，只因格局安排。木主仁，水主智，金主义，火主礼，土主信。木盛者温良恭俭，土薄者妄语虚谈，戊己盛朋友有信，丙丁旺作事无成。水泛木浮，漂荡无依。火烈金熔，淹留有着。金木交战仁义少，水火递互是非多。四柱带合，见人面谈非常。冲破无恒，开口言人不义。合多贵众，和公散事之人。死绝休囚，归魂黑狱之辈。六害虚耗，奴仆来来往往。四柱刑冲，兄弟是是非非。

金火炎顽，必是闺门婢女。水土重浊，定为田野农夫。阴绝阳空，堂前使唤。官纯印粹，珍珠帘内夫人。二印持身，三迁教子。一官清贵，四海扬名。男子最宜健旺，女子身用纯和。欲知贤如孟母，天月二德同宫。欲知貌似西施，水字金星同度。官旺招夫贵显，食消产子英贤。学堂逢驿马，自幼读书明敏。魁罡带七杀，生平性傲刚强。印旺身旺，自幼爱居市井。杀浅财浅，平生喜走衙门。身财俱旺，一生乐守家园。身财俱弱，到底难守祖业。长生坐命，儒风独守清规。贵德临身，德行浑然服众。五行生旺，定为慷慨男儿。四柱休囚，必是衰惫老汉。三奇得遇，名为阵上将军。四柱同生，定主朝中宰相。七杀会同，为卤莽刚强之士。一官骑马，乃聪明巧智之人。印绶多为人俊雅，食神旺处世公平。凶恶机关，比肩重而有伤。中和质朴，正官旺而相生。伤官驾杀必聪明，印绶逢官性慈善。水浊金顽，不识十文百字。火明木秀，能通五典三坟。伤重枭多，是好说是非之辈。杀重不显，乃好为盗贼之徒。财帛逢金，吐凤雕龙之士。金移入火，敲铜打铁之人。七杀会刃，好舞枪把刀剑。伤官逢印，能通书画琴棋。运入枭乡，自被墙垣倒损。身临绝地，须知椅凳尘埃。命重伤官，郑国奔来卫国。命全三合，东家搅到西家。夜夜忧愁，命带三刑六害。朝朝燕饮，格中印绶逢财。杀乱官重，可强可弱，身衰印绝，也奴为仆。财绝用囚，自幼出家礼佛，官衰主旺，少年离祖参禅。杀强无印，欲游泮水不登秋科。身旺无财，纵是出家难脱俗。

财绝当为僧道，官囚好作尼姑。日随逢聚，六位定逢恩德。为仆迁移，命宫独守离星。阴阳绝空，蓬垢堂前使唤，五行全备，可羡美貌花容。七杀会刃，卢氏引刀剔目。一官清秀，孟光举案齐眉。官印扶身，倚户倚门求活。水金缠度，逾垣钻穴相窥。丙辛戊癸相交，偷情于月下。甲己丁壬垢合，舞乐以搏钟。官弱财强，先偏而后正。伤官印绶，先妾而后妻。男多女少，皆因阳盛阴衰。男少女多，只为阴神太重。

荣华生于中和，夭折秉于偏枯。金水伤官得令，五经魁首文章。比肩成局，当为几度新郎。常伴新郎，一路三刑六害。一举登科，定为三合六事。读书广识，时上逢生。多学少成，日干遇绝。强弱多少，定富贵于天干。刑冲克害，合贵贱于地支。神藏杀没，有福之人。禄空官乏，无用之辈。财地逢生，积粟千仓万库。禄位遇绝，作事七颠八倒。

丑戌日时，不生不养。未辰两地，育产难凭。子午日月相冲，当驼当跛。寅申年月相对，非聋非哑。二午两冲，妻必重婚。三庚未己，父生未见。辛日子时，定有三分秀气。甲子日生子时，一生公道。己亥日生丁卯，百奸千狡。丑日丑时，公平长厚。酉月卯日，定是柔奸。子月卯日辰时，长妻心贱。辰月辰时，一子不能送终。辰戌丑未相刑，非聋非哑。子午卯酉冲破，非瘫即跛。乙木阴年，十有九月寡妇。酉年火日，五有三四鳏居。命定四恶，妇人多主孀居。阳刃一度，男人必然无子。两刃逢于年月，必克妻。两刃三刑，日虽强而反恶。三刑三刃，元辰弱受孤寡。甲日辛官，相命荣华之客。巳日申宫，贪合贫贱之徒。强而无印无官，非僧即道。旺而无才无煞，非道即僧。年月冲，时日合，屠沽之辈。年月合，日时冲，贱业之流。

乙木杀强，寿元三九必终。两火叠官，卅旬之客。一杀三财双水火，瞽目之人。子午日时双女，为遗腹所生。丑未命宫相对，下地无娘。丁火日月逢戊己，官为寅卯，终为贼。己巳遇甲乙宫子午，而死于地坑。一木独逢卯木时，情同肝肺。壬水年，生寅时，非贫即夭。丙日生，身逢克，寿不长年。四柱官旺，休见官方。三元财劫，难以招财。五位死提纲，富而无子。年月财宫逢马，人称为廊庙之才。时日七杀阳刃，一心要弄刀舞枪。日月逢枭，贫贱之士。四刑四克逢四正，淫而奸险。一合二合而再合，忠厚心良。

# 北京学易斋书目

| 书 名 | 作 者 | 定 价 | 版别 |
|---|---|---|---|
| 影印涵芬楼本正统道藏[宣纸线装；全512函1120册] | [明]张宇初编 | 480000.00 | 九州 |
| 影印涵芬楼本正统道藏[道林纸线装；全512函1120册] | [明]张宇初编 | 280000.00 | 九州 |
| 易藏[宣纸线装；全50函200册] | 编委会主编 | 98000.00 | 九州 |
| 重刊术藏[精装全100册] | 编委会主编 | 68000.00 | 九州 |
| 续修术藏[精装全100册] | 编委会主编 | 68000.00 | 九州 |
| 易藏[精装全60册] | 编委会主编 | 48000.00 | 九州 |
| 道藏[精装全60册] | 编委会主编 | 48000.00 | 九州 |
| 御制本草品汇精要[彩版8函32册] | (明)刘文泰等著 | 18000.00 | 海南 |
| 御纂医宗金鉴[20函80册] | (清)吴谦等著 | 28000.00 | 海南 |
| 影宋刻备急千金要方[4函16册] | (唐)孙思邈著 | 2380.00 | 海南 |
| 影元刻千金翼方[2函12册] | (唐)孙思邈著 | 2380.00 | 海南 |
| 芥子园画传[彩版3函13册] | (清)李渔纂辑 | 3800.00 | 华龄 |
| 十竹斋书画谱[彩版2函12册] | (明)胡正言编印 | 2800.00 | 华龄 |
| 影印明天启初刻武备志[精装全16册] | (明)茅元仪撰 | 13800.00 | 华龄 |
| 药王千金方合刊[精装全16册] | (唐)孙思邈著 | 13800.00 | 华龄 |
| 焦循文集[精装全18册，库存1套] | [清]焦循撰 | 9800.00 | 九州 |
| 邵子全书[精装全16册] | [宋]邵雍撰 | 12800.00 | 九州 |
| 子部珍本1：校正全本地学答问 | 1函3册 | 680.00 | 华龄 |
| 子部珍本2：赖仙原本催官经 | 1函1册 | 280.00 | 华龄 |
| 子部珍本3：赖仙催官篇注 | 1函1册 | 280.00 | 华龄 |
| 子部珍本4：尹注赖仙催官篇 | 1函1册 | 280.00 | 华龄 |
| 子部珍本5：赖仙心印 | 1函1册 | 280.00 | 华龄 |
| 子部珍本6：新刻赖太素天星催官解 | 1函2册 | 480.00 | 华龄 |
| 子部珍本7：天机秘传青囊内传 | 1函1册 | 280.00 | 华龄 |
| 子部珍本8：阳宅斗首连篇秘授 | 1函1册 | 280.00 | 华龄 |
| 子部珍本9：精刻编集阳宅真传秘诀 | 1函2册 | 480.00 | 华龄 |
| 子部珍本10：秘传全本六壬玉连环 | 1函2册 | 480.00 | 华龄 |
| 子部珍本11：秘传仙授奇门 | 1函2册 | 480.00 | 华龄 |
| 子部珍本12：祝由科诸符秘卷秘旨合刊 | 1函2册 | 480.00 | 华龄 |
| 子部珍本13：校正古本入地眼图说 | 1函2册 | 480.00 | 华龄 |
| 子部珍本14：校正全本钻地眼图说 | 1函2册 | 480.00 | 华龄 |
| 子部珍本15：赖公七十二葬法 | 1函2册 | 480.00 | 华龄 |
| 子部珍本16：杨筠松秘传开门放水阴阳捷径 | 1函2册 | 480.00 | 华龄 |
| 子部珍本17：校正古本地理五诀 | 1函2册 | 480.00 | 华龄 |
| 子部珍本18：重校古本地理雪心赋 | 1函2册 | 480.00 | 华龄 |

| 书　名 | 作　者 | 定　价 | 版别 |
|---|---|---|---|
| 子部珍本19:吴景鸾先天后天理气心印补注 | 1函1册 | 280.00 | 华龄 |
| 子部珍本20:宋国师吴景鸾秘传夹竹梅花院纂 | 1函2册 | 480.00 | 华龄 |
| 子部珍本21:影印原本任铁樵注滴天髓阐微 | 1函4册 | 1080.00 | 华龄 |
| 子部珍本22:地理真宝一粒粟 | 1函1册 | 280.00 | 华龄 |
| 子部珍本23:聚珍全本天机一贯 | 1函3册 | 680.00 | 华龄 |
| 子部珍本24:阴宅造福秘诀 | 1函1册 | 280.00 | 华龄 |
| 子部珍本25:增补诹吉宝镜图 | 1函2册 | 480.00 | 华龄 |
| 子部珍本26:诹吉便览宝镜图 | 1函1册 | 280.00 | 华龄 |
| 子部珍本27:诹吉便览八卦图 | 1函1册 | 280.00 | 华龄 |
| 子部珍本28:甲遁真授秘集 | 1函4册 | 880.00 | 华龄 |
| 子部珍本29:太上祝由科 | 1函2册 | 680.00 | 华龄 |
| 子部珍本30:邵康节先生心易梅花数 | 1函1册 | 280.00 | 华龄 |
| 子部善本1:新刊地理玄珠(需预订) | 2函10册 | 3000.00 | 华龄 |
| 子部善本2:参赞玄机地理仙婆集(需预订) | 2函8册 | 2400.00 | 华龄 |
| 子部善本3:章仲山地理九种(需预订) | 1函5册 | 1500.00 | 华龄 |
| 子部善本4:八门九星阴阳二遁全本奇门断 | 2函18册 | 5400.00 | 华龄 |
| 子部善本5:六壬统宗大全(需预订) | 2函6册 | 1800.00 | 华龄 |
| 子部善本6:太乙统宗宝鉴(需预订) | 2函8册 | 2400.00 | 华龄 |
| 子部善本7:重刊星海词林(需预订) | 14函56册 | 16800.00 | 华龄 |
| 子部善本8:万历初刻三命通会(需预订) | 2函12册 | 3600.00 | 华龄 |
| 子部善本9:增广沈氏玄空学(需预订) | 2函8册 | 2400.00 | 华龄 |
| 子部善本10:江公择日秘稿(需预订) | 2函6册 | 1800.00 | 华龄 |
| 子部善本11:刘氏家藏阐微通书(需预订) | 3函12册 | 3600.00 | 华龄 |
| 子部善本12:影印增补高岛易断(需预订) | 2函8册 | 2400.00 | 华龄 |
| 子部善本13:清刻足本铁板神数(需预订) | 3函13册 | 3900.00 | 华龄 |
| 子部善本14:增订天官五星集腋(需预订) | 2函10册 | 3000.00 | 华龄 |
| 子部善本15:太乙奇门六壬兵备统宗(需预订) | 9函36册 | 10800.00 | 华龄 |
| 子部善本16:御定景祐奇门大全(需预订) | 8函32册 | 9600.00 | 华龄 |
| 子部善本17:地理四秘全书十二种(需预订) | 4函16册 | 4800.00 | 华龄 |
| 子部善本18:全本地理统一全书(需预订) | 3函15册 | 4500.00 | 华龄 |
| 子部善本19:廖公画策扒砂经(需预订) | 1函4册 | 1200.00 | 华龄 |
| 子部善本20:明刊玉髓真经(需预订) | 7函21册 | 6300.00 | 华龄 |
| 子部善本21:蒋大鸿家藏地学捷旨(需预订) | 1函4册 | 1200.00 | 华龄 |
| 子部善本22:阳宅安居金镜(需预订) | 1函4册 | 1200.00 | 华龄 |
| 子部善本23:新刊地理紫囊书(需预订) | 2函6册 | 1800.00 | 华龄 |
| 子部善本24:地理大成五种(需预订) | 8函24册 | 7200.00 | 华龄 |
| 子部善本25:初刻鳌头通书大全(需预订) | 2函10册 | 3000.00 | 华龄 |
| 子部善本26:初刻象吉备要通书大全(需预订) | 3函12册 | 3600.00 | 华龄 |
| 子部善本27:武英殿板钦定协纪辨方书 | 8函24册 | 7200.00 | 华龄 |
| 子部善本28:初刻陈子性藏书(需预订) | 2函6册 | 1800.00 | 华龄 |

| 书　　名 | 作　者 | 定　价 | 版别 |
|---|---|---|---|
| 重刻故宫藏百二汉镜斋秘书四种(一):火珠林 | 1函1册 | 300.00 | 华龄 |
| 重刻故宫藏百二汉镜斋秘书四种(二):灵棋经 | 1函1册 | 300.00 | 华龄 |
| 重刻故宫藏百二汉镜斋秘书四种(三):滴天髓 | 1函1册 | 300.00 | 华龄 |
| 重刻故宫藏百二汉镜斋秘书四种(四):测字秘牒 | 1函1册 | 300.00 | 华龄 |
| 中外戏法图说:鹅幻汇编鹅幻余编合刊 | 1函3册 | 780.00 | 华龄 |
| 连山[一函一册] | [清]马国翰辑 | 280.00 | 华龄 |
| 归藏[一函一册] | [清]马国翰辑 | 280.00 | 华龄 |
| 周易虞氏义笺订[一函六册] | [清]李翊灼订 | 1180.00 | 华龄 |
| 周易参同契通真义 | 1函2册 | 480.00 | 华龄 |
| 御制周易[一函三册] | 武英殿影宋本 | 680.00 | 华龄 |
| 宋刻周易本义[一函四册] | [宋]朱熹撰 | 980.00 | 华龄 |
| 易学启蒙[一函二册] | [宋]朱熹撰 | 480.00 | 华龄 |
| 易余[一函二册] | [明]方以智撰 | 480.00 | 九州 |
| 奇门鸣法 | [一函二册] | 680.00 | 华龄 |
| 奇门衍象 | [一函二册] | 480.00 | 华龄 |
| 奇门枢要 | [一函二册] | 480.00 | 华龄 |
| 奇门仙机[一函三册] | 王力军校订 | 298.00 | 华龄 |
| 奇门心法秘纂[一函三册] | 王力军校订 | 298.00 | 华龄 |
| 御定奇门秘诀[一函三册] | [清]湖海居士辑 | 680.00 | 华龄 |
| 宫藏奇门大全[线装五函二十五册] | [清]湖海居士辑 | 6800.00 | 星易 |
| 遁甲奇门秘传要旨大全[线装二函十册] | [清]范阳耐寒子辑 | 6200.00 | 星易 |
| 增广神相全编[线装一函四册] | [明]袁珙订正 | 980.00 | 星易 |
| 龙伏山人存世文稿[五函十册] | [清]矫子阳撰 | 2800.00 | 九州 |
| 奇门遁甲鸣法[一函二册] | [清]矫子阳撰 | 680.00 | 九州 |
| 奇门遁甲衍象[一函二册] | [清]矫子阳撰 | 480.00 | 九州 |
| 奇门遁甲枢要[一函二册] | [清]矫子阳撰 | 480.00 | 九州 |
| 遁甲括囊集[一函三册] | [清]矫子阳撰 | 980.00 | 九州 |
| 增注蒋公古镜歌[一函一册] | [清]矫子阳撰 | 180.00 | 九州 |
| 古本皇极经世书[一函三册] | [宋]邵雍撰 | 980.00 | 九州 |
| 明抄真本梅花易数[一函三册] | [宋]邵雍撰 | 480.00 | 九州 |
| 订正六壬金口诀[一函六册] | [清]巫国匡辑 | 1280.00 | 华龄 |
| 六壬神课金口诀[一函三册] | [明]适适子撰 | 298.00 | 华龄 |
| 改良三命通会[一函四册,第二版] | [明]万民英撰 | 980.00 | 华龄 |
| 增补选择通书玉匣记[一函二册] | [晋]许逊撰 | 480.00 | 华龄 |
| 绘图全本鲁班经匠家镜 | 1函4册 | 680.00 | 华龄 |
| 菊逸山房地理正书(天函):地理点穴撼龙经 | 1函3册 | 680.00 | 华龄 |
| 菊逸山房地理正书(地函):秘藏疑龙经大全 | 1函1册 | 280.00 | 华龄 |
| 菊逸山房地理正书(人函):杨公秘本山法备收 | 1函1册 | 280.00 | 华龄 |
| 青囊海角经 | 1函4册 | 680.00 | 华龄 |
| 阳宅三要 | 1函3册 | 298.00 | 华龄 |

| 书　名 | 作　者 | 定　价 | 版别 |
|---|---|---|---|
| **子部珍本备要**(宣纸线装) | | 分函售价 | 九州 |
| 001 岣嵝神书 | 1函1册 | 280.00 | 九州 |
| 002 地理唻蔗録 | 1函4册 | 880.00 | 九州 |
| 003 地理玄珠精选 | 1函4册 | 880.00 | 九州 |
| 004 地理琢玉斧峦头歌括 | 1函4册 | 880.00 | 九州 |
| 005 金氏地学粹编 | 3函8册 | 1840.00 | 九州 |
| 006 风水一书 | 1函4册 | 880.00 | 九州 |
| 007 风水二书 | 1函4册 | 880.00 | 九州 |
| 008 增注周易神应六亲百章海底眼 | 1函1册 | 280.00 | 九州 |
| 009 卜易指南 | 1函1册 | 280.00 | 九州 |
| 010 大六壬占验 | 1函1册 | 280.00 | 九州 |
| 011 真本六壬神课金口诀 | 1函3册 | 680.00 | 九州 |
| 012 太乙指津 | 1函2册 | 480.00 | 九州 |
| 013 太乙金钥匙 太乙金钥匙续集 | 1函1册 | 280.00 | 九州 |
| 014 奇门遁甲占验天时 | 1函2册 | 480.00 | 九州 |
| 015 南阳掌珍遁甲 | 1函1册 | 280.00 | 九州 |
| 016 达摩易筋经 易筋经外经图说 八段锦 | 1函1册 | 280.00 | 九州 |
| 017 钦天监彩绘真本推背图 | 1函2册 | 680.00 | 九州 |
| 018 清抄全本玉函通秘 | 1函3册 | 680.00 | 九州 |
| 019 灵棋经 | 1函1册 | 280.00 | 九州 |
| 020 道藏灵符秘法 | 4函9册 | 2100.00 | 九州 |
| 021 地理青囊玉尺度金针集 | 1函6册 | 1280.00 | 九州 |
| 022 奇门秘传九宫纂要 | 1函1册 | 280.00 | 九州 |
| 023 影印清抄耕寸集－真本子平真诠 | 1函2册 | 480.00 | 九州 |
| 024 新刊合并官板音义评注渊海子平 | 1函2册 | 480.00 | 九州 |
| 025 影抄宋本五行精纪 | 1函6册 | 1080.00 | 九州 |
| 026 影印明刻阴阳五要奇书1－郭氏阴阳元经 | 1函2册 | 480.00 | 九州 |
| 027 影印明刻阴阳五要奇书2－克择璇玑括要 | 1函1册 | 280.00 | 九州 |
| 028 影印明刻阴阳五要奇书3－阳明按索图 | 1函2册 | 480.00 | 九州 |
| 029 影印明刻阴阳五要奇书4－佐玄直指 | 1函2册 | 480.00 | 九州 |
| 030 影印明刻阴阳五要奇书5－三白宝海钩玄 | 1函1册 | 280.00 | 九州 |
| 031 相命图诀许负相法十六篇合刊 | 1函1册 | 280.00 | 九州 |
| 032 玉掌神相神相铁关刀合刊 | 1函1册 | 280.00 | 九州 |
| 033 古本太乙淘金歌 | 1函1册 | 280.00 | 九州 |
| 034 重刊地理葬埋黑通书 | 1函2册 | 480.00 | 九州 |
| 035 壬归 | 1函2册 | 480.00 | 九州 |
| 036 大六壬苗公鬼撮脚二种合刊 | 1函1册 | 280.00 | 九州 |
| 037 大六壬鬼撮脚射覆 | 1函2册 | 480.00 | 九州 |
| 038 大六壬金柜经 | 1函1册 | 280.00 | 九州 |
| 039 纪氏奇门秘书仕学备余 | 1函1册 | 280.00 | 九州 |

| 书　名 | 作　者 | 定　价 | 版别 |
|---|---|---|---|
| 040 八门九星阴阳二遁全本奇门断 | 2函18册 | 3680.00 | 九州 |
| 041 李卫公奇门心法 | 1函1册 | 280.00 | 九州 |
| 042 武侯行兵遁甲金函玉镜海底眼 | 1函1册 | 280.00 | 九州 |
| 043 诸葛武侯奇门千金诀 | 1函1册 | 280.00 | 九州 |
| 044 隔夜神算 | 1函1册 | 280.00 | 九州 |
| 045 地理五种秘笈合刊 | 1函1册 | 280.00 | 九州 |
| 046 地理雪心赋句解 | 1函2册 | 480.00 | 九州 |
| 047 九天玄女青囊经 | 1函1册 | 280.00 | 九州 |
| 048 考定撼龙经 | 1函1册 | 280.00 | 九州 |
| 049 刘江东家藏善本葬书 | 1函1册 | 280.00 | 九州 |
| 050 杨公六段玄机赋杨筠松安门楼玉辇经合刊 | 1函1册 | 280.00 | 九州 |
| 051 风水金鉴 | 1函1册 | 280.00 | 九州 |
| 052 新镌碎玉剖秘地理不求人 | 1函2册 | 480.00 | 九州 |
| 053 阳宅八门金光斗临经 | 1函1册 | 280.00 | 九州 |
| 054 新镌徐氏家藏罗经顶门针 | 1函2册 | 480.00 | 九州 |
| 055 影印乾隆丙午刻本地理五诀 | 1函4册 | 880.00 | 九州 |
| 056 地理诀要雪心赋 | 1函2册 | 480.00 | 九州 |
| 057 蒋氏平阶家藏善本插泥剑 | 1函1册 | 280.00 | 九州 |
| 058 蒋大鸿家传地理归厚录 | 1函1册 | 280.00 | 九州 |
| 059 蒋大鸿家传三元地理秘书 | 1函1册 | 280.00 | 九州 |
| 060 蒋大鸿家传天星选择秘旨 | 1函1册 | 280.00 | 九州 |
| 061 撼龙经批注校补 | 1函4册 | 880.00 | 九州 |
| 062 疑龙经批注校补一全 | 1函1册 | 280.00 | 九州 |
| 063 种筠书屋较订山法诸书 | 1函2册 | 480.00 | 九州 |
| 064 堪舆倒杖诀 拨砂经遗篇 合刊 | 1函1册 | 280.00 | 九州 |
| 065 认龙天宝经 | 1函1册 | 280.00 | 九州 |
| 066 天机望龙经刘氏心法 杨公骑龙穴诗合刊 | 1函1册 | 280.00 | 九州 |
| 067 风水一夜仙秘传三种合刊 | 1函1册 | 280.00 | 九州 |
| 068 新镌地理八窍 | 1函2册 | 480.00 | 九州 |
| 069 地理解醒 | 1函1册 | 280.00 | 九州 |
| 070 峦头指迷 | 1函3册 | 680.00 | 九州 |
| 071 茅山上清灵符 | 1函2册 | 480.00 | 九州 |
| 072 茅山上清镇襀摄制秘法 | 1函1册 | 280.00 | 九州 |
| 073 天医祝由科秘抄 | 1函2册 | 480.00 | 九州 |
| 074 千镇百镇桃花镇 | 1函2册 | 480.00 | 九州 |
| 075 轩辕碑记医学祝由十三科治病奇书合刊 | 1函1册 | 280.00 | 九州 |
| 076 清抄真本祝由科秘诀全书 | 1函3册 | 680.00 | 九州 |
| 077 增补秘传万法归宗 | 1函2册 | 480.00 | 九州 |
| 078 祝由科诸符秘卷祝由科诸符秘旨合刊 | 1函1册 | 280.00 | 九州 |
| 079 辰州符咒大全 | 1函4册 | 880.00 | 九州 |

| 书　名 | 作者 | 定价 | 版别 |
|---|---|---|---|
| 080 万历初刻三命通会 | 2函12册 | 2480.00 | 九州 |
| 081 新编三车一览子平渊源注解 | 1函3册 | 680.00 | 九州 |
| 082 命理用神精华 | 1函3册 | 680.00 | 九州 |
| 083 命学探骊集 | 1函1册 | 280.00 | 九州 |
| 084 相诀摘要 | 1函2册 | 480.00 | 九州 |
| 085 相法秘传 | 1函1册 | 280.00 | 九州 |
| 086 新编相法五总龟 | 1函1册 | 280.00 | 九州 |
| 087 相学统宗心易秘传 | 1函2册 | 480.00 | 九州 |
| 088 秘本大清相法 | 1函2册 | 480.00 | 九州 |
| 089 相法易知 | 1函1册 | 280.00 | 九州 |
| 090 星命风水秘传 | 1函1册 | 280.00 | 九州 |
| 091 大六壬隔山照 | 1函2册 | 480.00 | 九州 |
| 092 大六壬考正 | 1函1册 | 280.00 | 九州 |
| 093 大六壬类阐 | 1函2册 | 480.00 | 九州 |
| 094 六壬心镜集注 | 1函1册 | 280.00 | 九州 |
| 095 遁甲吾学编 | 1函2册 | 480.00 | 九州 |
| 096 刘明江家藏善本奇门衍象 | 1函1册 | 280.00 | 九州 |
| 097 遁甲天书秘文 | 1函2册 | 480.00 | 九州 |
| 098 金枢符应秘文 | 1函2册 | 480.00 | 九州 |
| 099 秘传金函奇门隐遁丁甲法书 | 1函2册 | 480.00 | 九州 |
| 100 六壬行军指南 | 2函10册 | 2080.00 | 九州 |
| 101 家藏阴阳二宅秘诀线法 | 1函2册 | 480.00 | 九州 |
| 102 阳宅一书阴宅一书合刊 | 1函1册 | 280.00 | 九州 |
| 103 地理法门全书 | 1函1册 | 280.00 | 九州 |
| 104 四真全书玉钥匙 | 1函1册 | 280.00 | 九州 |
| 105 重刊官板玉髓真经 | 1函4册 | 880.00 | 九州 |
| 106 明刊阳宅真诀 | 1函2册 | 480.00 | 九州 |
| 107 阳宅指南 | 1函1册 | 280.00 | 九州 |
| 108 阳宅秘传三书 | 1函1册 | 280.00 | 九州 |
| 109 阳宅都天滚盘珠 | 1函1册 | 280.00 | 九州 |
| 110 纪氏地理水法要诀 | 1函1册 | 280.00 | 九州 |
| 111 李默斋先生地理辟径集 | 1函2册 | 480.00 | 九州 |
| 112 李默斋先生辟径集续篇 地理秘缺 | 1函2册 | 480.00 | 九州 |
| 113 地理辨正自解 | 1函1册 | 280.00 | 九州 |
| 114 形家五要全编 | 1函4册 | 880.00 | 九州 |
| 115 地理辨正抉要 | 1函1册 | 280.00 | 九州 |
| 116 地理辨正揭隐 | 1函1册 | 280.00 | 九州 |
| 117 地学铁骨秘 | 1函1册 | 280.00 | 九州 |
| 118 地理辨正发秘初稿 | 1函1册 | 280.00 | 九州 |
| 119 三元宅墓图 | 1函1册 | 280.00 | 九州 |

| 书 名 | 作 者 | 定 价 | 版别 |
|---|---|---|---|
| 120 参赞玄机地理仙婆集 | 2函8册 | 1680.00 | 九州 |
| 121 幕讲禅师玄空秘旨浅注外七种 | 1函1册 | 280.00 | 九州 |
| 122 玄空挨星图诀 | 1函1册 | 280.00 | 九州 |
| 123 影印稿本玄空地理筌蹄 | 1函1册 | 280.00 | 九州 |
| 124 玄空古义四种通释 | 1函2册 | 480.00 | 九州 |
| 125 地理疑义答问 | 1函1册 | 280.00 | 九州 |
| 126 王元极地理辨正冒禁录 | 1函1册 | 280.00 | 九州 |
| 127 王元极校补天元选择辨正 | 1函3册 | 680.00 | 九州 |
| 128 王元极选择辨真全书 | 1函1册 | 280.00 | 九州 |
| 129 王元极增批地理冰海原本地理冰海合刊 | 1函1册 | 280.00 | 九州 |
| 130 王元极三元阳宅萃篇 | 1函2册 | 480.00 | 九州 |
| 131 尹一勺先生地理精语 | 1函1册 | 280.00 | 九州 |
| 132 古本地理元真 | 1函2册 | 480.00 | 九州 |
| 133 杨公秘本搜地灵 | 1函1册 | 280.00 | 九州 |
| 134 秘藏千里眼 | 1函1册 | 280.00 | 九州 |
| 135 道光刊本地理或问 | 1函1册 | 280.00 | 九州 |
| 136 影印稿本地理秘诀 | 1函2册 | 480.00 | 九州 |
| 137 地理秘诀隔山照 地理括要 合刊 | 1函1册 | 280.00 | 九州 |
| 138 地理前后五十段 | 1函2册 | 480.00 | 九州 |
| 139 心耕书屋藏本地经图说 | 1函1册 | 280.00 | 九州 |
| 140 地理古本道法双谭 | 1函1册 | 280.00 | 九州 |
| 141 奇门遁甲元灵经 | 1函1册 | 280.00 | 九州 |
| 142 黄帝遁甲归藏大意 白猿真经 合刊 | 1函1册 | 280.00 | 九州 |
| 143 遁甲符应经 | 1函2册 | 480.00 | 九州 |
| 144 遁甲通明钤 | 1函1册 | 280.00 | 九州 |
| 145 景祐奇门秘纂 | 1函2册 | 480.00 | 九州 |
| 146 奇门先天要论 | 1函2册 | 480.00 | 九州 |
| 147 御定奇门古本 | 1函2册 | 480.00 | 九州 |
| 148 奇门吉凶格解 | 1函1册 | 280.00 | 九州 |
| 149 御定奇门宝鉴 | 1函3册 | 680.00 | 九州 |
| 150 奇门阐易 | 1函2册 | 480.00 | 九州 |
| 151 六壬总论 | 1函1册 | 280.00 | 九州 |
| 152 稿抄本大六壬翠羽歌 | 1函1册 | 280.00 | 九州 |
| 153 都天六壬神课 | 1函1册 | 280.00 | 九州 |
| 154 大六壬易简 | 1函2册 | 480.00 | 九州 |
| 155 太上六壬明鉴符阴经 | 1函1册 | 280.00 | 九州 |
| 156 增补关煞袖里金百中经 | 1函1册 | 280.00 | 九州 |
| 157 演禽三世相法 | 1函2册 | 480.00 | 九州 |
| 158 合婚便览 和合婚姻咒 合刊 | 1函1册 | 280.00 | 九州 |
| 159 神数十种 | 1函1册 | 280.00 | 九州 |

| 书　名 | 作　者 | 定　价 | 版别 |
|---|---|---|---|
| 160 神机灵数—掌经金钱课合刊 | 1函1册 | 280.00 | 九州 |
| 161 阴阳二宅易知录 | 1函2册 | 480.00 | 九州 |
| 162 阴宅镜 | 1函2册 | 480.00 | 九州 |
| 163 阳宅镜 | 1函1册 | 280.00 | 九州 |
| 164 清精抄本六圃地学 | 1函1册 | 280.00 | 九州 |
| 165 形峦神断书 | 1函1册 | 280.00 | 九州 |
| 166 堪舆三昧 | 1函1册 | 280.00 | 九州 |
| 167 遁甲奇门捷要 | 1函1册 | 280.00 | 九州 |
| 168 奇门遁甲备览 | 1函1册 | 280.00 | 九州 |
| 169 原传真本石室藏本圆光真传秘诀合刊 | 1函1册 | 280.00 | 九州 |
| 170 明抄全本壬归 | 1函4册 | 880.00 | 九州 |
| 171 董德彰水法秘诀水法断诀合刊 | 1函1册 | 280.00 | 九州 |
| 172 董德彰先生水法图说 | 1函1册 | 280.00 | 九州 |
| 173 董德彰先生泄天机纂要 | 1函2册 | 480.00 | 九州 |
| 174 李默斋先生地理秘传 | 1函2册 | 480.00 | 九州 |
| 175 新镌希夷陈先生紫微斗数全书 | 1函3册 | 680.00 | 九州 |
| 176 海源阁藏明刊麻衣相法全编 | 1函2册 | 480.00 | 九州 |
| 177 袁忠彻先生相法秘传 | 1函3册 | 680.00 | 九州 |
| 178 火珠林要旨　筮忾 | 1函2册 | 480.00 | 九州 |
| 179 火珠林占法秘传 续筮忾 | 1函1册 | 280.00 | 九州 |
| 180 六壬类聚 | 1函4册 | 880.00 | 九州 |
| 181 新刻麻衣相神异赋 | 1函1册 | 280.00 | 九州 |
| 182 诸葛武侯奇门遁甲全书 | 1函2册 | 480.00 | 九州 |
| 183 张九仪传地理偶摘 | 1函1册 | 280.00 | 九州 |
| 184 张九仪传地理偶注 | 1函1册 | 280.00 | 九州 |
| 185 阳宅玄珠 | 1函1册 | 280.00 | 九州 |
| 186 阴宅总论 | 1函1册 | 280.00 | 九州 |
| 187 新刻杨救贫秘传阴阳二宅便用统宗 | 1函1册 | 280.00 | 九州 |
| 188 增补理气图说 | 1函2册 | 480.00 | 九州 |
| 189 增补罗经图说 | 1函1册 | 280.00 | 九州 |
| 190 重镌官板阳宅大全 | 1函4册 | 880.00 | 九州 |
| 191 景祐太乙福应经 | 1函1册 | 280.00 | 九州 |
| 192 景祐遁甲符应经 | 1函3册 | 680.00 | 九州 |
| 193 景祐六壬神定经 | 1函3册 | 680.00 | 九州 |
| 194 御制禽遁符应经 | 1函2册 | 480.00 | 九州 |
| 195 秘传匠家鲁班经符法 | 1函3册 | 680.00 | 九州 |
| 196 哈佛藏本太史黄际飞注天玉经 | 1函1册 | 280.00 | 九州 |
| 197 李三素先生红囊经解 | 1函1册 | 280.00 | 九州 |
| 198 杨曾青囊天玉通义 | 1函1册 | 280.00 | 九州 |
| 199 重编大清钦天监焦秉贞彩绘历代推背图解 | 1函2册 | 680.00 | 九州 |

| 书　名 | 作　者 | 定　价 | 版别 |
|---|---|---|---|
| 200 道光初刻相理衡真 | 1函4册 | 880.00 | 九州 |
| 201 新刻袁柳庄先生秘传相法 | 1函3册 | 680.00 | 九州 |
| 202 袁忠彻相法古今识鉴 | 1函2册 | 480.00 | 九州 |
| 203 袁天纲五星三命指南 | 1函2册 | 480.00 | 九州 |
| 204 新刻五星玉镜 | 1函3册 | 680.00 | 九州 |
| 205 游艺录:筮遁壬行年斗数相宅 | 1函1册 | 280.00 | 九州 |
| 206 新订王氏罗经透解 | 1函2册 | 480.00 | 九州 |
| 207 堪舆真诠 | 1函3册 | 680.00 | 九州 |
| 208 青囊天机奥旨二种 | 1函1册 | 280.00 | 九州 |
| 209 张九仪传地理偶录 | 1函1册 | 280.00 | 九州 |
| 210 地学形势集 | 1函8册 | 1680.00 | 九州 |
| 211 神相水镜集 | 1函4册 | 880.00 | 九州 |
| 212 稀见相学秘笈四种合刊 | 1函2册 | 480.00 | 九州 |
| 213 神相金较剪 | 1函1册 | 280.00 | 九州 |
| 214 神相证验百条 | 1函2册 | 480.00 | 九州 |
| 215 全本神相全编 | 1函3册 | 680.00 | 九州 |
| 216 神相全编正义 | 1函3册 | 680.00 | 九州 |
| 217 八宅明镜 | 1函2册 | 480.00 | 九州 |
| 218 阳宅卜居秘髓 | 1函3册 | 680.00 | 九州 |
| 219 地理乾坤法窍 | 1函3册 | 680.00 | 九州 |
| 220 秘传廖公画筴拨砂经 | 1函4册 | 880.00 | 九州 |
| 221 地理囊金集注 | 1函1册 | 280.00 | 九州 |
| 222 赤松子罗经要旨 | 1函1册 | 280.00 | 九州 |
| 223 萧仙地理心法堪舆经 | 1函2册 | 480.00 | 九州 |
| 224 新刻地理搜龙奥语 | 1函2册 | 480.00 | 九州 |
| 225 新刻风水珠神真经 | 1函2册 | 480.00 | 九州 |
| 226 寻龙点穴地理索隐 | 1函1册 | 280.00 | 九州 |
| 227 杨公撼龙经考注 | 1函2册 | 480.00 | 九州 |
| 228 李德贞秘授三元秘诀 | 1函1册 | 280.00 | 九州 |
| 229 地理支陇乘气论 | 1函2册 | 480.00 | 九州 |
| 230 道光刻全本相山撮要 | 2函6册 | 1500.00 | 九州 |
| 231 药王真传祝由科全编 | 1函1册 | 280.00 | 九州 |
| 232 梵音斗科符箓秘书 | 1函2册 | 580.00 | 九州 |
| 233 御定奇门灵占 | 1函4册 | 880.00 | 九州 |
| 234 御定奇门宝镜图 | 1函2册 | 480.00 | 九州 |
| 235 汇纂大六壬玉钥匙心诀 | 1函1册 | 280.00 | 九州 |
| 236 补完直解六壬五变中黄经 | 1函2册 | 480.00 | 九州 |
| 237 六壬节要直讲 | 1函2册 | 480.00 | 九州 |
| 238 六壬神课捷要占验 | 1函1册 | 280.00 | 九州 |
| 239 六壬袖传神课捷要 | 1函1册 | 280.00 | 九州 |

| 书 名 | 作 者 | 定 价 | 版别 |
|---|---|---|---|
| 240 秘藏大六壬大全善本 | 2函8册 | 1800.00 | 九州 |
| 241 阳宅藏书 | 1函2册 | 480.00 | 九州 |
| 242 阳宅觉元氏新书 | 1函1册 | 280.00 | 九州 |
| 243 阳宅拾遗 | 1函2册 | 480.00 | 九州 |
| 244 阳基集腋 | 1函2册 | 480.00 | 九州 |
| 245 阴阳二宅指正 | 1函2册 | 480.00 | 九州 |
| 246 九天玄妙秘书内经 | 1函1册 | 280.00 | 九州 |
| 247 青乌葬经葬经翼 | 1函1册 | 280.00 | 九州 |
| 248 阳宅六十四卦秘断 | 1函1册 | 280.00 | 九州 |
| 249 杨曾地理秘传捷诀 | 1函3册 | 680.00 | 九州 |
| 250 三元堪舆秘笈救败全书 | 1函4册 | 880.00 | 九州 |
| 251 纪氏地理末学 | 1函2册 | 480.00 | 九州 |
| 252 堪舆说原 | 1函1册 | 280.00 | 九州 |
| 253 河洛正变喝穴集 | 1函1册 | 280.00 | 九州 |
| 254 太上洞玄灵宝素灵真符 | 1函1册 | 280.00 | 九州 |
| 255 道家神符霉咒秘传 | 1函1册 | 280.00 | 九州 |
| 256 堪舆秘传六十四论记师口诀 | 1函2册 | 480.00 | 九州 |
| 257 相法秘笈太乙照神经 | 1函3册 | 680.00 | 九州 |
| 258 哈佛藏子平格局解要 | 1函2册 | 480.00 | 九州 |
| 259 三车一览命书详论 | 1函2册 | 480.00 | 九州 |
| 260 万历初刊平学大成 | 1函4册 | 880.00 | 九州 |
| 261 古本推背图说 | 1函2册 | 680.00 | 九州 |
| 262 董氏诹吉新书 | 1函2册 | 480.00 | 九州 |
| 263 蒋大鸿四十八局图 | 1函1册 | 280.00 | 九州 |
| 264 阳宅紫府宝鉴 | 1函2册 | 480.00 | 九州 |
| 265 宅经类纂 | 1函3册 | 680.00 | 九州 |
| 266 杨公画筴图 | 1函1册 | 280.00 | 九州 |
| 267 刘江东秘传金函经 | 1函1册 | 280.00 | 九州 |
| 268 垩元总录 | 1函2册 | 480.00 | 九州 |
| 269 纪氏奇门占验奇门遁甲要略合刊 | 1函1册 | 280.00 | 九州 |
| 270 奇门统宗大全 | 1函4册 | 880.00 | 九州 |
| 271 刘天君祛治符法秘卷 | 1函3册 | 680.00 | 九州 |
| 272 圣济总录祝由术全编 | 1函2册 | 480.00 | 九州 |
| 273 子平星学精华 | 1函1册 | 280.00 | 九州 |
| 274 紫微斗数命理宣微 | 1函1册 | 280.00 | 九州 |
| 275 火珠林卦爻精究集 | 1函2册 | 480.00 | 九州 |
| 276 韩图孤本奇门秘要 | 1函1册 | 280.00 | 九州 |
| 277 哈佛藏明抄六壬断易秘诀 | 1函1册 | 280.00 | 九州 |
| 278 大六壬会要全集 | 1函3册 | 680.00 | 九州 |
| 279 乾隆初刊六壬视斯 | 1函2册 | 480.00 | 九州 |

| 书 名 | 作 者 | 定 价 | 版别 |
|---|---|---|---|
| 280 精抄历代六壬占验汇选 | 2函6册 | 1280.00 | 九州 |
| 281 张九仪先生东湖地学 | 1函1册 | 280.00 | 九州 |
| 282 张九仪先生东湖砂法 | 1函1册 | 280.00 | 九州 |
| 283 张九仪先生东湖水法 | 1函1册 | 280.00 | 九州 |
| 284 姚氏地理辨正图说 | 1函1册 | 280.00 | 九州 |
| 285 地理辨正补注 | 1函2册 | 480.00 | 九州 |
| 286 地理丛谈元运发微 | 1函1册 | 280.00 | 九州 |
| 287 元空宅法举隅 | 1函1册 | 280.00 | 九州 |
| 288 平洋地理玉函经 | 1函1册 | 280.00 | 九州 |
| 289 元空法鉴三种 | 1函3册 | 680.00 | 九州 |
| 290 蒋大鸿先生地理合璧 | 2函7册 | 1480.00 | 九州 |
| 291 新刊地理五经图解 | 1函3册 | 680.00 | 九州 |
| 292 三元地理辨惑 | 1函1册 | 280.00 | 九州 |
| 293 风水内传秘旨 | 1函1册 | 280.00 | 九州 |
| 294 杜氏地理图说 | 1函2册 | 480.00 | 九州 |
| 295 地学仁孝必读 | 1函5册 | 1080.00 | 九州 |
| 296 地理秘珍 | 1函2册 | 480.00 | 九州 |
| 297 秘传四课仙机水法 | 1函1册 | 280.00 | 九州 |
| 298 地理辨正图诀 | 1函1册 | 280.00 | 九州 |
| 299 灵城精义笺 | 1函1册 | 280.00 | 九州 |
| 300 仰山子新辑地理条贯 | 2函6册 | 1280.00 | 九州 |
| 301 秘传堪舆经传类纂 | 1函1册 | 280.00 | 九州 |
| 302 秘传堪舆论状类纂 | 1函1册 | 280.00 | 九州 |
| 303 秘传堪舆秘书类纂 | 1函1册 | 280.00 | 九州 |
| 304 秘传堪舆诗赋歌诀类纂 | 1函2册 | 480.00 | 九州 |
| 305 秘传堪舆问答类纂 | 1函1册 | 280.00 | 九州 |
| 306 秘传堪舆杂录类纂 | 1函2册 | 480.00 | 九州 |
| 307 秘传堪舆辨惑类纂 | 1函1册 | 280.00 | 九州 |
| 308 秘传堪舆断诀类纂 | 1函1册 | 280.00 | 九州 |
| 309 秘传堪舆穴法类纂 | 1函1册 | 280.00 | 九州 |
| 310 秘传堪舆葬法类纂 | 1函1册 | 280.00 | 九州 |
| 311 大六壬兵占三种 | 1函2册 | 480.00 | 九州 |
| 312 大六壬秘书四种 | 1函2册 | 480.00 | 九州 |
| 313 大六壬毕法注解 | 1函1册 | 280.00 | 九州 |
| 314 大六壬课体订讹 | 1函1册 | 280.00 | 九州 |
| 315 大六壬类占 | 1函2册 | 480.00 | 九州 |
| 316 大六壬全编 | 1函2册 | 480.00 | 九州 |
| 317 大六壬杂释 | 1函1册 | 280.00 | 九州 |
| 318 大六壬心镜 | 1函2册 | 480.00 | 九州 |
| 319 六壬灵课玉洞金书 | 1函1册 | 280.00 | 九州 |

| 书　名 | 作者 | 定价 | 版别 |
|---|---|---|---|
| 320 六壬通仙 | 1函4册 | 880.00 | 九州 |
| 321 五种秘窍全书－1－地理秘窍 | 1函1册 | 280.00 | 九州 |
| 322 五种秘窍全书－2－选择秘窍 | 1函4册 | 880.00 | 九州 |
| 323 五种秘窍全书－3－天星秘窍 | 1函1册 | 280.00 | 九州 |
| 324 五种秘窍全书－4－罗经秘窍 | 1函4册 | 880.00 | 九州 |
| 325 五种秘窍全书－5－奇门秘窍 | 1函2册 | 480.00 | 九州 |
| 326 新编杨曾地理家传心法捷诀一贯堪舆 | 2函8册 | 1780.00 | 九州 |
| 327 玉函铜函真经阴阳剪裁图注 | 1函3册 | 680.00 | 九州 |
| 328 新刻石函平砂玉尺经全书 | 1函2册 | 480.00 | 九州 |
| 329 三元通天照水经 | 1函2册 | 480.00 | 九州 |
| 330 堪舆经书 | 1函5册 | 1080.00 | 九州 |
| 331 神相汇编 | 1函2册 | 480.00 | 九州 |
| 332 管辂神相秘传 | 1函1册 | 280.00 | 九州 |
| 333 冰鉴秘本七篇月波洞中记合刊 | 1函1册 | 280.00 | 九州 |
| 334 太清神鉴录 | 1函2册 | 480.00 | 九州 |
| 335 新刊京本厘正总括天机星学正传 | 2函10册 | 2180.00 | 九州 |
| 336 新监七政归垣司台历数袖里璇玑 | 1函4册 | 880.00 | 九州 |
| 337 道藏古本紫微斗数 | 1函2册 | 480.00 | 九州 |
| 338 增补诸家选择万全玉匣记 | 1函2册 | 480.00 | 九州 |
| 339 杨公造命要诀 | 1函1册 | 280.00 | 九州 |
| 340 造命宗镜 | 1函6册 | 1280.00 | 九州 |
| 341 上清灵宝济度金书符咒大成 | 2函9册 | 1980.00 | 九州 |
| 342 青城山铜板祝由十三科 | 1函2册 | 480.00 | 九州 |
| 343 抄本祝由科别传 | 1函1册 | 280.00 | 九州 |
| 344 遁甲演义 | 1函2册 | 480.00 | 九州 |
| 345 武侯奇门遁甲玄机赋 | 1函1册 | 280.00 | 九州 |
| 346 北法变化禽书 | 1函1册 | 280.00 | 九州 |
| 347 卜筮全书 | 1函6册 | 1280.00 | 九州 |
| 348 卜筮正宗 | 1函4册 | 880.00 | 九州 |
| 349 易隐 | 1函4册 | 880.00 | 九州 |
| 350 野鹤老人占卜全书 | 1函5册 | 1280.00 | 九州 |
| 351 地理会心集 | 1函2册 | 480.00 | 九州 |
| 352 罗经会心集 | 1函2册 | 480.00 | 九州 |
| 353 阳宅会心集 | 1函1册 | 280.00 | 九州 |
| 354 秘传图注龙经全集 | 1函3册 | 680.00 | 九州 |
| 355 地理精微集 | 1函2册 | 480.00 | 九州 |
| 356 地理拾铅峦头理气合编 | 1函2册 | 480.00 | 九州 |
| 357 萧客真诀 | 1函1册 | 280.00 | 九州 |
| 358 地理铁案 | 1函2册 | 480.00 | 九州 |
| 359 秘传四神课书仙机消纳水法 | 1函2册 | 480.00 | 九州 |

| 书　名 | 作者 | 定价 | 版别 |
| --- | --- | --- | --- |
| 360 蒋大鸿先生地理真诠 | 2函7册 | 1480.00 | 九州 |
| 361 蒋大鸿仙诀小引 | 1函1册 | 280.00 | 九州 |
| 362 管氏地理指蒙 | 1函1册 | 280.00 | 九州 |
| 363 原本山洋指迷 | 1函2册 | 480.00 | 九州 |
| 364 形家集要 | 1函1册 | 280.00 | 九州 |
| 365 重镌地理天机会元 | 3函15册 | 3080.00 | 九州 |
| 366 地理方外别传 | 1函2册 | 480.00 | 九州 |
| 367 堪舆至秘旅寓集 | 1函1册 | 280.00 | 九州 |
| 368 堪舆管见 | 1函1册 | 280.00 | 九州 |
| 369 四神秘诀 | 1函2册 | 480.00 | 九州 |
| 370 地理辨正补 | 1函3册 | 680.00 | 九州 |
| 371 金书秘奥地理一片金合刊 | 1函1册 | 280.00 | 九州 |
| 372 阳宅玉髓真经阴宅制煞秘法合刊 | 1函1册 | 280.00 | 九州 |
| 373 堪舆至秘旅寓集 堪舆秘传 | 1函1册 | 280.00 | 九州 |
| 374 地学杂钞连珠水法合刊 | 1函1册 | 280.00 | 九州 |
| 375 黄妙应仙师五星仙机制化砂法 | 1函2册 | 480.00 | 九州 |
| 376 造葬便览 | 1函1册 | 280.00 | 九州 |
| 377 大六壬秘本 | 1函2册 | 480.00 | 九州 |
| 378 太乙统类 | 1函1册 | 280.00 | 九州 |
| 379 新雕注疏珞琭子三命消息赋 | 1函1册 | 280.00 | 九州 |
| 380 新编四家注解经进珞琭子消息赋 | 1函2册 | 480.00 | 九州 |
| 381 清代民间实用灵符汇编 | 1函2册 | 680.00 | 九州 |
| 382 王国维批校宋本焦氏易林 | 1函2册 | 480.00 | 九州 |
| 383 新刊应验天机易卦通神 | 1函1册 | 280.00 | 九州 |
| 384 新镌周易数 | 1函5册 | 1080.00 | 九州 |
| **增补四库青乌辑要**[,全18函59册] | 郑同校 | 11680.00 | 九州 |
| 第1种:宅经[1册] | [署]黄帝撰 | 180.00 | 九州 |
| 第2种:葬书[1册] | [晋]郭璞撰 | 220.00 | 九州 |
| 第3种:青囊序青囊奥语天玉经[1册] | [唐]杨筠松撰 | 220.00 | 九州 |
| 第4种:黄囊经[1册] | [唐]杨筠松撰 | 220.00 | 九州 |
| 第5种:黑囊经[2册] | [唐]杨筠松撰 | 380.00 | 九州 |
| 第6种:锦囊经[1册] | [晋]郭璞撰 | 200.00 | 九州 |
| 第7种:天机贯旨红囊经[2册] | [清]李三素撰 | 380.00 | 九州 |
| 第8种:玉函天机素书/至宝经[1册] | [明]董德彰撰 | 200.00 | 九州 |
| 第9种:天机一贯[2册] | [清]李三素撰辑 | 380.00 | 九州 |
| 第10种:撼龙经[1册] | [唐]杨筠松撰 | 200.00 | 九州 |
| 第11种:疑龙经葬法倒杖[1册] | [唐]杨筠松撰 | 220.00 | 九州 |
| 第12种:疑龙经辨正[1册] | [唐]杨筠松撰 | 200.00 | 九州 |
| 第13种:寻龙记太华经[1册] | [唐]曾文迪撰 | 220.00 | 九州 |
| 第14种:宅谱要典[2册] | [清]铣溪野人校 | 380.00 | 九州 |

| 书　　名 | 作　者 | 定　价 | 版别 |
|---|---|---|---|
| 第15种:阳宅必用[2册] | 心灯大师校订 | 380.00 | 九州 |
| 第16种:阳宅撮要[2册] | [清]吴鼒撰 | 380.00 | 九州 |
| 第17种:阳宅正宗[1册] | [清]姚承舆撰 | 200.00 | 九州 |
| 第18种:阳宅指掌[2册] | [清]黄海山人撰 | 380.00 | 九州 |
| 第19种:相宅新编[1册] | [清]焦循校刊 | 240.00 | 九州 |
| 第20种:阳宅井明[2册] | [清]邓颖出撰 | 380.00 | 九州 |
| 第21种:阴宅井明[1册] | [清]邓颖出撰 | 220.00 | 九州 |
| 第22种:灵城精义[2册] | [南唐]何溥撰 | 380.00 | 九州 |
| 第23种:龙穴砂水说[1册] | 清抄秘本 | 180.00 | 九州 |
| 第24种:三元水法秘诀[2册] | 清抄秘本 | 380.00 | 九州 |
| 第25种:罗经秘传[2册] | [清]傅禹辑 | 380.00 | 九州 |
| 第26种:穿山透地真传[2册] | [清]张九仪撰 | 380.00 | 九州 |
| 第27种:催官篇发微论[2册] | [宋]赖文俊撰 | 380.00 | 九州 |
| 第28种:入地眼神断要诀[2册] | 清抄秘本 | 380.00 | 九州 |
| 第29种:玄空大卦秘断[1册] | 清抄秘本 | 200.00 | 九州 |
| 第30种:玄空大五行真传口诀[1册] | [明]蒋大鸿等撰 | 220.00 | 九州 |
| 第31种:杨曾九宫颠倒打劫图说[1册] | [唐]杨筠松撰 | 200.00 | 九州 |
| 第32种:乌兔经奇验经[1册] | [唐]杨筠松撰 | 180.00 | 九州 |
| 第33种:挨星考注[1册] | [清]汪董缘订定 | 260.00 | 九州 |
| 第34种:地理挨星说汇要[1册] | [明]蒋大鸿撰辑 | 220.00 | 九州 |
| 第35种:地理捷诀[1册] | [清]傅禹辑 | 200.00 | 九州 |
| 第36种:地理三仙秘旨[1册] | 清抄秘本 | 200.00 | 九州 |
| 第37种:地理三字经[3册] | [清]程思乐撰 | 580.00 | 九州 |
| 第38种:地理雪心赋注解[2册] | [唐]卜则巍撰 | 380.00 | 九州 |
| 第39种:蒋公天元余义[1册] | [明]蒋大鸿等撰 | 220.00 | 九州 |
| 第40种:地理真传秘旨[3册] | [唐]杨筠松撰 | 580.00 | 九州 |
| **增补四库未收方术汇刊第一辑**(全28函) | 线装影印本 | 11800.00 | 九州 |
| 第一辑01函:火珠林・卜筮正宗 | [宋]麻衣道者著 | 340.00 | 九州 |
| 第一辑02函:全本增删卜易・增删卜易真诠 | [清]野鹤老人撰 | 720.00 | 九州 |
| 第一辑03函:渊海子平音义评注・子平真诠・命理易知 | [明]杨淙增校 | 360.00 | 九州 |
| 第一辑04函:滴天髓・附滴天秘诀・穷通宝鉴・附月谈赋 | [宋]京图撰 | 360.00 | 九州 |
| 第一辑05函:参星秘要诹吉便览・玉函斗首三台通书・精校三元总录 | [清]俞荣宽撰 | 460.00 | 九州 |
| 第一辑06函:陈子性藏书 | [清]陈应选撰 | 580.00 | 九州 |
| 第一辑07函:崇正辟谬永吉通书・选择求真 | [清]李奉来辑 | 500.00 | 九州 |
| 第一辑08函:增补选择通书玉匣记・永宁通书 | [晋]许逊撰 | 400.00 | 九州 |
| 第一辑09函:新增阳宅爱众篇 | [清]张觉正撰 | 480.00 | 九州 |
| 第一辑10函:地理四弹子・地理铅弹子砂水要诀 | [清]张九仪注 | 340.00 | 九州 |
| 第一辑11函:地理五诀 | [清]赵九峰著 | 200.00 | 九州 |

| 书 名 | 作 者 | 定 价 | 版别 |
|---|---|---|---|
| 第一辑12函:地理直指原真 | [清]释如玉撰 | 280.00 | 九州 |
| 第一辑13函:宫藏真本入地眼全书 | [宋]释静道著 | 680.00 | 九州 |
| 第一辑14函:罗经顶门针·罗经解定·罗经透解 | [明]徐之镆撰 | 360.00 | 九州 |
| 第一辑15函:校正详图青囊经·平砂玉尺经·地理辨正疏 | [清]王宗臣著 | 300.00 | 九州 |
| 第一辑16函:一贯堪舆 | [明]唐世友辑 | 240.00 | 九州 |
| 第一辑17函:阳宅大全·阳宅十书 | [明]一壑居士集 | 600.00 | 九州 |
| 第一辑18函:阳宅大成五种 | [清]魏青江撰 | 600.00 | 九州 |
| 第一辑19函:奇门五总龟·奇门遁甲统宗大全·奇门遁甲元灵经 | [明]池纪撰 | 500.00 | 九州 |
| 第一辑20函:奇门遁甲秘笈全书 | [明]刘伯温辑 | 280.00 | 九州 |
| 第一辑21函:奇门庐中阐秘 | [汉]诸葛武侯撰 | 600.00 | 九州 |
| 第一辑22函:奇门遁甲元机·太乙秘书·六壬大占 | [宋]岳珂纂辑 | 360.00 | 九州 |
| 第一辑23函:性命圭旨 | [明]尹真人撰 | 480.00 | 九州 |
| 第一辑24函:紫微斗数全书 | [宋]陈抟撰 | 200.00 | 九州 |
| 第一辑25函:千镇百镇桃花镇 | [清]云石道人校 | 220.00 | 九州 |
| 第一辑26函:清抄真本祝由科秘诀全书·轩辕碑记医学祝由十三科 | [上古]黄帝传 | 800.00 | 九州 |
| 第一辑27函:增补秘传万法归宗 | [唐]李淳风撰 | 160.00 | 九州 |
| 第一辑28函:神机灵数一掌经金钱课·牙牌神数七种·珍本演禽三世相法 | [清]诚文信校 | 440.00 | 九州 |
| **增补四库未收方术汇刊第二辑**(全36函) | 线装影印本 | 13800.00 | 九州 |
| 第二辑第1函:六爻断易一撮金·卜易秘诀海底眼 | [宋]邵雍撰 | 200.00 | 九州 |
| 第二辑第2函:秘传子平渊源 | 燕山郑同校辑 | 280.00 | 九州 |
| 第二辑第3函:命理探原 | [清]袁树珊撰 | 280.00 | 九州 |
| 第二辑第4函:命理正宗 | [明]张楠撰集 | 180.00 | 九州 |
| 第二辑第5函:造化玄钥 | 庄圆校补 | 220.00 | 九州 |
| 第二辑第6函:命理寻源·子平管见 | [清]徐乐吾撰 | 280.00 | 九州 |
| 第二辑第7函:京本风鉴相法 | [明]回阳子校辑 | 380.00 | 九州 |
| 第二辑第8—9函:钦定协纪辨方书8册 | [清]允禄编 | 780.00 | 九州 |
| 第二辑第10—11函:鳌头通书10册 | [明]熊宗立撰辑 | 880.00 | 九州 |
| 第二辑第12—13函:象吉通书 | [清]魏明远撰辑 | 1080.00 | 九州 |
| 第二辑第14函:选择宗镜·选择纪要 | [朝鲜]南秉吉撰 | 360.00 | 九州 |
| 第二辑第15函:选择正宗 | [清]顾宗秀撰辑 | 480.00 | 九州 |
| 第二辑第16函:仪度六壬选日要诀 | [清]张九仪撰 | 680.00 | 九州 |
| 第二辑第17函:葬事择日法 | 郑同校辑 | 280.00 | 九州 |
| 第二辑第18函:地理不求人 | [清]吴明初撰辑 | 240.00 | 九州 |
| 第二辑第19函:地理大成一:山法全书 | [清]叶九升撰 | 680.00 | 九州 |
| 第二辑第20函:地理大成二:平阳全书 | [清]叶九升撰 | 360.00 | 九州 |

| 书 名 | 作 者 | 定 价 | 版别 |
|---|---|---|---|
| 第二辑第21函:地理大成三:地理六经注·地理大成四:罗经指南拨雾集·地理大成五:理气四诀 | [清]叶九升撰 | 300.00 | 九州 |
| 第二辑第22函:地理录要 | [明]蒋大鸿撰 | 480.00 | 九州 |
| 第二辑第23函:地理人子须知 | [明]徐善继撰 | 480.00 | 九州 |
| 第二辑第24函:地理四秘全书 | [清]尹一勺撰 | 380.00 | 九州 |
| 第二辑第25-26函:地理天机会元 | [明]顾陵冈辑 | 1080.00 | 九州 |
| 第二辑第27函:地理正宗 | [清]蒋宗城校订 | 280.00 | 九州 |
| 第二辑第28函:全图鲁班经 | [明]午荣编 | 280.00 | 九州 |
| 第二辑第29函:秘传水龙经 | [明]蒋大鸿撰 | 480.00 | 九州 |
| 第二辑第30函:阳宅集成 | [清]姚廷銮纂 | 480.00 | 九州 |
| 第二辑第31函:阴宅集要 | [清]姚廷銮纂 | 240.00 | 九州 |
| 第二辑第32函:辰州符咒大全 | [清]觉玄子辑 | 480.00 | 九州 |
| 第二辑第33函:三元镇宅灵符秘箓·太上洞玄祛病灵符全书 | [明]张宇初编 | 240.00 | 九州 |
| 第二辑第34函:太上混元祈福解灾三部神符 | [明]张宇初编 | 360.00 | 九州 |
| 第二辑第35函:测字秘牒·先天易数·冲天易数/马前课 | [清]程省撰 | 360.00 | 九州 |
| 第二辑第36函:秘传紫微 | 古朝鲜抄本 | 240.00 | 九州 |
| 子部善本1:新刊地理玄珠 | 精装古本影印 | 380.00 | 华龄 |
| 子部善本2:参赞玄机地理仙婆集 | 精装古本影印 | 380.00 | 华龄 |
| 子部善本3:章仲山地理九种(上下) | 精装古本影印 | 760.00 | 华龄 |
| 子部善本4:八门九星阴阳二遁全本奇门断 | 精装古本影印 | 760.00 | 华龄 |
| 子部善本5:六壬统宗大全 | 精装古本影印 | 380.00 | 华龄 |
| 子部善本6:太乙统宗宝鉴 | 精装古本影印 | 380.00 | 华龄 |
| 子部善本7:重刊星海词林(全五册) | 精装古本影印 | 1900.00 | 华龄 |
| 子部善本8:万历初刻三命通会(上下) | 精装古本影印 | 760.00 | 华龄 |
| 子部善本9:增广沈氏玄空学(上下) | 精装古本影印 | 760.00 | 华龄 |
| 子部善本10:江公择日秘稿 | 精装古本影印 | 380.00 | 华龄 |
| 子部善本11:刘氏家藏阐微通书(上下) | 精装古本影印 | 760.00 | 华龄 |
| 子部善本12:影印增补高岛易断(上下) | 精装古本影印 | 760.00 | 华龄 |
| 子部善本13:清刻足本铁板神数 | 精装古本影印 | 380.00 | 华龄 |
| 子部善本14:增订天官五星集腋(上下) | 精装古本影印 | 760.00 | 华龄 |
| 子部善本15:太乙奇门六壬兵备统宗(上中下) | 精装古本影印 | 1140.00 | 华龄 |
| 子部善本16:御定景祐奇门大全(上下) | 精装古本影印 | 760.00 | 华龄 |
| 子部善本17:地理四秘全书十二种 | 精装古本影印 | 380.00 | 华龄 |
| 子部善本18:全本地理统一全书 | 精装古本影印 | 380.00 | 华龄 |
| 子部善本19:廖公画策扒砂经(上下) | 精装古本影印 | 760.00 | 华龄 |
| 子部善本20:明刊玉髓真经(上下) | 精装古本影印 | 760.00 | 华龄 |
| 子部善本21:蒋大鸿家藏地学捷旨 | 精装古本影印 | 380.00 | 华龄 |
| 子部善本22:阳宅安居金镜(上下) | 精装古本影印 | 760.00 | 华龄 |
| 子部善本23:新刊地理紫囊书(上下) | 精装古本影印 | 760.00 | 华龄 |

| 书　　名 | 作　者 | 定　价 | 版别 |
|---|---|---|---|
| 子部善本24:地理大成五种(上下) | 精装古本影印 | 760.00 | 华龄 |
| 子部善本25:初刻鳌头通书大全(上中下) | 精装古本影印 | 1140.00 | 华龄 |
| 子部善本26:初刻象吉备要通书大全(上中下) | 精装古本影印 | 1140.00 | 华龄 |
| 子部善本27:武英殿板钦定协纪辨方书(上下) | 精装古本影印 | 760.00 | 华龄 |
| 子部善本28:初刻陈子性藏书(上下) | 精装古本影印 | 760.00 | 华龄 |
| **子平遗书第1辑**(命例集,甲子至戊辰全三册) | 精装古本影印 | 980.00 | 华龄 |
| **子平遗书第2辑**(命例集,庚午至甲戌全三册) | 精装古本影印 | 980.00 | 华龄 |
| **子平遗书第3辑**(命例集,乙亥至戊子全三册) | 精装古本影印 | 980.00 | 华龄 |
| **子平遗书第4辑**(命例集,庚寅至庚子全三册) | 精装古本影印 | 980.00 | 华龄 |
| **子平遗书第5辑**(命例集,辛丑至癸丑全三册) | 精装古本影印 | 980.00 | 华龄 |
| **子平遗书第6辑**(命例集,甲寅至辛酉全三册) | 精装古本影印 | 980.00 | 华龄 |
| 风水择吉第一书:辨方(简体精装) | 李明清著 | 168.00 | 华龄 |
| 珞琭子三命消息赋古注通疏(精装上下) | 一明注疏 | 188.00 | 华龄 |
| 增补高岛易断(简体横排精装上下) | (清)王治本编译 | 198.00 | 华龄 |
| 中国古代术数基础理论(精装1函5册) | 刘昌易著 | 495.00 | 团结 |
| 飞盘奇门:鸣法体系校释(精装上下) | 刘金亮撰 | 198.00 | 九州 |
| 白话高岛易断(上下) | 孙正治孙奥麟译 | 128.00 | 九州 |
| 润德堂丛书全编1:述卜筮星相学 | 袁树珊著 | 38.00 | 华龄 |
| 润德堂丛书全编2:命理探原 | 袁树珊著 | 38.00 | 华龄 |
| 润德堂丛书全编3:命谱 | 袁树珊著 | 68.00 | 华龄 |
| 润德堂丛书全编4:大六壬探原 养生三要 | 袁树珊著 | 38.00 | 华龄 |
| 润德堂丛书全编5:中西相人探原 | 袁树珊著 | 38.00 | 华龄 |
| 润德堂丛书全编6:选吉探原 八字万年历 | 袁树珊著 | 38.00 | 华龄 |
| 润德堂丛书全编7:中国历代卜人传(上中下) | 袁树珊著 | 168.00 | 华龄 |
| 三式汇刊1:大六壬口诀纂 | [明]林昌长辑 | 68.00 | 华龄 |
| 三式汇刊2:大六壬集应钤 | [明]黄宾廷撰 | 198.00 | 华龄 |
| 三式汇刊3:奇门大全秘纂 | [清]湖海居士撰 | 68.00 | 华龄 |
| 三式汇刊4:大六壬总归 | [宋]郭子晟撰 | 58.00 | 华龄 |
| 三式汇刊5:大六壬心镜 | [唐]徐道符辑 | 48.00 | 华龄 |
| 三式汇刊6:壬窍 | [清]无无野人撰 | 48.00 | 华龄 |
| 青囊汇刊1:青囊秘要 | [晋]郭璞等撰 | 48.00 | 华龄 |
| 青囊汇刊2:青囊海角经 | [晋]郭璞等撰 | 48.00 | 华龄 |
| 青囊汇刊3:阳宅十书 | [明]王君荣撰 | 48.00 | 华龄 |
| 青囊汇刊4:秘传水龙经 | [明]蒋大鸿撰 | 68.00 | 华龄 |
| 青囊汇刊5:管氏地理指蒙 | [三国]管辂撰 | 48.00 | 华龄 |
| 青囊汇刊6:地理山洋指迷 | [明]周景一撰 | 32.00 | 华龄 |
| 青囊汇刊7:地学答问 | [清]魏清江撰 | 58.00 | 华龄 |
| 青囊汇刊8:地理铅弹子砂水要诀 | [清]张九仪撰 | 68.00 | 华龄 |
| 青囊汇刊9:地理㽗蕹录 | [清]袁守定著 | 48.00 | 华龄 |
| 青囊汇刊10:八宅明镜 | [清]箬冠道人编 | 48.00 | 华龄 |

| 书　　名 | 作　者 | 定　价 | 版别 |
|---|---|---|---|
| 青囊汇刊11:罗经透解 | [清]王道亨著 | 58.00 | 华龄 |
| 青囊汇刊12:阳宅三要 | [清]赵玉材撰 | 48.00 | 华龄 |
| 青囊汇刊13:一贯堪舆(上下) | [明]唐世友辑 | 108.00 | 华龄 |
| 青囊汇刊14:地理辨证图诀直解 | [唐]杨筠松著 | 58.00 | 华龄 |
| 青囊汇刊15:地理雪心赋集解 | [唐]卜应天著 | 58.00 | 华龄 |
| 青囊汇刊16:四神秘诀 | [元]董德彰撰 | 58.00 | 华龄 |
| 子平汇刊1:渊海子平大全 | [宋]徐子平撰 | 48.00 | 华龄 |
| 子平汇刊2:秘本子平真诠 | [清]沈孝瞻撰 | 38.00 | 华龄 |
| 子平汇刊3:命理金鉴 | [清]志于道撰 | 38.00 | 华龄 |
| 子平汇刊4:秘授滴天髓阐微 | [清]任铁樵注 | 48.00 | 华龄 |
| 子平汇刊5:穷通宝鉴评注 | [清]徐乐吾注 | 48.00 | 华龄 |
| 子平汇刊6:神峰通考命理正宗 | [明]张楠撰 | 38.00 | 华龄 |
| 子平汇刊7:新校命理探原 | [清]袁树珊撰 | 48.00 | 华龄 |
| 子平汇刊8:重校绘图袁氏命谱 | [清]袁树珊撰 | 68.00 | 华龄 |
| 子平汇刊9:增广汇校三命通会(全三册) | [明]万民英撰 | 168.00 | 华龄 |
| 纳甲汇刊1:校正全本增删卜易 | 郑同点校 | 68.00 | 华龄 |
| 纳甲汇刊2:校正全本卜筮正宗 | 郑同点校 | 48.00 | 华龄 |
| 纳甲汇刊3:校正全本易隐 | 郑同点校 | 48.00 | 华龄 |
| 纳甲汇刊4:校正全本易冒 | 郑同点校 | 48.00 | 华龄 |
| 纳甲汇刊5:校正全本易林补遗 | 郑同点校 | 38.00 | 华龄 |
| 纳甲汇刊6:校正全本卜筮全书 | 郑同点校 | 68.00 | 华龄 |
| 纳甲汇刊7:火珠林注疏 | 刘恒注解 | 48.00 | 华龄 |
| 古今图书集成术数丛刊:卜筮(全二册) | [清]陈梦雷辑 | 80.00 | 华龄 |
| 古今图书集成术数丛刊:堪舆(全二册) | [清]陈梦雷辑 | 120.00 | 华龄 |
| 古今图书集成术数丛刊:相术(全一册) | [清]陈梦雷辑 | 60.00 | 华龄 |
| 古今图书集成术数丛刊:选择(全一册) | [清]陈梦雷辑 | 50.00 | 华龄 |
| 古今图书集成术数丛刊:星命(全三册) | [清]陈梦雷辑 | 180.00 | 华龄 |
| 古今图书集成术数丛刊:术数(全三册) | [清]陈梦雷辑 | 200.00 | 华龄 |
| 四库全书术数初集(全四册) | 郑同点校 | 200.00 | 华龄 |
| 四库全书术数二集(全三册) | 郑同点校 | 150.00 | 华龄 |
| 四库全书术数三集:钦定协纪辨方书(全二册) | 郑同点校 | 98.00 | 华龄 |
| 增补鳌头通书大全(全三册) | [明]熊宗立撰辑 | 180.00 | 华龄 |
| 增补象吉备要通书大全(全三册) | [清]魏明远撰辑 | 180.00 | 华龄 |
| 增广沈氏玄空学 | 郑同点校 | 68.00 | 华龄 |
| 地理点穴撼龙经 | 郑同点校 | 32.00 | 华龄 |
| 绘图地理人子须知(上下) | 郑同点校 | 78.00 | 华龄 |
| 玉函通秘 | 郑同点校 | 48.00 | 华龄 |
| 绘图入地眼全书 | 郑同点校 | 28.00 | 华龄 |
| 绘图地理五诀 | 郑同点校 | 48.00 | 华龄 |
| 一本书弄懂风水 | 郑同著 | 48.00 | 华龄 |

| 书　　名 | 作　者 | 定　价 | 版别 |
|---|---|---|---|
| 风水罗盘全解 | 傅洪光著 | 58.00 | 华龄 |
| 堪舆精论 | 胡一鸣著 | 29.80 | 华龄 |
| 堪舆的秘密 | 宝通著 | 36.00 | 华龄 |
| 中国风水学初探 | 曾涌哲 | 58.00 | 华龄 |
| 全息太乙（修订版） | 李德润著 | 68.00 | 华龄 |
| 时空太乙（修订版） | 李德润著 | 68.00 | 华龄 |
| 故宫珍本六壬三书(上下) | 张越点校 | 128.00 | 华龄 |
| 大六壬通解（全三册） | 叶飘然著 | 168.00 | 华龄 |
| 壬占汇选（精抄历代六壬占验汇选） | 肖岱宗点校 | 48.00 | 华龄 |
| 大六壬指南 | 郑同点校 | 28.00 | 华龄 |
| 六壬金口诀指玄 | 郑同点校 | 28.00 | 华龄 |
| 大六壬寻源编[全三册] | [清]周螭辑录 | 180.00 | 华龄 |
| 六壬辨疑　毕法案录 | 郑同点校 | 32.00 | 华龄 |
| 大六壬断案疏证 | 刘科乐著 | 58.00 | 华龄 |
| 六壬时空 | 刘科乐著 | 68.00 | 华龄 |
| 御定奇门宝鉴 | 郑同点校 | 58.00 | 华龄 |
| 御定奇门阳遁九局 | 郑同点校 | 78.00 | 华龄 |
| 御定奇门阴遁九局 | 郑同点校 | 78.00 | 华龄 |
| 奇门秘占合编：奇门庐中阐秘·四季开门 | [汉]诸葛亮撰 | 68.00 | 华龄 |
| 奇门探索录 | 郑同编订 | 38.00 | 华龄 |
| 奇门遁甲秘笈大全 | 郑同点校 | 48.00 | 华龄 |
| 奇门旨归 | 郑同点校 | 48.00 | 华龄 |
| 奇门法窍 | [清]锡孟樨撰 | 48.00 | 华龄 |
| 奇门精粹——奇门遁甲典籍大全 | 郑同点校 | 68.00 | 华龄 |
| 御定子平 | 郑同点校 | 48.00 | 华龄 |
| 增补星平会海全书 | 郑同点校 | 68.00 | 华龄 |
| 五行精纪：命理通考五行渊微 | 郑同点校 | 38.00 | 华龄 |
| 绘图三元总录 | 郑同编校 | 48.00 | 华龄 |
| 绘图全本玉匣记 | 郑同编校 | 32.00 | 华龄 |
| 周易初步：易学基础知识36讲 | 张绍金著 | 32.00 | 华龄 |
| 周易与中医养生：医易心法 | 成铁智著 | 32.00 | 华龄 |
| 增广梅花易数（精装） | 刘恒注 | 98.00 | 华龄 |
| 梅花心易阐微 | [清]杨体仁撰 | 48.00 | 华龄 |
| 梅花心易疏证 | 杨波著 | 48.00 | 华龄 |
| 梅花易数讲义 | 郑同著 | 58.00 | 华龄 |
| 白话梅花易数 | 郑同编著 | 30.00 | 华龄 |
| 梅花周易数全集 | 郑同点校 | 58.00 | 华龄 |
| 梅花易数 | [宋]邵雍撰 | 28.00 | 九州 |
| 梅花易数（大字本） | [宋]邵雍撰 | 39.00 | 九州 |
| 河洛理数 | [宋]邵雍述 | 48.00 | 九州 |

| 书　　　名 | 作　者 | 定　价 | 版别 |
|---|---|---|---|
| 一本书读懂易经 | 郑同著 | 38.00 | 华龄 |
| 白话易经 | 郑同编著 | 38.00 | 华龄 |
| 知易术数学:开启术数之门 | 赵知易著 | 48.00 | 华龄 |
| 术数入门——奇门遁甲与京氏易学 | 王居恭著 | 48.00 | 华龄 |
| 周易虞氏义笺订(上下) | [清]李翊灼校订 | 78.00 | 九州 |
| 阴阳五要奇书 | [晋]郭璞撰 | 88.00 | 九州 |
| 壬奇要略(全5册;大六壬集应钤3册,大六壬口诀纂1册,御定奇门秘纂1册) | 肖岱宗郑同点校 | 300.00 | 九州 |
| 周易明义 | 邸勇强著 | 73.00 | 九州 |
| 论语明义 | 邸勇强著 | 37.00 | 九州 |
| 中国风水史 | 傅洪光撰 | 32.00 | 九州 |
| 古本催官篇集注 | 李佳明校注 | 48.00 | 九州 |
| 鲁班经讲义 | 傅洪光著 | 48.00 | 九州 |
| 天星姓名学 | 侯景波著 | 38.00 | 燕山 |
| 解梦书 | 郑同、傅洪光著 | 58.00 | 燕山 |
| 命理精论(精装繁体竖排) | 胡一鸣著 | 128.00 | 燕山 |
| 辨方(繁体横排) | 张明清著 | 236.00 | 星易 |
| 古易旁通 | 刘子扬著 | 320.00 | 星易 |
| 四柱预测机缄通 | 明理著 | 300.00 | 星易 |
| 奇门万年历 | 刘恒著 | 58.00 | 资料 |
| 图解新编中医四大名著:温病条辨 | 周重建、郭号 | 68.00 | 天津 |
| 图解新编中医四大名著:伤寒论 | 周重建、郭号 | 68.00 | 天津 |
| 图解新编中医四大名著:黄帝内经 | 周重建、郭号 | 68.00 | 天津 |
| 图解新编中医四大名著:金匮要略 | 周重建、郭号 | 68.00 | 天津 |
| 中药学药物速认速查小红书(精装64开) | 周重建 | 88.00 | 天津 |
| 国家药典药物速认速查小红书(精装64开) | 高楠楠 | 88.00 | 天津 |

**周易书斋**是国内最大的提供易学术数类图书邮购服务的专业书店,成立于2001年,现有易学及术数类图书现货6000余种,在海内外易学研究者中有着巨大的影响力。

通讯地址：北京市 102488 信箱 58 分箱　邮编：102488　王兰梅收。

1、学易斋官方旗舰店网址：xyz888.jd.com　微信号：xyz15116975533

2、联系人：王兰梅　电话：15652026606，15116975533，13716780854

3、邮购费用固定,不论册数多少,每次收费7元。

4、银行汇款：户名：**王兰梅**。

　　邮政：601006359200109796　农行：6228480010308994218

　　工行：0200299001020728724　建行：1100579980130074603

　　交行：6222600910053875983　支付宝：13716780854

5、QQ：(周易书斋2) 2839202242；QQ群：(周易书斋书友会) 140125362。

北京周易书斋敬启